天晴！な日本人

正当に評価されていない偉人たち

美達大和
Yamato Mitatsu

ワニ・プラス

まえがき

【それは青天の霹靂《へきれき》から始まった】

2022（令和4）年7月8日安倍元総理が暗殺されました。

私がそれを知ったのは、昼のニュースでのことでした。その時は「心肺停止」と報じられたのです。私は何とか命だけは取り留めて欲しいと心の底から願ったものの、安倍元総理は午後5時3分、駆け付けた昭恵《あきえ》夫人の同意を得て、幽明境《ゆうめいさかい》を異《こと》にされました。

かなり以前から日本の行く末を憂慮していた私にとり、安倍元総理が首相になってからは、これで何とかなりそうだという安堵の念を覚えていたのです。

それは安倍元総理がことある毎に提唱してきた「日本を取り戻す」という言葉のように、それまで自国すら満足に守れず、守ることのできない奇妙な憲法と、それを信奉する現在では非現実的と化した勢力による悪弊を除去しようとしたのが、不世出の大宰相、安倍元総理だったからでした。

潰瘍《かいよう》性大腸炎という難病を抱えながらの獅子奮迅の活躍後、病により退任されましたが、以後も政界の重鎮として、日本と日本国民の命と未来のために必要かつ的確な声をあげていることにつき、頼もしくも感じていたのです。

それが、あの日、一人の愚劣な男の醜行により、木っ端微塵《こっぱみじん》に砕け散ってしまいました。

翌日、岸田総理が自民党葬と口にしているのを知り、「バカなことを言うな。これだけの人を送るのに、国葬以外の何があるのか！　さらに大勲位菊花章頸飾《だいくんいきっかしょうけいしょく》を叙勲、従一位《じゅいちい》を追贈すべし」とブログに投稿していたところ、数日後に国葬儀と発表され、当然だと納得していたのです。

しかし、そこから旧統一教会問題を契機として、何であろうと「安倍が悪い」「安倍のせいだ」とする意図的に歪んだ認知しか持とうとしない勢力、多様性を認めるリベラルとは異なる、左翼を中心とする「アベガー」が安倍元総理の功績を否定するばかりか、あたかも安倍元総理と旧統一教会が深くつながっていたかのような一大キャンペーンを展開し、安倍元総理の偉大な業績や国葬儀の正当性を貶《おとし》める狂奔が始まりました。

以後の経緯は善良な読者の皆さんが知る通り、低劣な左派メディアによる、アベガーらの根拠のない主張が巷間を席巻し、メディアリテラシーや政治についての適正な知見を持たない多くの国民に、安倍元総理の事蹟と国葬儀の正当性、意義につき、誤った認識を持たせるに至ってしまいました。

特に「安倍の葬式は、うちで出す」が社是の朝日新聞では、「死してなお税金使う野辺送り」「忖度はどこまで続くあの世まで」などと安倍元総理を誹謗する7本の川柳を掲載し、全く根拠もない、自らがでっち上げた「モリカケ問題」を持ち出してまで、連日、安倍元総理を叩き続けたのでした。

国葬儀当日も、極左が主体の「プロ市民」による「国葬儀反対デモ」が行われ、献花を持つ多数の国民に暴言を吐き、罵倒を繰り返すという、真っ当な人間、社会人とは思えない暴挙に出ています。

デモの規模自体は３００人前後と、献花する人々に比べて圧倒的に少ないものの、左派メディアのテレビ報道ではそれが多数派のような扱いで、反対集会の人数も実数３万人が12万人と水増しされる異常さでした。

左派の漫画家の石坂啓《いしざかけい》は、安倍元総理の暗殺につき、「でかした！」と叫び、夫婦で犯人の山上《やまがみ》徹也《てつや》を「山上様」と呼んでいることを公言していますが、こんなことがアベガーの間では賞賛され、山上への支援金や減刑嘆願の署名も1万人（２０２３年2月時点）となっているとのことです。

安倍元総理が暗殺された日、メディアは挙《こぞ》って「民主主義の危機」と謳いましたが、私は単に山上という社会に適合できなかった怠惰な男の、私怨、それも愚かな逆恨みによる殺人と捉えていました。

しかし、その後の左派メディア、アベガーの騒ぎ方、悪意あるプロパガンダを見ると、これこそ「民主主義の危機」だと痛感した次第です。これら一連の報道とアベガーらの反対には、異常さを通り越して狂気さえ感じます。

【日本人の惻隠《そくいん》の情《じょう》、廉恥《れんち》の精神を取り戻せ】

古来、私たち大和敷島の民は、死者を丁重に葬う文化、風習、精神性を備えてきました。それは自分たちを侵略、攻めてきた外国勢力に対しても同様でした。

元と高麗の連合軍が攻めてきた文永の役（1274年）、弘安の役（1281年）の時も、日本人は手に穴をあけられて縄を通して吊るされるなど残虐なことをされているにもかかわらず、撃退後は元・高麗の兵士の遺体は日本の武士の遺体と同じく扱われ、葬られています。

時代を下って近現代にも、日清、日露両戦役では、敵国兵も礼を以って埋葬後、慰霊の碑が立てられました。

日清戦争では海戦においても、連合艦隊初代長官の伊東祐亨《すけゆき》が清の北洋艦隊司令長官の丁汝昌《ていじょしょう》提督に丁重な降伏勧告書と白ワイン、シャンパンを送りましたが、丁は拒否して酒類を送り返して、敗戦の責任を取って服毒自殺しました。

伊東は丁の遺体をジャンクで移送すると聞き、「英雄を遇する道にあらず」と押収していた輸送船『康済号』を与え、連合艦隊軍人総出の登舷礼《とうげんれい》（直立不動で見送る）と、弔砲を撃って礼を尽くし、世界中の人から賞賛されたのです。

慰霊碑の建立は日中戦争の場においても同様のことでした、いわんや、同胞に対しては、死は全てを水に流す、敵も味方もなくなることを暗黙裡に承諾するのが日本の文化とされてきたのです。

それが今回の安倍元総理の暗殺事件では様相が一変しました。いったい、どの世界に、この歪んだ認知によって、安倍元総理を暗殺した卑劣な殺人犯を讃える文化、思想があるというのでしょうか。

難病を抱え、嘘やデマを、これでもか、これでもかと報じる朝日新聞を筆頭とする左派メディアの激烈な攻撃に怯むことなく、日本と日本人の今と未来のために闘い続けてくれた安倍元総理の功績は、日本人として、為政者として並ぶもののない、今後もないであろう金字塔であり、私たちにとっては大恩を感じるのも当然の鴻業《こうぎょう》です。

また、民主主義の土台は国民、有権者の正しい知見ですが、ゆえに、私は本当の安倍元総理の偉業をより多くの人に知らせなければ、と強く念願するようになりました。

顧みると、1972（昭和47）年7月に田中角栄内閣が成立し、周囲の大人、メディアが熱く注目するようになったことをきっかけに、私が政治に本格的に興味を抱くようになってから、半世紀以上が経ちました。

その間、印象に残った首相は数人ほどいるものの、現実に左派メディア、左派勢力を相手に、日本と日本国民のために毅然と闘い、経済も含めて、さらにこの国では鬼門である安全保障、外交においても絶大な業績を残した為政者は安倍元総理を除いていません。

真っ当なメディアでは安倍元総理を「戦後最大」の政治家、「戦後最高」の宰相と報じていますが誤りです。

安倍元総理は外交も含めた明治維新以来、最高の宰相です。

「富国強兵」を一大スローガンとして、産業を興し、その経済力によって兵を備え、列強に侵略されない国づくりを急務として世間の風をものともせず実行した外交・国防も含めたならば、大政治家の大久保利通《としみち》を凌ぐほどの宰相と言って過言ではありません。大久保の時代にはメディアによる世論調査という不要のものはなく、その点ではやりやすかったでしょう。

私がこのように断じるのは、安倍元総理に対する好き嫌いではなく、客観的に明治以降の歴代の首相の事蹟と比べてのことです。

私はどういうわけか、どんなに好きでも、「痘痕《あばた》もえくぼ」になることはなく、2001（平成13）年に他界後、ただの一日も思い出さない日はない敬愛する父に対してさえ、「それは誤りだ」「良くない」と指摘、親しい人にでも同様で、世辞も虚言の一つとして口にしない性分です。

その私が公平に見て、これだけの政治家は、もう現れないと、無念でなりません。

事件以来、安倍元総理のことは父と同じく、一日たりとも考えない日はなく、あれだけの左派メディア、左派勢力の熾烈極まりないデマの大キャンペーンに抗して、日本と日本国民にとって不可欠で重大な政策を、よくぞ次々と具現化してくれたものと、衷心から深く感謝すると共に、何とか不当に貶められた安倍元総理の名誉を回復し、良識ある人々にその功績を知ってもらいたいという思いを強く持ち、今回の刊行になりました。

イデオロギーは個人の自由ですが、その為に事実を歪曲し、なかったことまで疑惑と報じて貶めることは人として異常であり、ジャーナリズムとしてはお話になりません。

ありもしない「モリカケ問題」の森友学園の件で、札付きの性悪である籠池《かごいけ》夫妻に利用された形となり、夫の安倍元総理に多大な負担を負わせた昭恵夫人にしても、唐突に愛する夫を奪われた衝撃と哀しみは、その後の左派メディアの悪意ある報道が加わり、容易に癒えるものではなく誠に気の毒です。そんな昭恵夫人に対し、わずかでも安倍元総理が立派な夫、偉大な為政者でしたと、お伝えしたい思いもあり、つたないペンを執りました。

今回は安倍元総理を中心として9人の歴史上の人物について叙述することになりましたが、その目的は「正当な評価をする」、この一点に尽きます。

我々、大和まほろばの民は、古代より情緒纏綿《てんめん》で情に篤く、相手を慮ることに秀でています。他者と協力し合う心も豊かで、共感力、協調性も備えている民族です。稲作の民ゆえ、そのような精神性《メンタリティ》が十分に発達しましたが、半面、物事を客観的、論理的《ロジカル》に見る、それを土台にして考え、判断する能力に乏しいという一面も持っています。

加えて幼稚園、小中高校と、突出することより、他者と同じことをする、規律に服することを躾けられ、集団や共同体の思潮が同一化、画一化しやすい性向を持つ民族でもあります。

そのため、一つの言説につき、論理的に検証、考量するのは得意ではないことが一般的であり、その根拠や確証がなくても、同調しておく方が無難だという、日本特有の「空気」「同調圧力」があることを否定できません。

それればかりではなく、権威にもことのほか弱い民族であるがゆえに、メディアによって一度誤った、あるいは曲解を含んだ主張が広く流布されると、理非曲直を検証するより、その説、主張を鵜呑みにすることが、さまざまな世界、分野で見られます。

歴史上の人物、出来事もその例から逃れられません。そのため、公正さ、客観性を欠いた見方や評価が定着してきたきらいがあります。

結果として、本質は無視や軽視され、さらに表面上の一部分のみを極大化された挙句、不当な評価、低評価に甘んじている歴史上の人物も少なくありません。

今回は、そのような人物、特に「天晴れ」「清廉」「潔い」を核として選んだ人物を紹介します。現代のモラル、習慣から「ちょっとどうかな」という面を持つ人物もいるでしょうが当時の時代背景を考えながら読んでください。

現代の世では失われつつある「知行合一《ちこうごういつ》」の精神や無私無欲、公や国、郷土のために、という思潮もあったことを思い出して欲しいのです。

我々、大和まほろばの民は、他人を思いやり、決して自分のことばかりではなく、他者や郷土、国のためを思って生きてきた民でもあり、そのことにつき、熟考し、実践する時機が来ています。

自分や家族だけではなく、郷土、国、他者にも情愛と誇りを持てる民族が一人でも増えることを切に願って書きましたが、その思いがわずかでも伝わってくれたら幸いです。

それでは、人物に会うための歴史への旅に出発しましょう。

【天晴！な日本人】

世界に冠たる
不世出の大宰相
≪安《あ》倍《べ》晋《しん》三《ぞう》≫

紙数が限られているので、経歴はざっと紹介するだけに留めます。

生まれたのは1954（昭和29）年9月21日、東京都で生まれました。

父は衆議院議員で自民党の3人のニューリーダーの一人とされていた晋太郎《しんたろう》氏、母は95歳（令和5年時点）で1928年生まれ、現在も「政界のゴッドマザー」と称される女傑の洋子《ようこ》さんです。

晋太郎氏は、もともと政治担当の新聞記者で、洋子さんの父である岸信介《のぶすけ》元総理の番記者で、晋太郎氏の父、寛《かん》氏も山口県の衆議院議員で、戦時中は東條内閣の大政翼賛会に公然と反対して当選した8人の中の一人で「昭和の松陰《しょういん》」と呼ばれた硬骨漢でした。

いわば「政界のサラブレッド」として生を享《う》けたのです。成蹊大学法学部政治学科卒業後、神戸製鋼所に入社、この時にアメリカ支社に送られたこともあり、英語の話せる政治家となりました。

1979（昭和54）年、外相だった父、晋太郎氏の秘書官となり、1991（平成3）年、晋太郎氏が膵臓がんのために逝去すると、1993（平成5）年山口県から総選挙に出馬し、当選、以来10期連続当選しています。

選挙に強い人で、郷里ではほとんど昭恵夫人だけが演説、応援に奔走するだけで当選しています。自由奔放と報じられる昭恵夫人は、実は「選挙って面白い！」の良妻なのです。あの純真さ、率直さの天然キャラによって、支援者のおじさん、おばさんたちからは可愛がられていました。

昭恵夫人の実家は「森永製菓」の社長でしたから、お嬢さんでもありますが、気取りなく、世の中の人は善良な人ばかり、という「夢見る乙女チック」な面もある女性です。安倍元総理にとっては、ちょっと目が離せないけれど、可愛い奥さんだったでしょう。安倍元総理は昭恵夫人の美しい脚線がいいと語っていました。

冥界に旅立たれた年の昭恵夫人の誕生日を祝う場では、集まった多くの人たちに「昭恵がいつも迷惑をかけています。私にも迷惑をかけているのです。しかし、これからも昭恵を守っていきます！」とスピーチをして、笑いの中に昭恵夫人への情愛を表現していました。

昭恵夫人は安倍元総理暗殺後、保守系の月刊誌で安倍元総理のことを「嫌いなところが一つもない人だった」と述懐していますが、安倍元総理と直に会った人は、みな、その魅力あふれるキャラクター、相手を慮る心に惹かれてファンになってしまうそうです。

安倍元総理が新人だった頃の自民党は、リベラルや左派勢力が優勢だったので、保守的信条を持っていた安倍元総理は同期当選組の人に比べて出世は遅い方でした。

新人時代の安倍元総理につき、高村正彦《こうむらまさひこ》自民党憲法改正実現本部最高顧問は、「彼は初めから自分が持つ信条や思想を政策にするためには総理大臣になる必要があると語っていて、へえ、こんな人もいるのか、他の人とは志も思いも違うもんだな」と感じたという趣旨のことを語っています。

安倍元総理は持論の「日本を取り戻す」ために、初めから総理大臣になることを「当然」としていたのです。ここが、「首相になるのが目的」の人と違う点で、安倍元総理にとって首相になることは、単に自分の描いた政策によって「日本を取り戻す」ための「手段」でしかなかったのでした。

現在、このような志を持つ政治家がいるでしょうか。誰もが首相になることが「あがり」で、その政策に芯はなく、世間の風次第で右に左にぶれるのが普通の時代になりました。

初当選から6年後の1999（平成11）年、衆議院の厚生委員会理事（安倍元総理は厚労族でもあったのです）、党の社会部会長を経て、2000（平成12）年、第二次森内閣で官房副長官、翌年、小泉内閣で同職の後、なんと当選たった3回で党の幹事長という要職に就き、後に官房長官にも任じられます。

この時代の安倍元総理の功績は、北朝鮮訪問の際、盗聴されていることを承知し、北朝鮮が拉致を認めなければこのまま帰りましょうと、小泉首相に進言し、金正日《キムジョンイル》総書記に拉致を認めさせたことでした。

その後、被害者の中から5人のみが「一時帰国」という名目で帰国しますが、安倍元総理は福田官房長官、外務省の田中均《ひとし》アジア太洋州局長（親北朝鮮の売国奴）の猛反対を押し切って、そのまま日本に残留させています。

さらに、この田中が外務省事務次官に昇進する人事につき、日本国のためにならないとして人事決定者の小泉首相を熱誠込めて口説き落として阻止しました。

小泉首相が安倍元総理を起用したのは、「自民党をぶっ壊す力」と、派閥を無視することで、メディアと世論の高人気を得ることができ、これを武器に、世間でも人気急上昇中だが経験の浅い安倍元総理を抜擢する自由な人事ができたからです。実際に小泉首相が壊したかったのは、それまでの「竹下派でなければ議員に非ず」という流れであり、郵政民営化も、公共工事の縮小もそのためであり、その点では成功しています。

現在の小泉元総理は、原発反対をはじめ、変わった老人になっていますが、この人の最大の功績は安倍元総理を後継者として、２００６（平成18）年にすっぱり退任したことです。同年９月、満を持して第90代総理大臣として安倍首相が誕生しました。52歳、戦後最年少です（全時代の最年少は伊藤博文の44歳）。

第一次安倍政権では、同年12月15日、59年ぶりに教育基本法を改正、翌年1月9日。防衛庁が省に昇格、同年5月14日、憲法改正の手続きを定めた国民投票法成立と、普通の内閣なら到底できない、というより朝日新聞などの左派勢力の激しい非難と抵抗を恐れて、手を付けようともしなかった案件を成立させたのでした。

教育基本法改正については、日教組をはじめ朝日新聞ら左派メディアの猛烈な批判の暴風下、成立にこぎ着けています。安倍元総理は自著の『新しい国へ　美しい国へ　完全版』（文春新書）にて述べていますが、教育での第一の目的は学力の向上でした。

文科省の一人の愚劣な官僚の思いつき（寺脇研《けん》、今は映画評論家を自称、あの愚かな前川《まえかわ》喜平《きへい》の先輩でもある）から「ゆとり教育」という学力低下政策が行われましたが、それを是正することでした。

成長途上の子どもの脳能力には一定程度の密度と量の学習が欠かせません。現代社会において、「ゆとり教育世代」が使えない人材と喧伝されるのには、この学力軽視があります。また安倍元総理は倫理や公共の精神の尊重、郷土を愛することなどを盛り込みましたが、愛国心としたいところを、公明党の反対によって抑えた表現にしたのです。

愛国心、国家となると、左派は脊髄反射的に悪としていますが、この思考は大きな誤りでしかありません。ホッブズは『リヴァイアサン』の中で「万人による万人の戦争状態」を自然の状態としましたが、私たち国民は、国家があって、そこに警察、検察、裁判所、刑務所という「法の執行機関」があるからこそ安心して暮らせるのです。

国家なく、これらの機関がなければ、自分と家族の安全を守れるのは、24時間警備できる相当数の人を雇えるほんのわずかな富裕層だけになってしまいます。確たる国家のない内戦状態の国の治安を考えるとわかります。いつ、どこで襲われるかわからない状態になるのです。

私たちは本人の意図にかかわらず、生まれ、育まれてきた日本という自らの国と、のっぴきならない関係があることを忘れてはなりません。もっとも国家となれば、自国だけの利益を図る、自国のみが善いとするのは、偏狭なナショナリズムでしかありませんが……。

防衛庁の省への昇格も安全保障上で、予算と権限の拡大、防衛省官僚と自衛官の発言権の強化、士気向上という効果があります。実際に省となってからは、以前以上に有為な人材が入省するようになりました。

安倍元総理は従前の大半の「ことなかれ首相」と異なり、国と国民の安全、国防を重要視していたので、このような英断を実行したのです。国民投票法も左派勢力による批判の嵐の中、成立させています。

安倍元総理のモットーは「闘う政治家」です。

左派勢力を恐れて戦わないどころか迎合までする石破茂、小泉進次郎らとは、為政者としての覚悟が違います。安倍元総理自身は前出の自著にて、「批判の矢面に立とうとしない」政治家を「闘わない政治家」としていました。

「自ら反みて縮《なお》くんば千万人といえども吾いかん」（孟子）という言葉がありますが、この言葉こそ安倍元総理を体現するものでしょう。政治家としての高貴な志が感じられます。

【急ぎ過ぎたゆえの挫折】

安倍元総理の第一次政権には、さまざまな稚拙な点があった、と後に本人自身が回顧していますが、このように率直に己の失敗を認める姿は、安倍元総理固有のもので、現在に至っても、あの「悪夢のような政治」を反省しない立憲民主党とは天と地の差です。

東日本大震災の初期対応に大失敗し、日本を壊すだけだった菅直人《かんなおと》に至っては、当時の民主党政権の３５０もの公約の75％を達成したと、どこをどうしても有り得ない巨大な嘘を平然と綴った書を出していますし、昨年（２０２３年）２月には立憲民主党は、２０１３年以降の自民党政治につき、「失われた10年政策検証プロジェクトチーム」を発足させましたが、他の同党議員が「ブーメランにならなきゃいいが」と懸念するほど、バカげた行為です。立憲民主党には反省とか公正という言葉はないことを物語っています。

第一次安倍政権は人事にもまずさがあり、閣僚らに政治資金規正法での不備が続出、それを擁護し続けた安倍首相の支持率は急落したのです。閣僚らの不祥事は左派メディアが一丸となって粗探しをした結果とはいえ、身辺調査の甘さは否めません。

友人の塩崎恭久《やすひさ》官房長官も目立ちたがり屋の「俺が、俺が」の人で、舌禍事件で足を引っ張りました。そうして左派メディアと当時の民主党が引っ張り出したのが、左派の労組の自爆ものともしない、安倍政権倒閣のために暴露された年金記録5000万件不記載でした。

これは安倍政権のかなり前からのことでしたが、左派勢力は安倍政権のせいと一大キャンペーンを展開し、2007（平成19）年7月の参議院選挙で自民党は大敗し、9月12日、安倍元総理は潰瘍性大腸炎を悪化させ、退陣となったのです。

これは左派メディアが喧伝するような政権投げ出しなんかではありません。安倍元総理の病状はかなり深刻な状態で、再三にわたって昭恵夫人は退任するように説得していた中で、安倍元総理は責任感によって、ぎりぎりまで進退を熟慮していたのでした。1年間の政権はあまりにも短く、安倍元総理は失意のうちに入院となりました。

【雌伏《しふく》を乗り越えて】

これまでの政界であれば、安倍元総理の政治人生は『あがり』になるところでしたが、本人の自省と素晴らしい人格を、周囲の人々も放っておくことはなかったのでした。

民間の安倍元総理支持者に加え、政界でも人望のある安倍元総理は、菅義偉《すがよしひで》前総理の熱意ある後押しもあって2012（平成24）年9月の自民党総裁選挙に出ることになりました。

下馬評を覆して勝利し、11月には当時の民主党政権の野田首相から解散の言質を取り、12月の総選挙に圧勝し、再び首相に返り咲いたのです。自身が唱えてきた再チャレンジを体現した勝利であり、悪夢の民主党政権が大きく毀損した各方面での日本のプレゼンスを取り戻す大いなる挑戦と、日本復興への出航となったのでした。

第二次安倍政権では内閣の要石《かなめ》の官房長官を叩き上げで燻し銀の菅氏が務めます。失言もなく、己を捨てて黒子に徹した見事な仕事ぶりで、安倍政権の長期化に大きく貢献しています。

第二次安倍政権がスタートした時、日本は経済、政治、外交、安全保障と、どれを見ても戦後史上最低の状態でした。

頭のおかしな、という意味の「ルーピー」の称号をアメリカのメディアから献上された鳩山由紀夫、すぐに他者に八つ当たりする「イラ菅」、中身のない空き缶の異名を持つ菅直人、まともに見えたのに、すっかり財務省に取り込まれてしまった野田佳彦《のだよしひこ》の3人の首相が、経済、内政、外交をおかしくし、日米関係は史上最悪、そのぶん米中親密、安全保障はガタガタで、韓国の李明博《イミョンバク》大統領自らの竹島上陸、ロシアのメドベージェフ大統領の北方領土訪問、中国による尖閣海域侵入の急増に加え、中国船船長による意図的な海上保安庁の巡視船への体当たり事件と、国防、安全保障の危機の只中にありました。

中国船船長を逮捕したのに、中国からの圧力で釈放し、中国に「お送り」する為体《ていたらく》で、船長は機内の宴をネット上に公開して英雄になっています。

この釈放につき菅首相と仙石由人《せんごくよしと》官房長官は「検察庁が勝手にやったこと」と虚言を弄したものの、後に同党の前原誠司《まえはらせいじ》氏が「政府の指示で釈放した」と『産経新聞』に暴露しました。さらに体当たりの様子を撮った海上の映像を公開もせず、中国側の「日本の巡視船の方からぶつかってきた」という主張に何もしていません。

この映像は海上保安庁の職員が自身の辞職と引き換えに公開し、日本の正当性を世界に証明しましたが、民主党政権は「中国の家来」の立場を崩そうとはしませんでした。この党は今も立憲民主党として変わらず、日本、日本国民より中国様の方が大事なのです。

剰《あまつさ》え、従来の皇室の慣例を破って、突然の中国の習近平《しゅうきんぺい》国家副主席訪日の際、強引に天皇陛下（現在の上皇陛下）と会見させるという暴挙にまで及びました。

日本の生命の綱である日米関係はルーピー鳩山によってズタズタとなり、オバマ大統領は首脳会談にも応じず、中国と親密さを増しています。

原因はルーピーが唱えた「日米中、東アジア共同体構想」でアメリカ軽視と沖縄の普天間基地問題にまつわり、オバマ大統領に「トラスト・ミー（私を信じて）」と告げたにもかかわらず、あっさり約束を破棄し、恥じらうこともなく、別の意味で言ったと、とぼけたことで、すっかり嫌悪されてしまったのでした。

子ども手当てを支給、無駄遣いをなくし16兆円の財源を確保するという公約も、パフォーマンスのみの「事業仕分け」で削ったのはたったの６８００億円、それも官僚たちに別の名目で補充され、実質はゼロに終わっています。

特に見識のない蓮舫《れんほう》の「2位じゃダメなんですか」は、絶対にトップでなければならぬスーパーコンピューター事業に向けられたもので、いかにこの人が不勉強か、メディア受けしか考えていないのか、その中身のなさを物語っています。

スパコンは安全保障にかかわる重要なイノベーションであり、民主党政権時代にトップから転落したものの、第二次安倍政権になってから連続して首位の座を続け、２０２２年は2位になっています。

特に悲惨だったのは経済で、日銀の白川方明《しらかわまさあき》という暗愚な総裁を抑えきれず、極度の円高で日本企業の競争力を奪い、２０１０年にはＧＤＰで中国に抜かれた他、各分野で中国、韓国企業に抜かれ、日本没落となりました。

株価も７０００円台と大きく低迷、失業率は５％台となり、15歳から24歳の若年層では８・１％、

25歳から34歳の層では5・5%にもなっていました。有効求人倍率は、0・52倍まで下がっています。

菅首相は白川総裁との会談を申し入れましたが、なんと「時間がない」と拒否され（こんなことは前代未聞です！）、それでは電話だけでもと懇願し、「じゃあ10分だけなら」と遇《あしら》われています。この白川が、各国がリーマンショック後に金融緩和をする中、インフレ恐怖症で緩和しなかったため、超の付く円高とデフレを延長させたのです。

白川は夫人と一人2万円のフレンチのコースにつき、「この内容で2万円なら、デフレも悪くない」と公然と言った人物で、今も講演している事実には、この御仁の良識を疑います。

さらに民主党政権は、財務省に丸め込められ、時の事務次官の名を冠して「直勝《ちょっかつ》内閣」と呼ばれ、次々と増税案を発出、後の消費税増税まで法制化してしまったのです。これが後に安倍元総理の手腕を縛ることになります。

【快進撃の船出】

安倍元総理は政権スタートに際し、経済復活を最優先とし、金融緩和派の黒田東彦《はるひこ》氏を日銀総裁に任命し、デフレ脱却のため、

①大胆な金融政策（金融緩和でデフレマインドの払拭と超円高の是正）

②機動的な財政政策（積極財政で政府が率先して需要を作る）
③民間投資喚起による成長戦略（規制緩和などで民間需要を継続して作り、経済を成長させる）
という三本の矢からなる「アベノミクス」を実行しました。

黒田総裁は安倍元総理の要望に応え、2年でインフレ率を2倍にするため、マネーの供給量を2倍にするという、3つの「2」を実行、安倍首相誕生以前から進行していた円安と株高に勢いを加えたのでした。

アベノミクスについては、当時から今に至るまで成功していない、失敗だと、左派メディアや左派勢力によって喧伝されていますが、データを基に考えてみましょう。

株価は、発足の前日の11月14日で8640円から3万円台にもなり、2万円半ばから後半があたりまえとなりました。円高は84円から106円～110円台となり、企業は続々と好決算をマークしています。

安倍政権の元・財務省官僚を経て内閣官房参与に任命されていた嘉悦大学の高橋洋一教授は、経済の中核は雇用で見ると提唱していますが、民主党政権時代に8・1％だった15歳から24歳までの若年層の失業率は2019（平成31）年に2・8％と、バブル時代の4％を下回っています。全世代失業率も民主党政権時代の4・8％から2・2％（2019年12月）と、ほぼ完全雇用に近いものになりました。

以下、上段が民主党政権時代、下段が安倍政権として比較してみましょう

有効求人倍率０・６倍（正社員０・52倍）が１・６倍（正社員１・47倍）
就業者数６２４０万人が６９３７万人とプラス６９７万人
総雇用者報酬が２５１・９兆円が２９８・９兆円（バブル期の２７５兆円を超えた！）
正規従業員数約３３００万人が３５００万人（２０１９年）と２００万人も増加
女性の就業者数も約２００万人増え、アメリカの女性就業率を上回る
新卒就職内定率68％が98・７％に
厚生年金加入者数も約５００万人増
実質賃金月間マイナス９００円がプラス８２００円に
ＧＤＰは４９８兆円が５３９兆円（２０１９年７～９月期）になっています。

生産年齢（15歳～64歳）人口が大きく減る中で、就業者数を７００万人も増やしたことは快挙でした。左派メディアのアベノミクス批判がいかに的を外したものかわかるでしょう。

女性の就業率は２０１８（平成30）年で74％にもなり、50代に限っても60％が72％に向上し、出産と子育てで一時的に就業率が下がり、40代から再び働きだすという、グラフ上のＭ字カーブもなくなりました。

安倍元総理が早くから推進した女性活躍戦略では、２０１２年から比べて２０２０年は上場企業

の女性役員数は4・8倍にもなり、国家公務員総合職の女性比率も3割を超え、女性の就業者数は3000万人に迫る勢いです。

バブル期にも達成されなかった、全都道府県での正社員の有効求人倍率1倍超えも達成し、税収もバブル期を超え60兆円台後半、企業の最終利益は安倍政権になってから毎年のように過去最高を更新し続けています。

雇用者数を最も増やしたのは、1964（昭和39）年から1972（昭和47）年までの佐藤内閣で安倍内閣は史上2位ですが、佐藤時代の高度成長期というのを鑑みると、安倍内閣は大健闘したと言えます。

左派メディア、左派勢力が度々批判するものに、実質賃金が下がっているという主張がありますが、これについて検証してみましょう。

まず、定年に達して退職する人々の大半は、その企業の中でも高給ですから、そのような人が辞めて、新規の従業員が就職すれば、当然、平均賃金は低くなります。

これは経済学では常識なので、学者やアナリストらが、実質賃金が下がっていると批判するのは、無知か嘘のどちらかになるわけです。

安倍元総理は、毎年、財界に賃上げを要望しました。その結果、毎年2％台の賃上げが実施され、安倍政権以前に比べると大きく改善されています。

社会保険料の企業負担分を「国民経済計算」の雇用者報酬で計算した場合、2012年から

2019年の7年間、1時間あたりの実質賃金は5・5%上昇し、民主党政権時代の0・4%を凌駕しています。

また、安倍政権では労働時間も短縮されているので、時間あたりの賃金は上昇しました。最低賃金も上昇、非正規ばかりが増えたというのも嘘で、総務省の『労働力調査』で見ると、非正規の増加率より、正規雇用の増加率が上回っています。2014年からの増加率が顕著で、アベノミクス効果です。

貧困率も民主党政権時代の16・7%が13・1%、子どもの貧困率も17・1%から13・7%に大きく改善されています。格差も左派メディアが指摘する「拡大した」というのは誤りで、若干ながら縮小しているほどです。

以上の成果により、安倍政権は就業率の高さもあり、若年層ほど高支持率でした。企業人に限れば支持率は7割を超えています。

株価の上昇につき、官製相場だとか、庶民に関係ないなどと、真実からかけ離れた主張が流布されていましたが、企業の利益が最高を更新し続けたという事実が、官製相場というのが欺瞞だとわかります。

庶民に関係ないというのも近視眼的な見方で、企業の保有する株式の評価額が増えれば「資産効果」によって、設備投資や消費に回され、近い将来の需要を創出、企業利潤を増やし、雇用と賃金の増加につながるのです。

個人の資産効果も消費を促し、企業の売上増となり、結果は設備投資、雇用と賃金増加への道をたどります。株価が下がること自体、経済には大問題なのです。日本のＧＤＰの６割は個人消費なので、個人の資産が増える、可処分所得が増えるというのは、経済成長にとって重要な要素です。

安倍元総理はデフレを払拭しようとしましたが、デフレは企業の売上を減らし、利益率を下げ、賃金上昇を抑制するばかりではなく、雇用も悪化させます。今日の日本の没落の主因は、長く続いたデフレであり、経済を猛勉強した安倍元総理はそのことに気付き、是正しようとしたのです。２０１１年にノーベル経済学賞を受けたプリンストン大学のシムズ教授は「脱デフレのためには金融緩和と積極的な財政政策による財政出動が必要」というシムズ理論を提唱しましたが、アベノミクスの正しさが証明されています。まさに「この道しかない！」のです。

前出の高橋洋一教授、エール大学名誉教授で安倍元首相のアドバイザーでもあった浜田宏一氏は、首相として安倍元総理ほど経済を熟知している政治家はいないと語っています。

元・日銀副総裁の岩田規久男《きくお》氏は、過去の政治家で経済を理解しているのは、安倍元総理の他に、高橋是清《これきよ》、池田勇人《はやと》両首相を挙げるくらいでした。

ノーベル経済学賞を受けたアメリカのスティグリッツ、クルーグマン両教授も、安倍元総理の手腕を高く評価しています。

ノーベル経済学賞受賞のクルーグマン教授は「革新的経済政策を先導し、日本のデフレを打ち破るために財政や金融の常識を破ることを厭わなかった」と安倍元総理のことを賞賛していました。

【アベノミクスの蹉跌《さてつ》】

種々の統計上でもアベノミクスは順調でしたが、待ち受けていたのは大きな陥穽《かんせい》でした。民主党の野田政権が残していった消費税です。法制化した条文では2014年に5％から8％へ、2015年に8％から10％へと増税することになっていました。財務省に丸め込まれ、意のままに操られた悪夢の民主党政権の置土産です。

安倍元総理は抵抗しますが、財務省が得意の政・財・学界、メディア界と、各界の財務省のポチを総動員して増税の大合唱を演じ、安倍元総理には「増税と同時にさまざまな策を実行するので経済には全く影響ありません」と説得し、2014（平成26）年4月1日に8％に増税しました。それまで着実に上向いていた経済に対しての冷や水となり、順調だったGDPの成長もマイナス6・8％になり、経済が停滞したことは痛恨の極みでした。

真っ当な経済アナリスト・学者ら関係者は口を揃えて「あの増税さえなければ、アベノミクスはもっと大きな成果を出していた」と悔やみましたが、その通りです。税率が下がれば消費が拡大し、最終的には税収が上がる「ラッファーカーブ理論」で予測できます。

安倍元総理は翌年の10％への延期を問うための解散までして抵抗しました。

『安倍晋三回顧録』では、こうでもしないと、日本最強の財務省が相手なので、延期などできなかった、と語っていますが、ありもしない「モリカケ問題」によって、反対派に抗って政策を貫くポリティカルキャピタル（政治的影響力）が衰えていたのです。

左派メディアの毒は、こんな形で国民の暮らしを毀損していました。２回目の増税につき、安倍元総理はできる限りの抵抗を試み、５年遅らせて２０１９（令和元）年10月１日に実施していますが、法制化以上に財務省の壁は厚かったのです。

また長く続いた左派メディアと左派勢力の狂信的「反安倍」キャンペーンもボディブローとなりました。しかし、退任後、安倍元総理は、元・内閣官房参与だった京都大学教授の藤井聡《さとし》氏に「次は絶対にやりますよ」と財務省に対抗する思いを語っていたそうで、やはり３度目の登板を考えていたのでした。

財務省との暗闘については、『安倍晋三vs財務省』（育鵬社）にて詳述されているので参考にしてください。

アベノミクスは国民資産を大きく増やし、２０１９年１月29日の発表では、３年連続過去最高の１京円を超えました。コロナ禍がなければ、これも更新し続けたでしょうし、71カ月連続の戦後２番目の拡大を記録しています。

戦後最大は73カ月連続の「いざなみ景気」ですが、アベノミクスは高度成長の要素とは正反対のデフレ下からスタートしたことを考量すれば驚異的とも言えます。

ただし、２本目と３本目の矢は不発に終わっています。また好況を感じる国民と、感じない国民がいたことにつき、安倍元総理は『安倍晋三回顧録』で率直に認めていました。

産業のある地域と、そうでない地域との差を、観光によって埋めるべく務めたそうです。観光では外国人訪日観光客3000万人超も達成し、コロナ禍がなければ4000万人達成も必至でした。

【リアルポリティシャンの安倍元総理】

安倍元総理は左派メディアによって「タカ派」「強欲な保守」とレッテルを貼られていますが、現実には欧米のリベラルな政策を採り入れ、「人に優しい」社会を築こうとしていました。

2014(平成26)年からの「女性活躍推進」、付随して国際女性会議創設、女性と高齢者の就業を容易にした「1億総活躍社会プラン」、「働き方改革」では、同一労働同一賃金、非正規社員の待遇を正社員と同等に、など、本来は労働者の味方とされるリベラル政党の政策を実行しています。

我が国には何でも反対、批判する愚昧な左派政党は多々ありますが、真の多様性と寛容の精神を持つリベラル政党がないので、安倍元総理が代行してくれたのです。

子ども対策では幼児教育・保育の無償化、貧困世帯の高等教育費の国費補助、さらに全世帯型社会保障、ニート引きこもり対策、障害者差別解消法、難病支援制度拡充、介護制度整備などを実施しています。

弱者や貧困者に、これだけのことをした政権はありません。民主党、現在の立憲民主党に至っては掛け声だけですし、れいわ新選組の山本太郎などは、10年前から消費税廃止という不可能なものをはじめ、弱者のための公約を並べながら何一つ実現させられず、元NHK党の立花党首から貧困層を利用した「貧困ビジネス」と的を射た指摘をされて怒るのが関の山でした。

この山本は東日本大震災時、もう日本はダメだ、外国に逃げようという旨のツイートをした挙句、福島産の食材を使った弁当が放射線で汚染されたなど、事実と異なる風評を拡大した人物で、同党の伸長は、いかに有権者が人を見る目がないのか、政治リテラシーが低いのかを証明しています。

【ビスマルクとも、ド・ゴールとも賞賛された安倍外交】

安倍元総理が樹立した不滅の金字塔は、外交においてでした。

『地球儀を俯瞰する外交』と銘打って訪問した国・地域は第一次政権時が20、第二次政権では訪問回数81、訪問国・地域は80、延べ訪問国・地域は170、総飛行距離158万1281㎞で地球約40周分、しかも大半は国会の会期中の土・日に飛んでいるのです。

日本の国会は首相を長く縛るものとして悪評が高い中、安倍元総理は持病の身体に鞭打つごとく、西へ東へ奔走しました。イギリス議会はキャメロン首相を年50時間縛りますが、安倍元総理は約370時間縛られるのです。そんな状況下、飛び回ったその目的は日本の安全保障、並びに世界平和を実現するためでした。

それと並行して、何でもアメリカ追従、主体的な外交戦略の欠片《かけら》もなく、無為無策の外務省主体の中国・韓国・ロシアへの過剰な遠慮外交の刷新、「戦後レジーム」からの脱却を目指していたのです。

民主党政権が戦後最悪にした日米関係は、オバマ大統領の根深い日本不信があり、当初は冷遇され続けました。首脳会談もすぐには開けず、まともに相手にされません。

全ては鳩山元首相の蒔いた種なのですが、それに加えオバマ大統領は国際的に親しいリーダーのいない人ということもありました。この人は情や義理より、論理の人なので、外交もビジネスライク、EUのリーダーたちとも疎遠でした。

オバマ大統領との首脳会談は首相就任2カ月後の2013（平成25）年2月にやっと実現しましたが、現代の言葉で言う「塩対応」で、晩餐会もなく、わずか90分のみの昼食会を兼ねた会談では、オバマ大統領は1本のミネラルウォーターだけで相手をするほどでした。

「あんたと食事する気はない」ということです。しかも、日本に非がないのに「尖閣で中国ともめるな、アメリカを巻き込むな」と言ったのでした。共同声明もありません。同年秋に、北朝鮮のミサイルに対抗するため、安倍元総理はオバマ大統領にトマホークを売ってくれと頼みましたが、返事はノーで、イギリスにしか売っていません。集団的自衛権も行使できない上、重要機密の防止法がなかったことも理由になっています。

あれから10年、2023（令和5）年、アメリカがイギリスに続いて売ってくれるようになったのは、安倍元総理という偉大な人物が、日米同盟を「希望の同盟」として堅固なものにし、アメリカの政界・軍人・官僚たちの心を掴んだからです。安倍元総理の残したレガシー、蒔いた種のおかげでした。

オバマ大統領が安倍元総理への見方を転換し始めたのは、2014（平成26）年4月に来日して、安倍元総理と寿司を食べながらの会談をした頃からで、安倍元総理から外交や貿易、中国の台頭につき有益な見識を披歴され、メディアの評判とは違ってこの人は決して極右《ウルトラライト》ではないと気付いたのです。

その時、共同声明において、尖閣諸島が「日米安保条約」の適用範囲に含まれる、と初めて正式に言及しました。その後、もともと世界のリーダーたちと打ち解けることのないオバマ大統領を決定的に転換させる出来事が起こったのです。

同年6月のベルギーでのG7サミットの時でした。この年の春、ロシアはクリミアを併合し、それにつきオバマ大統領とEUのリーダーたちは鋭く対立していました。サミットでの話し合いも双方譲らず堂々巡りの怒鳴り合いとなった中、安倍元総理は冷静に互いの論点をメモしていたのです。

以下同行した、後に外務省事務次官となった杉山晋輔《しんすけ》氏の述懐を引用すると、安倍元総理は怒って出て行こうとしたフランスのオランド大統領を呼び止め、互いの主張の中で同意できるものが4点ある、今は結果が大事だから、この点だけでも共同声明を出そうと、双方の主張をアウフヘーベン（止揚）し、妥結にこぎつけたのです。

杉山氏は、日本の首相が、それも即興で世界のリーダーたちをまとめあげた鮮やかな手腕に胸のすく思いだったと語っていました。安倍元総理の隣に座っていたレンツィ・イタリア首相はハイタッチを求め、オバマ大統領は安倍元総理に駆け寄ってハグしたそうです。安倍元総理が世界のリーダーになった瞬間とも言えるでしょう。

これまで、メディアのカメラの前だけでパフォーマンスをして、さも世界のリーダーの一員らしく装った中曽根康弘《やすひろ》首相がいますが、安倍元総理は名実共に真の世界のリーダーの道を歩むことになります。

翌7月、安倍元総理はかねてから考えていた集団的自衛権の限定行使を閣議決定しました。これはアメリカの政治・軍事関係者のみならず、アジアの国々にも大歓迎され、中国・韓国・北朝鮮以外の全ての国が高く評価しています。

目的は「アメリカは世界の警察ではない」というオバマ大統領の声明が出たこともあり、アメリカは日本を助けるのに、日本が助けられないのでは、日米関係は終わってしまうという危惧があったからで、その後の反応を見ると、大正解の英断でした

翌2015（平成27）年4月29日、日本の首相として初めて、安倍元総理はアメリカ上下両院合同会議の場において演説をすることになりました。上院だけでなら祖父の岸信介が演説しています。この時、オバマ大統領は以前の「塩対応」を猛省したかのような最上級の歓迎をし、ホワイトハウスでは19発の礼砲を響かせた国賓級の接遇をしています。

オバマ大統領との会談では最後に「日本は安全保障で世界に貢献している。シンゾー、アリガトウ」と、オバマ大統領は感謝の意を表わしました。

合同会議での演説には大東亜戦争時、硫黄島で栗林《くりばやし》中将（没後、大将）率いる日本軍と戦った海兵隊の元中将・スノーデン氏と、栗林大将の孫の新藤義孝《しんどうよしたか》議員の劇的対面もあり、安倍元総理の精魂こもったスピーチと相俟って、議員たちに感動と涙を誘っています。

安倍元総理は最後に「日米同盟を『希望の同盟』と呼びましょう。アメリカと日本、力を合わせ、世界をもっとはるかに良い場所にしていこうではありませんか。希望の同盟は一緒なら、きっとできます。ありがとうございました」と締めくくり、スタンディングオベーションと万雷の拍手を送られた後、議員らに配布されていたスピーチ原稿を持った議員が殺到し、サインと握手を求められましたが、日本のリーダーが、ここまでやれるのか、と私も大いに感動したものでした。

オバマ大統領との良好な関係は両首脳の、広島、真珠湾の相互訪問と和解のセレモニーとなり、両国にとって、また、退任が近いオバマ大統領にとって、レガシーとなりました。次の大統領のトランプ氏との蜜月は既にメディアで承知のことでしょうが、最初の訪問につき、安倍元総理は事前にオバマ大統領にも通知しています。

前出の回顧録によれば、会食とメディアの撮影はやめて欲しいとのことで、安倍元総理もそれを守りました。トランプ氏はメディアの報道とは異なり、礼節と常識を弁《わきま》えた人で、別れ際にはオバマ大統領への配慮から、会談の内容は詳しく公表しないようにと告げてきたそうです。

会談の目的は3点で、中国の台頭に備えての安全保障、経済関係、そしてゴルフの約束でした。トランプ大統領とは、ゴルフを通じて特に親密になりましたが、左派メディアが揶揄するようなトランプ大統領のポチなどとはかけ離れた、安倍元総理がメンター（指導者・先生）役の関係です。

トランプ大統領の日本への認識は１９８０年代の、「日本が対米貿易で独り勝ちで儲けている」「安全保障はただ乗り、不公平」というものでしたが、安倍元総理は見事にそれを覆して、日本の安全と国益に絶大な貢献をしています。

トランプ大統領は２０１７年の『ニューヨーク・タイムズ』紙のインタビューに、日本が核兵器保有を望むなら反対せず、協力するとまで語りました。コペルニクス的大転換でした。

ホワイトハウス要人や国務省幹部らが、トランプ大統領が耳を貸さない時は、安倍元総理に説得して下さい、と頼んでいることは、多くのメディア、関係者の談話で明らかです。

安倍元総理、日本がアメリカのポチなどとは、現実を知らない左派勢力の妄想でしかありません。トランプ大統領はＮＡＴＯやヨーロッパの安全保障を巡って常にＥＵのリーダーたちと対立していますが、調整するのは安倍元総理でした。どんなに論争していても、「シンゾー、あなたが言うならそれでいい」というのがトランプ大統領の回答で、安倍元総理は状況に応じて正論、つまりトランプ大統領への配慮より正当性を重んじて決めるので、ＥＵのリーダーたちからも全幅の信頼を得ていました。

２０１８年のカナダでのＧ７サミットでは、トランプ大統領は次の訪問国のシンガポールへの出発が迫っていたので、あとのことはシンゾーに任す、と白紙委任までしています。いかに安倍元総理が信頼されていたかを示すものです。

トランプ大統領は商売人なので貿易には特に厳しく臨み、ヨーロッパや他の国々には強引な交渉をしました。韓国は極左の文在寅《ムンジェイン》大統領がトランプ大統領に嫌われていたこともあり、自動車や機械に関して高関税と厳しい規制をかけられています。

日本の自動車の輸出入にも古い偏見を持っていたトランプ大統領ですが、安倍元総理には「わかった」で終わらせた後に、「シンゾーが首相でいる限り、日本には強く言わない」と発言させたほどで、安倍元総理の外交が日本にどれだけの恩恵をもたらせたのか、計り知れません。ちなみに日本車にかけられていた2・5％の関税はゼロになっています。

トランプ大統領は安倍元総理退任後の2020（令和2）年12月、「自由で開かれたインド太平洋のために指導力を発揮し、ビジョンを示した」という理由で、「レジオン・オブ・メリット勲章」を贈っています。

【安倍元総理の燦然《さんぜん》と輝くレガシー。今も世界に拡がる、自由で開かれたインド・太平洋（FOIP）構想】

安倍元総理の外交の功績は枚挙に遑《いとま》がありませんが、死後も拡大強化され、今や世界の公共財としての海洋を守るために自由主義国が協力、団結している象徴として、確固たる集団安全保障になっているのが、「自由で開かれたインド・太平洋（ＦＯＩＰ）構想」です。

この原案は、第一次政権の時から胸奥で熟成させてきたものでした。公式に発表したのは2016（平成28）年8月にケニアで開かれた第6回『アフリカ開発会議（TICAD）』の基調講演の時です。

アジアからアフリカに及ぶ地域の発展のため、自由と法の支配、市場経済を広げていくと表明しています。インドに着目した理由は、日本との間に歴史問題がなく、自由や民主主義といった普遍的価値を共有しているので、協力を深めることができるはずだ、という思いがあったと、前出の回顧録にて語っていました。

大東亜戦争中、インドはイギリスの植民地で、日本軍と戦ったイギリス軍に多くのインド兵がいたのです。彼らはイギリス軍の降伏と同時に日本の捕虜となりましたが、日本軍は、捕虜ではなく、共に戦うパートナーとして遇すると、インド兵の熱狂的支持を得ています。詳しくは『F機関』（藤原岩市著・バジリコ）を一読して欲しいのですが、日本とインドは相性が悪くありません。

ただし、インドは国是として原則、どこかの国と同盟は結ばない国でした。戦後の一時期ソ連に接近しましたが、1979年のソ連のアフガニスタン侵攻で国際的に微妙な立場になり、以来、懲りた経緯があったのです。安倍元総理は2007（平成19）年8月、訪印した折、「二つの海の交わり」と題したスピーチをします。「太平洋とインド洋は自由の海、繁栄の海としてダイナミックに結合している。これを広げていく責任が日印両国にある」という趣旨のスピーチでしたが、両国だけでなく大きな視野で語っているところに、政治家としての安倍元総理の非凡さが表れています。

スピーチでは日印の古くからの関係を説き、東京裁判で日本無罪論（事後法によって裁くこと自体が無効ということで、道義的責任はあるということ）を主張したパール博士にも言及し、子息に会っていましたが、この時、持病が悪化し、同行していた昭恵夫人が「今すぐ帰国して」と泣いて頼んだのをおしてのことでした。

ここに安倍元総理の日本と日本人を守らねば、という使命感、責任感が出ていますが、偏狭で狂気に塗れているとしか思えないアベガーらには、この崇高さはわかりません。そのスピーチに感銘を受けた中に、後に大親友となるナレンドラ・モディ首相が、グジャラート州知事の立場でいたのです。

２０１４（平成26）年5月、シン首相の後をモディ首相が継ぎ、早速9月には来日し、日印共同声明を発出しました。モディ首相は低位カーストの出身、貧しい紅茶売りの子から立身出世を遂げた立志伝中の人です。

この年以後、日本とインドは毎年交互に訪問するようになり、モディ首相は安倍元総理のアドバイスによってアメリカ、オーストラリア首脳とも親しくなりました。安倍元総理が力を入れたのはアメリカとインドの関係強化で、両国の海上共同訓練「マラバール」に日本も招待されることになり、連携が強化されたのでした。

インドとは、日本の新幹線導入、防衛装備品の技術移転協定締結、日印原子力協定も合意しています。モディ首相が安倍元総理に感銘を受けたことは多々ありますが、世界の中でわがままと言われたトランプ大統領が安倍元総理の言葉に素直に従うことに驚いていたのでした。

モディ首相を引っ張り出して、即興でトランプ大統領と安倍元総理と三者による首脳会談をすることも再三あり、安倍元総理への信頼感は増すばかりだったのです。こうしてモディ首相と盤石の絆をつくった安倍元総理は、オーストラリアを視野に入れました。

オーストラリアは大東亜戦争中に戦った国であり、「ココダの闘い」や「サンダカン死の行進」という歴史問題がある中、謝罪なしで和解を強調するスピーチで、オーストラリアの並みいる政治家、首脳の心を捉え、親中国から反中国にシフトさせ、日米豪印4カ国による集団安保体制の「クアッド」を樹立させたのです。これは2012（平成24）年に安倍元総理が国際NPO団体に寄稿した「セキュリティダイヤモンド構想」という英文の論文がベースになっています。法の支配やシーレーンの安全確保を4カ国で担おうという目的でした。

オーストラリアは戦争中の問題では日本に批判的で、退役軍人たちが謝罪しろと迫ったのですが、安倍元総理の人間的魅力と歴史観を基にしたスピーチによって、日豪共同声明を出すに至るまでとなりました。こういう点も安倍元総理でなければ不可能でした。

「サンダカン死の行進」とは、オーストラリア兵の捕虜を輸送力の低い日本軍が長距離を歩かせて死亡させたという事例ですが、日本兵も多くが亡くなっています。また、オーストラリア軍は捕虜にした日本兵を輸送中の飛行機から落とした事例も多く、互いに論争すれば結論は出ないでしょう。

その後オーストラリアとは4人の首相が代わっても、装備品の相互供与や、有事対応のブリーフィングなど、日本とのクアッドを確たるものにしていますが、4人共、安倍元総理に敬意を抱き、国葬儀には全員が参列したのです。

このようなことで、日本国民に知って欲しいのは、世界を舞台に、大戦略と個々の戦術を用いて、日本が旗振り役のリーダーとして安全保障体制を構築したのは、日本の歴史上で初めてのことであり、日本のリーダーが世界のリーダーになり得たという事実と、安倍元総理の壮大な気概と構想、それを具現化した実行力の凄さです。

このような快挙を成し遂げられるリーダーが今の世にいるでしょうか、いません。日本人として、誇りに感じると共に、病身に鞭打って、日本と日本人のため、世界平和のために奮闘してくれた安倍元総理に対し、ただただ頭を垂れるのみです。

現在、FOIP、クアッドには、イギリス、フランス、ドイツ、フィリピン、台湾も参加し、その輪は南太平洋の島嶼国などを含め、拡大しつつあります。アメリカの国防の公式文書にも、安倍元総理が築いたFOIP、クアッドが使われているのです。

2022（令和4）年12月には「台湾有事は日本有事」とも発言していますが、エネルギー他、物資の9割を海上輸送に頼る日本にとって、台湾海域のシーレーンは生命線になります。これもアメリカをはじめ、多くの国を巻き込んで対処するようリードしました。

日本のリーダーが、このような偉業を成し遂げるとは、誰が想像できたでしょうか。本当に安倍元総理は不世出の傑出した政治家でした。

国際政治学者の細谷雄一《ほそやゆういち》慶應大学教授は２０１８（平成30）年11月19日付『読売新聞』紙上で、安倍元総理の外交を、19世紀ヨーロッパで曲芸的外交を繰り広げて「外交の魔術師」と謳われたビスマルクに匹敵すると賞揚していますし、国家安全保障局長を務めていた北村滋《しげる》氏はＮＡＴＯやアメリカを頼らず、自主独立を貫いた硬骨漢のフランスのド・ゴール大統領を彷彿とさせると語っていますが、同感です。

「日本を取り戻す」「戦後レジームからの脱却」は着実に前進していたのです。しかし後に続いて、この流れを促してくれる為政者がいるのかどうか、安倍元総理のように敢然と左派メディア、左派勢力と闘う人がいるのか、心もとないのが現実でしょう。

【無念の北朝鮮拉致問題】

安倍元総理が慚愧の念に堪えなかったこととして、拉致問題の解決ができなかったことがあります。もともと拉致問題は左派メディア、左派勢力によって「そんなことはありえない」とされてきた事案でした。

小泉首相が訪朝した折に、金正日国防委員会委員長が拉致を認めた際、これら左派勢力は一斉に沈黙し、従来の誤りを訂正も謝罪もしなかったのです。安倍元総理はトランプ大統領を通じて国際社会を動員してまで解決に奔走したものの、自国民も救えないおかしな憲法の縛りによって軍事力行使ができず、解決にはなりませんでした。

この点につき、左派勢力は口を極めて罵倒してきましたが、安倍元総理の退任時、被害者家族を代表して、拉致された横田めぐみさんの弟の哲也氏が、安倍元総理がいかに懸命に動いてくれたのか、被害者家族のことを慮ってくれたのか、感謝の弁を述べると共に、左派メディアがどれだけ妨害してきたのかを指摘しています。

案の定、朝日新聞、毎日新聞、東京新聞各紙は最後の部分は、お得意の「報道しない自由」でカットし安倍元総理批判をしました。どこまで卑劣で汚い性根の持ち主なのでしょうか。呆れるばかりです。

安倍元総理は今も公にできない種々のルートを駆使して解決を図りましたが、武力行使のカードが使えない日本には、厳しい事案ということは否定できません。

この件は、もっとメディアと国民も関心を持って主張しなければならないことです。自らの国の主権が侵され、誘拐という犯罪行為に遭っているのですから、他国ならば軍事力に訴えても同胞を取り戻すことは論じるまでもありません。いったい、この国は、いつになったらこんなことを解決できるようになるのでしょうか。私たち国民の自覚を促さなければなりません。

【北方領土問題の心算とは】

拉致問題と同じく、左派勢力が声を大にして非難、痛罵するのが北方領土問題でした。安倍元総理は在任中、ロシアを訪れること11回、プーチン大統領との首脳会談は27回にも及んでいます。特に通訳だけを交えた1対1の会談の「テタテ」も多い相手でした。

一部メディアでは父親の晋太郎氏が亡くなる直前まで、外相として、ゴルバチョフ大統領と北方領土問題について、互いに前向きに会談を重ねていたこともあり、安倍元総理は北方領土問題に特別な思いがある、と報じられることも少なくない事案です。

これだけの首脳会談をしたにもかかわらず、北方領土問題は前に進んでいないという批判が多いことは否めませんが、プーチン大統領としてはすんなり返還とはいきません。北方領土を返せば、そこに日米同盟によって米軍が駐留する可能性もあります。そうなればロシアの安全保障上、重大なリスクを負うことになります。そのことは安倍元総理も当然わかっています。その中で2018（平成30）年11月のシンガポールでの首脳会談では、日ソ共同宣言に基づいて前向きにやろうというプーチン大統領からの提案があり、外相・次官級で実務レベルの交渉をすることになったものの、年明けにラブロフ外相とモルグロフ外務次官が、北方領土占領のソ連の正当性を認めよ、などと注文をつけ流れてしまいました。

以後、日本側から経済協定を交えた交渉を重ね、ロシアとの距離を縮めたのですが、北方領土問題に進展はありません。前出の回顧録によれば、安倍元総理は交渉のパイプとして、セルゲイ・ナルイシキン対外情報庁（SVR）長官と、北村滋《きたむらしげる》内閣情報官を起用していますが、プーチン大統領はナルイシキンを同じ諜報機関のトップ経験者というので信頼していたのです。

SVRはプーチン大統領が勤めていたソ連国家保安委員会（KGB）の後身で、プーチン大統領も長官の任にありました。

尚、北村滋氏は警察庁のキャリア官僚から総理秘書官、内閣情報官を経て、国家安全保障局長に任じられ、その知性と人間性と行動力によって、各国情報機関から絶大な信頼を得て、特別な扱いをされている人物です。

北方領土問題につき、国際政治学者、戦略家のエドワード・ルトワック氏は、安倍元総理が領土返還など一顧だにせず、ロシアと2国間で外交を進めることが重要とし、中国とロシアの関係に抑止を働かせることを目的としていた、と述べていますが、同感です。

私も領土は帰らないが、ロシアと良好な関係を築くことで、中ロの連携を弱め、中国とロシアという二つの大国を同時に敵にしない戦略だと理解していましたし、自分のブログ上にてそう書いていました。また左派メディアは経済協力では、日本が利益を奪われるだけだと非難していますが、世界に名高い日本の商社がかかわっているのに、わざわざ損をするビジネスはしません。

ロシアのウクライナ侵攻で状況は変わりましたが、それは結果論に過ぎず、当時の判断としては最善でなくても次善でした。コンパクトながら良書である、フェアな識見を持つ西村幸祐《こうゆう》氏の『日本人だけが知らなかった「安倍晋三」の真実』（ワニブックス【PLUS】新書）によれば、モスクワ国際関係大学ユーラシア研究センターのイワン・サフランチュク所長は、安倍元総理の外交について「ロシアが強くなることに賭けた。強いロシアと合意し、協力関係を構築する（中略）強いロシアと日本が共存する正常な関係を構築することだ。これが安倍氏が進めようとしていた重要な政策だ」と政府系の『グレート・ゲーム』という番組で述べていたと叙述していますが慧眼《けいがん》です。

昨年5月、ロシアは経済制裁に対する報復措置として政治家を含む63人をロシアに入国禁止としましたが、安倍元総理の名前はなく、プーチン大統領が安倍元総理に対してどんな思いを抱いていたか、安倍元総理逝去後の追悼文と同様に伝わってきます。安倍元総理は参議院選挙後、プーチン大統領と会談する工作をしていただけに残念でなりません。

安倍元総理はリアリストで、大局的な戦略を持った傑物でしたから、メディア、特に歪曲した視座しか持っていない左派メディア、左派勢力には理解できないのも宜《むべ》なる哉《かな》です。ほとんどの国民にしても、単に領土が返還されるか否かの問題としか捉えられず、その奥にある安倍元総理の安全保障観、戦略には気付かなかったでしょう。

【私の島に手を出すな】

外交では中国との関係も重要です。安倍元総理が第二次政権をスタートさせた時、民主党の愚劣な政権により、日本は中国にも軽視されていました。尖閣海域には常時、中国船が侵入するようになり、日本の安全保障は危機的状況にあったのです。

また、従来から中国との首脳会談をする際には、事前に中国側からの種々の注文要求を、「中国様」と慕い、敬意を表する日本の外務省チャイナスクールの外交官が、政府に了承させた上での会談でした。

チャイナスクールとは、中国語を選択した外務省の外交官たちのことで、歴代のチャイナスクールは日本ではなく「中国様」の国益のために奉仕してきたのです。連中の最終目標は中国大使になることなので、若い頃から「中国様」のご機嫌を損ねることはしません。親中・媚中の伝統を持つ竹下派など、少なくない議員も同様でした。

民主党政権の野田首相は、人民元を国際基軸通貨にしようと、世界で最初に、「ドルなし」で「円・人民元の直接交換」を導入、さらに中国の許可がないと売ることすらできない中国国債を8450億円も購入することになり、さらに人民元との通貨スワップ協定、日本での人民元建て債券市場開設など、「中国様」のために奉仕したのです。

その伝統を打ち破ったのが安倍元総理で、「注文をつけるなら首脳会談はやらなくていい」と毅然とはねつけました。それに対し、中国はぶつぶつ言いながらも折れています。やがて安倍元総理とオバマ大統領、トランプ大統領が親密になるにつれ、習近平国家主席は、歴史問題での日本批判、日中戦争記念セレモニーでの歴史批判をしなくなりました。

当初は仏頂面で安倍元総理と握手していたのも笑顔になっていったのです。ただし、私はフェアであることを重んじているので、これには習近平国家主席の権力基盤が強くなってきて、日本に「イイ顔」をしても批判されない面もあったと解釈しています。

安倍元総理が歴代の首相と異なるのは、中国首脳に寸毫《すんごう》も阿《おもね》らないどころか、ウイグル人の人権問題では、習近平国家主席に強く抗議し、ウイグル人団体から懇願されていた人物を釈放させています。習近平国家主席は。まさか直接、言われるとは思わず困惑していたそうです。

尖閣諸島についても、「私の島に手を出すな」「私の意志を見誤るな」と習近平国家主席に言い渡したと元・国家安全保障局次長の兼原信克《かねはらのぶかつ》氏が述懐しています。これは従来なら想像だに、できなかった言葉です。

コロナ禍で実現しませんでしたが、習近平国家主席の来日を国賓待遇で迎えることにつき、保守派から強い非難が沸き起こりました。それにつき安倍元総理は、日本の天皇の凄さを思い知らせてやろうと考えていたと語っていますが、上皇陛下ならそうなるものの、現在の天皇では甚だ疑問です。

上皇陛下は上皇后陛下と共に、「私」より「公」「国民」を優先し、「無私」を貫かれましたが、現在の天皇、皇后、特に皇后は「私」が優先で公式行事への遅刻常習犯として多数の人々に迷惑をかけ、皇居での奉仕団への御会釈すら、再三懇請されて、やっと一度だけしたのみで以降はないという有様《ありさま》です。

経済学問分野においても、中国の技術窃盗、スパイ行為を抑止するため、数々の施策を実行しました。こうした安倍元総理の不断の努力も、岸田内閣の林前外相という「中国様」のポチによって、旧来の関係に戻ったことは痛恨の極みです。

中国が金《キャッシュ》やハニートラップを用いて、日本の要人を「手下」にしているのは常識で、1972（昭和47）年に中国共産党が発出した『日本解放第二期工作要綱』という指令書では、キャッシュとハニートラップ工作を秘密裏に実施せよと、「CH工作」を指示しています。

中国のハニートラップの疑いが濃厚の林前外相は、安倍元総理の国葬儀においても「中国様」のご機嫌を損ねないように、親日国の台湾からの参列者を冷遇していますし、大阪万博においても同等の処遇をするよう、これまた、日本の国益を害してきた外務省を使って工作しました。

天界からこの様子を眺めている安倍元総理はどんな思いでしょうか、察するに余りあります。

【内政での「日本を取り戻す」戦後レジームからの脱却】

紙数に限りがあるので、ざっと列挙すると

A　2013（平成25）年11月、国家安全保障会議設置関連法成立

B　12月6日、特定秘密保護法成立

☆　12月17日、防衛計画の大綱、中期防衛力整備計画改定、初の国家安全保障戦略策定

C　２０１４（平成26）年１月７日、国家安全保障会議（ＮＳＣ）発足
☆　５月30日、内閣人事局設置
D　７月１日、集団的自衛権の行使容認閣議決定
☆　２０１５（平成27）年８月14日、「戦後70年の安倍首相談話」発表
E　９月19日、平和安全法則関連法成立
☆　12月８日、国際テロ情報収集ユニット（ＣＴＵ―Ｊ）発足
☆　２０１６（平成28）年６月１日、消費税率10％への引き上げを２０１９年10月まで２年半延期することを発表
F　２０１７（平成29）年６月15日、改正組織犯罪処罰法、テロ等準備罪成立
G　２０１８（平成30）年６月29日、働き方改革関連法・ＴＰＰ整備法成立
☆　７月20日、ＩＲ整備法成立
☆　２０１９（平成31）年４月１日、新元号「令和」決定
☆　５月１日、徳仁親王第１２６代天皇即位
☆　７月４日、対韓輸出管理規制強化（ホワイト国から除外）
☆　12月18日　防衛計画の大綱、中期防衛力整備計画改定
☆　２０２０（令和２）年３月13日、新型インフルエンザ等対策特別措置法改正法案交付

となり、合計791件、第一次も合わせると、1027件の法律を制定、いかに精力的に「日本を取り戻す」ことに邁進したのか伝わってきます。

列挙した他に、教員免許更新制度の導入、貸金業規制法改正、道路特定財源の一般財源化、再チャレンジ支援の中小企業への融資条件緩和化、非効率な農協・農政改革、特区設定など、国民生活向上のため、あらゆる分野に及んでいました。

このうち、AからGは日本の安全保障のために不可欠な法案ですが、左派メディア、左派勢力の激しい抵抗を恐れ、歴代内閣では手を着けなかった案件でした。どれも他の内閣では成立させられなかったことでしょう。

特にBDEFGの法制化につき、安倍元総理の予想以上の激越な反対運動が拡散し、支持率を大きく下げましたが、安倍元総理は怯むことなく成立させています。BとGでは居酒屋で話しただけで逮捕される、DとEではアメリカの戦争に巻き込まれる、徴兵制が始まる、軍国主義になる、戦争する国になる、などなど、まともに考えたらありもしない理屈をつけて反対キャンペーンが展開されました。

その際には、「おまえ（安倍元総理）は人間じゃない！　叩き斬ってやる」と叫んだ法政大学教授の山口二郎のような狂った人物も数多見られたのです。2015（平成27）年8月30日、国会前での愚挙でした。

安倍元総理批判であれば何でも許されるという、一部の良質なリベラルを除いた左派勢力の醜悪さは、古来から日本人が持っていた倫理とは別のものでした。

Aから G の法案は、もはや世界の警察の役割を降り、弱体化しつつあるアメリカと、そのアメリカを凌駕する勢いで台頭してきた中国を対比させ、日米同盟の強化、日本の国防力強化を見据えてのものです。

ロシアのウクライナ侵攻で世界中が知ったであろう、「自分の国は、まず自分で守る」という精神が戦後の日本には消えていましたが、その気概を取り戻し、備えをしていこうという、日本と日本国民の未来のための戦略でした。

【日本と日本国民を守る】

防衛では第二次政権以後、毎年防衛費を増額しています。2020(令和2)年に退任後は、日本は継戦能力がないので早急にGDP比2%に増額すべき、核兵器についても議論すべきと提唱しました。

自衛隊の全弾薬量は11万トンしかなく、これはロシア陸軍の演習一回分の10万トンと同じくらいで、有事となれば一週間ももたないそうです。こうなったのは防衛予算が少な過ぎて、装備を購入するためには弾薬購入を断念するしかなかったからで、なんと歪な状態でしょうか。

安倍元総理在任中、尖閣諸島防衛のために陸・海・空の自衛隊は急速に新設拡充が図られています。それまで防衛相の「背広組」と呼ばれるキャリア官僚だけしか首相官邸に入れなかった慣習を破り、「制服組」の自衛官による首相へのブリーフィング（現状報告、意見交換）を始めました。最低、週に一回の定例と決め、統合幕僚長だけではなく、陸・海・空の各幕僚長を含めた4人によるブリーフィングを常とし、経済と同じく歴代首相中、比べる者のないほど、自衛隊、防衛について深い知見を持つリーダーとなりました。

総理大臣が最高指揮官と知らなかった無知な民主党の菅首相、「学べば学ぶほど、安全保障の重要性がわかった」と信じられないことを吐露した同党の鳩山首相もいる中、安倍元総理は真に最高指揮官としての覚悟と責任感の持ち主でした。

将来、自衛隊の幹部になるであろう学生を教育する防衛大学校の卒業式を、自民党の大会出席より優先し、従来の首相は時間の都合で参加しなかった卒業式後の恒例の帽子投げにも列席しています。

卒業式の祝辞においても、自らの思いを込め、日本の防衛に与《くみ》する人に、と語り続けました。その一部だけでも紹介しましょう。

「私たちが望むと望まざるとにかかわらず、国際情勢は絶えず変化し、日本を取り巻く安全保障環境は厳しさを増し、この冷厳な現実から、私たちは目を背けることはできません。（中略）自衛隊員に与えられる任務は、これまで同様、危険の伴うものです。しかし、全ては国民のリスクを下げるため、その任務は誠に崇高なものであります。そして諸君は、この困難な任務に就く道へと、自らの意志で進んでくれました。諸君は、私の誇りであり、日本の誇りであります」

「適者生存という言葉があります。生存競争において勝ち残ることができるのは、最も力がある者ではありません。その環境に最も適応した者、すなわち環境の変化に柔軟にかつ迅速に対応できた者であります。世の中は、私たちが望むと望まざるとにかかわらず、これからも変化を続けていくでしょう。ですから、どうか、昨日までの常識を常に疑ってください。そして時代に応じて変化することを恐れないで欲しいと思います」

「御家族の皆様、大切なお子様を隊員として送り出していただいたことに、自衛隊の最高指揮官として、心から感謝申し上げます。彼らの凛々しくも頼もしい姿をどうかご覧ください。これもひとえに、素晴らしい御家族の背中をしっかりと見て育ってきた、その素地があったればこそ、今の彼らがあります。本当にありがとうございます。大切な御家族をお預かりする以上、しっかりと任務を遂行できるよう、万全を期すことをお約束します」

　ここには借り物ではない、己が最高指揮官だという責任感が表れています。式での写真を見ると、他のセレモニーでは見られないほど、唇を真一文字に結んだ安倍元総理の姿があり、胸に迫るものがありました。

　安倍元総理は自衛官に対しても従来より一等級高い勲章を授与し、名誉についても配慮していきます。防衛については装備、部隊の拡充に合わせ、旧来の武器輸出三原則の緩和も行いました。しかし、この分野は、日本の防衛産業の発展と共に輸出国との同盟強化という目的もあり、一層の緩和が急がれます。

トランプ政権の国防戦略策定の中心となったコルビー元・国防副次官補は、日本は徐々にではなく、即座にベッドから飛び起きなければならない、防衛費は3倍にしなければならないと警鐘を鳴らしています。

大局的な外交でのFOIP、クアッドと国内での防衛拡充で、従前とは比較にならないほど、日米同盟は深化、オーストラリア、インド、フィリピン、イギリスとの防衛協力も大きく進化しました。

何より、それまでオマケのようだった日本が中心軸となり、アメリカの政界・軍からも、その役割を期待、当然視されるようになったのです。これは日本の歴史始まって以来の壮挙以外のなにものでもありません。

普通の国は、国を守る軍人は尊敬され、経済力イコール軍事力となりますが、日本は逆でした。それを転換しようと、猛烈な逆風を受けながら安倍元総理は前進したのです。このレガシー、何とか我々国民で守っていかねばなりません。

安倍元総理は、防衛費は祖国を次の世代に引き渡していくための予算なので、他の何かを削るのではなく国債で賄えばいいと語っていましたが、岸田政権は、防衛費も財務省の言いなりで、従来は別扱いだった海上保安庁予算、港湾・空港のインフラ整備費用、防衛装備の研究開発費、国際協力の費用までの一切を含めて、5年後にGDP比2％と「改悪」しました。

国防を知る議員たちは、真水《まみず》、防衛費のみの純粋なGDP比2％でなければならないと、正論を口にするものの、岸田首相は財務省のポチと称されるように、すっかり取り込まれています。再び、自国すら自分たちで守れない情けない国、民族になるのでしょうか。

安倍元総理が骨身を削るようにして築いたレガシーを、さらに拡大、発展する政治家が現われて欲しいものです。

【左派メディア、左派勢力のデマによる大キャンペーン】

これだけ日本と日本人のために尽くした安倍元総理に対し、左派勢力は森友学園、加計学園、通称「モリカケ問題」という虚偽の疑惑をでっちあげ、現在に至るまで糾弾し続けています。

森友学園問題とは、籠池というエキセントリックな人物が、昭恵夫人との知己を利用し、小学校用地を安価に取得しようと画策したことに加え、土地を売った財務省近畿財務局のミスにより、土地に埋まっていたゴミのことを隠して売ろうとしたので、それを知った籠池から半ば恫喝され、後から大幅値引きしたことが、安倍元総理の指示ではなかったか、という事案でした。

この疑惑に対し、2017（平成29）年2月17日、安倍元総理は衆議院予算委員会の場で、「妻や私が関与していたら、首相も国会議員も辞める」と口にしたので大騒動になっています。この言葉は政治家として絶対に口にしてはならない禁句でしたが、全て身に覚えのない安倍元総理は昭恵夫人のことも持ち出されたので、つい口に出してしまいました。

朝日新聞は、あたかも安倍元総理が便宜を図ったかのように虚偽の報道を流し続け、左派メディアは一斉に追随し、週刊誌も安倍元総理と昭恵夫人を責め続けました。

ことの詳細は『偽りの報道』（ワック）、『徹底検証「森友・加計事件」朝日新聞による戦後最大級の報道犯罪』（飛鳥新社）を参照ください。さらにこの疑惑につき、ウソ、デマでもいいから安倍元総理の首を獲ろうと画策した立憲民主党の議員らと、籠池の癒着ぶりについては、その連中の汚さに呆れてしまった籠池の息子が『籠池家を囲むこんな人たち』（青林堂）に叙述しているので、左派メディア、左派勢力がいかに悪辣かを知るためにも一読して下さい。他にも良識ある人々が、でっちあげだと、多くの書に綴っています。

安倍元総理は回顧録の中で、森友問題は自分の足を掬うために、財務省が仕掛けた策略の可能性がゼロではないと語っていますが、過去の歴史をたどると的外れではありません。

加計問題は森友問題以上に根拠もないもので、獣医学部新設を認めたくない文科省と獣医師会、左派メディアが合作したようなものでした。たまたま加計学園の理事長が安倍元首相の長年の友人ということもあって、何らかの不正があったかのように、一大キャンペーンとなりましたが、証拠などどこにもありません。

寧ろ、52年間も獣医学部を新設できなかった岩盤規制にドリルで穴を開けた安倍元総理こそ、メディアで評価されるべきで、左派メディアの悪質ぶりは目に余ります。

これにつき、12年前から獣医学部新設を要望していた愛媛県の加戸《かと》守行《もりゆき》元・知事が「行政が是正された」と、新設を喜び、国会で証言しましたが、その部分はほとんど報じられることはありませんでした。

この件では、獣医師会より100万円の献金を受け取って「ほぼ新規の開設はできなくした」という「石破4条件」を作った石破茂こそ、糾弾されるべきだったのです。それなのに、この卑劣な男は、モリカケ問題においても、左派メディアに乗っかり、安倍元総理を非難していました。「石破4条件」はこの男が国家戦略特区担当の時に制定しているので、立派な贈収賄事件です。なんと醜悪な心根でしょうか
似たような男に、ウルトラポピュリストで中身のない小泉進次郎がいますが、安倍元総理が冤罪だと知っていて、この男も左派メディアの風に乗って自分の立場、人気を強化していました。それでも安倍元総理は恩人の小泉元首相の子息ゆえに、公の場での批判はしませんでした。

有権者は、もっと人間の本質を見なければなりません。それが自分たちの国の政治の質を良くし、社会生活を良くすることになるからです。現在の日本の選挙は、小学校の学級委員選挙と同じようなレベルの有権者が多過ぎます。

ガーシーだとか、中条きよしなど、政治家どころか、社会人の名にも値しない者を、人気投票よろしく選出していますが、そのツケはやがて自分たちに向かってくることを心すべきです。

【山上と旧統一教会騒動】

安倍元総理が暗殺された後、一週間もしないうちに奈良県警から犯人の山上についての情報がリークされ、早くも旧統一教会絡みとなり、左派メディアは「待ってました！」とばかりに飛びつき、安倍元総理を貶めるため自分たちに都合の良いストーリーを作って報じ始めました。

最大の要諦は、「暗殺されたのは安倍元総理が悪い。統一教会とズブズブで、加害者の山上は被害者でもあった」という流れです。旧統一教会は１９７０年代から１９８０年代にかけて霊感や壺商法が悪質と世間を騒がせた団体でしたが、その後30年近くメディアは気にかけることもなく歳月を閲《けみ》してきました。

それが突如として報道の嵐となり、岸田首相の弱腰ポピュリスト的姿勢から、旧統一教会は悪、関係していた議員も浅い深いにかかわらず悪、中でも安倍元総理はボスのような構図となり、国葬儀にすることへの世論も当初の賛成多数から、反対多数になったのです。

その後、安倍元総理と旧統一教会との関係はそれほどでもないという報道も出たものの、社会のメディアリテラシーの低い人々には、安倍元総理への誤解が残り、犯人の山上への同情論が流布するという、正義とは乖離した様相を呈しました。

安倍元総理が、トランプ大統領が送るならと、ビデオレターを送ったのは、旧統一教会ではなく、２００５年９月に創設されたユニバーサル・ピース・フェデレーション、天宙平和連合（ＵＰＦ）

です。創設者は旧統一教会と同じでも、NPOとして別法人になっています。メディアは報じませんが、送った理由の一つには、旧統一教会会長の韓鶴子《ハンハクチャ》が北朝鮮の金正恩とのパイプを持つ人物だったから、というのがあります。拉致問題について、安倍元総理なりに考えるところがあったのかもしれません。

UPFは国連から最上級のステータスの総合協議資格を与えられ、現在150カ国に支部があり、国際平和活動・国連改革活動を行ってきました。

欧米では国連の協力団体として位置づけられ、警戒、注意されていることはありません。旧統一教会自体は1954年5月に韓国で生まれ、7年後、日本で共産主義に対抗するため「国際勝共連合」として、安倍元総理の祖父の岸信介元首相と接触、関係を持ちました。

この頃は、安保闘争が盛んな時で、それを煽動しているのが日本共産党はじめ、共産主義者、左翼だったからです。安倍元総理の父の晋太郎氏はその関係を継承しますが、霊感商法騒動によって距離をとるようになりました。

安倍元総理も同様で、元立憲民主党の有田芳生《ありたよしふ》氏は第一次安倍政権時、安倍元総理が旧統一教会とは距離を置くようにしている、よく来るが会わないようにしている、と語っていることを雑誌で発表しています。鈴木エイト氏も、「安倍元総理は祖父や父に比べると教団から距離を置いていた形跡がある、自分が教団とかかわるようになった2002（平成14）年頃は、そのつながりは非常に細々としたものでした」と述べているほどです。同氏は教団の影響力もたいしたものではない、それなのにあると思われている、と述べています。

また、安倍元総理の政策秘書だった天川幾法氏は16年間、安倍元総理の事務所に勤めていて、旧統一教会の人と会ったことも、電話で話したことも、見たこともないし、選挙で手伝ってもらったこともない。地元事務所が後援者を介して祝電を打った時も安倍元総理から叱られた、その時、打った秘書は旧統一教会とは知らなかったと、全くのデマで安倍元総理を責める共産党の志位和夫委員長に義憤を感じて、フェイスブックで反論していました。志位委員長は『サンデー毎日』誌上で田原総一朗氏に、旧統一教会との戦いは30年にも及ぶ天敵と語っていますが、騒動の裏に共産党がいたのです。

そして、左派メディアが断じて報じないことは、安倍元総理こそが２０１８（平成30）年に「消費者契約法」を一部改正した点です。

これにより、被害件数は改正前の約10分の１となり、２０００年代に１０００件程だった全国弁連（全国霊感商法対策弁護士連絡会）への相談件数は、２０２１（令和２）年には激減し、被害総額も１９８７（昭和62）年の２６４７件・約１６４億円から、２０２１（令和２）年には47件・約３億３０００万円となりました。

旧統一教会の収入も安倍元総理の改正で20分の１になっています。仮にズブズブの関係なら、こんな改正などするはずはありません。参議院議員の青山繁晴氏が、２０１９年の参議院選挙で、某派閥の長が旧統一教会票を差配していたと語っていますが、安倍元総理ではなく、当時の細田派会長の細田博文氏のことです。安倍元総理は首相の立場にあり派閥から離れていて、関与はしていませんでした。

ズブズブというなら鳩山由紀夫の方が、はるかに親密で、2004(平成16)年に自身と8人の議員を引き連れて大会に参加し、旧統一教会会長を熱烈に讃えるスピーチをしています。

鈴木エイト氏は、2009(平成21)年に警視庁が旧統一教会の本部に手入れしようとしたが、政権からの圧力で止まったと述べていますが、鳩山政権のことでした。このことも左派メディアは一字も報じていません。

旧統一教会の信者による票は最大限としても6万票から8万票、アクティブな信者は1万2000人程とされ、実際の得票数は5万票もあればまし、と種々の媒体が報じています。いずれにせよ6万票や8万票では、一選挙区なら別ですが、信者は一カ所に固まっているわけではないので、さほどの効果はありません。

公明党のバックの創価学会のように、衰退途上とはいえ618万票(昨年の参議院選挙)とは雲泥の差です。社会的に問題のある団体との付き合いはいかがなものかとなれば、30年近くもメディアが見向きもしなかった団体であり、当の左派メディア自身、朝日新聞、毎日新聞、東京新聞と旧統一教会の傘下団体を応援する報道を何度もしています。

それについて追及されると、「知らなかった(旧統一教会関係団体とは)」と、自分たちがそんな言い訳は通らないと指弾する議員らと同じ弁解をしています。立憲民主党の十八番《おはこ》のブーメラン、左派勢力の十八番なのでしょうか。

問題のある団体との付き合いが悪というのなら、過去に多くの人を殺傷した革マル、全学連、ブントなど今も続く極左団体と立憲民主党、共産党の方こそ、糾弾されるべきでしょう。

殺人事件のみならず、爆破事件まで起こしている団体から献金を受けることはもちろん、ズブズブの関係で800万円もの献金を受けた枝野をはじめ、立憲民主党の議員との関係も少なくありません。枝野は国会でも追及されました。

同党の蓮舫は立正佼成会とズブズブ、辻本に至っては、2022年、刑事事件で逮捕された元・山口組幹部がトップで現役の暴力団員もいる、悪名高い関西生コン支部と真のズブズブで、ネットでは再々報じられるのに、左派メディアが報じることはありません。こちらの方が民主主義としては大問題なのに、左派の議員の問題ある行為は報じられない、ダブルスタンダードです。

旧統一教会との関係は、自民党が最も接触者が多いと左派メディアに叩かれていましたが、立憲民主党にも16人、日本維新の会、国民民主党にも同様の議員がいるのはスルーされています。最も献金額の多かった石破もスルーです。まさに中世の「魔女狩り」であり、安倍元総理は全くいわれのないバッシングで、個人の尊厳、名誉、国民への絶大な貢献を無きものとされたのでした。

岸田首相のポピュリスト、迎合的な腰の弱い対応も問題で、伊木隆司《いぎたかし》米子市長のごとく、「思想信条で市民を選別しない。過去の犯罪歴だけで差別しない。霊感商法が問題なら消費者契約法で対応すべき。現時点で国政や警察で何らかの措置がとられていない以上、イベント出席に問題はない」と毅然と対応すべきでした。

今回の騒動につき、信教の自由や、論点がずれていることを指摘した著名人は、軒並み左派メディアと左派勢力からの非難や脅迫を受けているのも異常です。

【山上とはどんな男か】

宗教2世として同情され、ヒーローとされた山上ですが、この男の人生を具《つぶさ》に見れば、単なる怠け者、社会不適応者の愚昧な輩でした。

海上自衛隊に在籍したのは一任期の3年間のみ、振り返ると17年間に10回以上も転職しています。その理由は、職場のルール、規則を守らず、自分勝手な言動をし、注意されると逆上して、相手を罵り、脅すなど、人間関係に欠陥があってのことでした。

『安倍晋三元総理追悼論』（高木書房）によれば、山上の仕事振りについて次のように叙述されています。この書は著者の深田匠《たくみ》氏の尋常ではない調査と情熱によって刊行され、安倍元総理についての書では金字塔とも言える秀作ですので、是非、一読をお勧めします。

運送業ではトラックの積荷に入れる緩衝材を入れず、注意には相手を罵倒し、他の仕事では数の点検を怠って注意されると逆上しています。同僚との協調なく、自己流を通し、注意されるとキレまくることの繰り返しで、母親が献金した半分にあたる旧統一教会から返還された5000万円で職にも就かず、遊び暮らしていました。

　成人後、ブラブラしていた期間は約7年、3分の1は遊んでいたのです。山上の伯父にあたる男も、昨年1月時点で数十年後に出所してきた時に生活に困らないように、残りの5000万円の返還を求めています。まだ裁判も始まってない時から、こんなことを語っているのには、安倍元総理のことを思うと、強い憤りを感じるばかりです。

　山上は社会人としてまともではありません。暗殺した時も、いよいよ金に困り、自分の怠惰が原因なのに厭世観に苛まれた挙句、冷静に思考できなくなった上での愚行でした。こんな愚劣な男を「英雄」「山上様」と奉る左派メディアの異常さに呆れるばかりです。

　親から虐待同然の宗教2世はたくさんいるでしょうが、だからと言って何の罪もないどころか、日本と日本人のために粉骨砕身尽くしてくれた安倍元総理を暗殺するとは、言語道断、社会どころか世界に多大な影響を与えたとして、極刑にしても足りません。

　左派系の判事も少なくないので、無期懲役刑か、有期刑の25年から30年の間の懲役刑でしょうが、模範囚なら30年から35年で仮釈放になる通常の無期刑ではなく、検察官の意見付きで仮釈放のないマル特無期でなければなりません。

　起訴状には「銃刀法」「発射罪」が加えられたので、まともなら最低でも無期懲役刑ですが、左派弁護人と左派判事により、宗教2世の情状酌量となれば有期刑になってしまいます。それでは、あまりにも不公平でしょう。

【安倍晋三とは、日本にとって何だったのか】

左派勢力がこのように虚偽の大キャンペーンまでして、安倍元総理の首を獲ろうとしたのは、憲法改正をはじめとする、安倍元総理の「日本を取り戻す」「戦後レジームからの脱却」が、自分たちが信奉してきた護憲、反日の自虐史観、親中国・ロシア・韓国・北朝鮮、反国家の方針から外れるからです。

特に改憲は、これまでタブーとされ、どの首相も、ある時代からタッチしようとはしなかった問題でした。それで今日の自国すら自分で守れない国、日本になったのです。

その情けない国を払拭して、日本人の誇りを取り戻そう、伝統と文化を見直そうとしたのが安倍元総理でした。1990年代まで、あれだけの経済力がありながら、国防はアメリカ任せ、外交内政も安倍元総理の登場まで、全て「アメリカ様」の意向、国益、都合によって決められてきました。

その先兵、日本での管理、監督係が財務省と言えます。日本の為替はおろか、政府や日銀の政策、金利まで、「アメリカ様」の指示で動いてきたのが、戦後の日本なのです。

ソ連という、アメリカのライバルが存在した時代までは、日本は「アメリカ様」の一の子分として大目に見られ、そのことが世にも稀な自国の軍備を禁止する憲法9条のおかしさを糊塗し、日本人は自国を守る気概どころか、意志まで喪失してしまいました。

アメリカの衰退、覇権主義で反日の中国の台頭、狂信的な北朝鮮の核保有と日本への恫喝、核大国ロシアと、日本を取り巻く安全保障環境は以前と大きく変わり、旧来の「平和憲法があれば大丈夫」という夢物語は通じないどころか、相手に「ならば侵攻してやろう」と余計な紛争を招来する端緒となりました。

もともと日本の平和は日米同盟があったから守られてきたのです。むろん、自衛隊の縁の下の力持ちという貢献も無視できません。その日本がバブル崩壊、ソ連崩壊での冷戦終結、中国の急成長と急激な軍拡などで、国の安全にリスクが伴うようになりました。

経済も停滞、国の活力も減退する中、安倍元総理は「日本を取り戻す」「戦後レジームからの脱却」を掲げ、彗星のように登場したのです。しかし、第一次安倍政権はあまりにも急ぎ過ぎ、1年での短期政権となってしまいました。

それからが安倍元総理の真骨頂で、立憲民主党の幹部らと異なり、率直に反省し、改善点をノートに記し、再起の時をじっと耐え忍びました。そうして勝負の秋《とき》が来て、菅義偉《すがよしひで》という稀に見る名伯楽に強く背中を押されて、「臥龍《がりょう》、雲を呼ぶ」がごとく、カムバックを果たし、「ジャパン・イズ・バック（日本は帰ってきた）」とアメリカでスピーチするまでになったのでした。

自身が唱え続けてきた「再チャレンジ」を自ら具現化した生き方は、見事なものとしか言えません。その裏には多くの心ある人の支援がありましたが、それは安倍元総理の人柄の良さが惹起したものでもありました。2万数千人の献花に、デジタル献花は52万人を超えています。安倍元総理の人柄の良さは本物です。大半の議員のようなパフォーマンスなんかではありません。

それらを示すエピソードは枚挙に遑《いとま》がありませんが、その中に東日本大震災で両親を失った女の子との交流がありました。

彼女は悲痛な人生にありながら、慰問と援助物資輸送のために現地入りした安倍元総理に、津波で倒壊してしまった自分の通っていた小学校を再建して欲しいと告げ、安倍元総理は実現しています。しかも、初対面以降、ずっと交流を続けていたのです。

被災地を訪問した回数も、国会議員の中で群を抜いて最多で、野党の心ない連中が指弾するようなパフォーマンスではありません。

安倍元総理の本物の支援行為はまだあり、前出の西村幸祐氏の書によれば、東日本大震災後、歳費の中から30％も被災地のために国庫に返納し続けたのでした。月額72万円、総額９６００万円、このことを本人は一言も語っていません。

こんな陰徳の積み方を、口先ばかりの議員が大半の中、誰ができるでしょうか。特に口汚く安倍元総理を悪罵し続けた立憲民主党の幹部らに、爪の垢でも煎じて飲めと言ってやりたいです。

安倍元総理は被災した人々から逆に励まされたと、２０２２（令和４）年3月の近畿大学でのスピーチで語っています。ネットで絶賛されたので知っている人もいるでしょう。安倍元総理は再登板できたことにつき、特別優れた人間でも強かったのでもなく、

「ただ一点諦めなかったからであります。そして諦めない勇気をもらったからなんです」

「皆さんもこれからの長い人生、失敗はつきものです。人によっては何回も、何回も、何回も失敗

するかもしれない。でも大切なことは、そこから立ち上がることです。そして失敗から学べればもっと素晴らしい」と語ったのでした。

安倍元総理は、２０１２（平成24）年11月の各党党首討論会で、目指す社会について、「女性やお年寄り、障害を持つ人にハードルのない自由な社会を作っていきたい。難病に悩む人がたくさんいる。そういう人々が仕事をしながら病気と付き合っていける暮らしやすい社会、何度でもチャンスがある社会を作りたい」とも語っていたのです（『産経新聞』２０２２（令和４）年12月30日付「阿比留留比の極言御免」より）。

安倍元総理の人柄の素晴らしさは、弔意を示してくれた世界のリーダーたちが十二分に語ってくれています。２６０の国・地域から１７００件以上の弔意が届いたのは、世界広しといえども安倍元総理だけです。

驚いたのはイギリスのエリザベス女王までが送ってくれたことで、通常女王は同じ王族にしか送りません。政治家に送ることは異例中の異例のことでした。安倍元総理がいかに特別の人物かわかります。

紙数の都合で紹介できませんが、世界各国が、日本とは比較にならないほどの服喪となりました。左派メディア、左派勢力には信じたくない現実で、この事実を隠蔽するためにも、猛然と虚偽のキャンペーンを展開したのです。

前出のルトワック氏は、安倍元総理に匹敵する世界的戦略家の政治家はチャーチルしかいないとし、安倍元総理が「世界のリーダーたちとはさらに別ランクの人間であると本心から思った。（中略）彼は国民が見えないような問題も実践的に解決しようと実に情熱的、かつ戦略的に動いていた」と評しています。

評論家の堤尭《つつみぎょう》氏は、安倍元総理を、「日本の貴重な公共財だった。安倍の存在自体が国益だったんだよ。それがゴミみたいな野郎のゴミみたいな動機によって無にされた」と語っていました。私は、安倍元総理の存在自体が日本の安全保障だと考えています。

国政選挙6回、総裁選挙3回、合計9回の勝利を記録する人はもう二度と現れないでしょう。麗澤大学のジェイソン・モーガン准教授は「パーソン・オブ・ザ・センチュリー（１００年の人）」を選ぶとしたら迷わず安倍元総理を選ぶと語りました。

「戦争がくることさえ信じてくれない平和ボケの国民の目を覚まして、「ファシスト」「軍国主義者」「歴史修正主義者」などのレッテルを貼られても覚悟をもって、国を強くし守るという大義を果たそうとした安倍氏は、地政学的なビジョナリー（先見性ある人）であったし、戦略の才を評価せざるを得ない。複雑な世界の動きを解読して、未来の瀬戸際に備えて万全な準備をすることは、ステーツマン、偉大な為政者そのものだ」（『産経新聞』２０２２（令和4）年12月29日付『正論』より）。

同氏は日本の平和憲法が侵略や大戦争を招きかねないし、日本国民はじめ、東アジア、全世界の人を危うさに晒しているだけとも喝破しています。非武装での平和は人類にとって理想ですし、自己の信条とすることは自由ですが、同胞を危険に晒してまで、頑なにその理想を押し通すことは正しいとは考えられません。

私たちは理想を追求すべきだとしても、まずは目の前の危機に備えなくてはならないのです。まして為政者なら尚のこと、自国の領土、国民の生命・財産を守る策を用意しなければなりません。それを敢然と実行したのが安倍元総理でした。その安倍元総理の国葬儀に際しての左派勢力の振る舞い、罵詈雑言は常軌を逸し、狂人のようとも言えます。

その醜さにつき17歳の女子高生は、

「日本と国民を第一に考え、誰よりも長く首相として貢献してきた人物に感謝し、それにふさわしい送り方をするのは、日本人として当然のことであると思う。高校生の私でも分かることを言い争っている大人たちは何を考えているのだろう。天国から安倍元総理も残念そうに見ていると思う」と『産経新聞』２０２２（令和４）年９月19日付の『談話室』に投稿していますが、その通りです。

現在の左派メディア、野党を見ると、民主主義が正常に機能しないことを痛感します。まるで極左と同じです。２０２３年２月に逝去されましたが、この国には横路孝弘《よこみちたかひろ》元・衆議院議長という寛容と知見にあふれる正統派「リベラル」の議員もいました。フェアな精神をもって是非を明確にする人物でした。どうか、このような本物のリベラルを野党に目指して欲しいものです。

憲政史上最長の３１８８日、通算で８年８カ月、病身を抱えながら、ひたすら日本と日本人のために頑張ってくれた安倍元総理は、私たちの恩人でした。国のため国民のために精魂傾けて尽くしているのに、身に覚えのないでっち上げの疑惑で、「死ね」「叩き斬ってやる」「ヒトラー」などと罵られるのは、どんなにくやしかったでしょうか。

あれだけの激烈な非難を浴びながら、日本と日本人のために必要ならば、どんなに傷だらけになっても貫いた、至誠と行動の人でした。怯まず、恐れず、狂信的な左派勢力と闘った稀有の人、サムライでした。

明治から155年、日本人として初めて世界のリーダーになり、グランドストラテジー、日本を軸に集団安全保障という大戦略をもって、日本のために世界を飛び回った超人でありました。

また、安倍元総理こそ、女性からもっと高く支持されて然るべき人物です。それは昭恵夫人の夫としての度量の広さ、優しさが並みの男にはできないことだからでした。

あの森友学園事件の時、左派メディアのみならず、自民党や野党の議員の間でも、昭恵夫人の不注意・軽率さが指摘され、左派メディアでは離婚もあり得る、安倍元総理の母の洋子さんは昭恵夫人に対して激怒という記事があふれました。

その際、安倍元総理は昭恵夫人に対して自由を束縛することもせず、怒っている洋子さんを宥《なだ》めています。あれだけ自分と政権が根拠のないことで責められたのに、叱責一つせず、自身のモットーの「家庭の幸福は、亭主の妻への降伏」を貫いたのです。

昭恵夫人は、自由奔放、世の中に悪い人はいない、首相夫人の私で役に立てることなら、どんどん言ってください、という一種、天使に近い面を持った人で、左派メディアには反社会的、あるいは社会的に問題のある人との交友や写真も随分と出ましたが、安倍元総理の方針は変わりませんでした。

２０１４（平成26）年1月の施政方針演説でも「女性が輝く日本」と銘打って、男性の育休給付を大きく引き上げ、女性の子育て支援に加え、女性役員を増やし、女性の社会進出を支援すると述べましたが、これは着実に実現していたのです。

２０２３年春に刊行された回顧録では、インタビュアーに昭恵夫人の軽率さを指摘されると、「致し方なかったんですよ」と尚も庇《かば》っています。本当に優しい夫だと感心しますが、前述したように、昭恵夫人は月刊誌で安倍元総理について「嫌いなところが一つもない人」と語っていました。

昭恵さんは奔放ですが、選挙の時には大車輪の活躍をし、他者の応援で地元を回れない安倍元総理の代役を十分以上に果たし、特に男女問わず高齢者に支持されています。

森友学園事件の後の選挙では支持者の前で「私のせいで主人に………」と、そこで絶句して泣き出しましたが、安倍元総理への感謝と申し訳ない思いがあふれてしまったのでしょう。このような昭恵さんから、自分のだらしなさ、歪んだ性格と認知のために安倍元総理の生命を奪ったクズの山上は絶対に許せません。

【今後二度と現れない日本と世界の救世主《メシア》、安倍晋三というサムライ】

安倍元総理は、国防について幻想しか抱いていない国民が多く、自国を守る気概も能力もない現実を憂え、左派勢力と闘うという苛酷な為政者の道を選びました。巨星墜つ、安倍元総理こそ二人の祖父の堅固な意志を継承し、日の没する国、日本を救うために天が遣わした救世主《メシア》でした。

第二次内閣で掲げた理念では「活力とチャンスと優しさに満ちあふれ、自律の精神を大事にする、世界に開かれた『美しい国、日本』を目指す」と語っています。美しい国とは、文化、伝統、自然、歴史を大切にし、自由な社会を基本とし、規律を知る、凛とした国のことです（『安倍晋三回顧録』より）。

安倍元総理自身が、活力とチャンスと優しさにあふれた美しい国を体現した人でした。安倍元総理は自らに課した「闘う政治家」であり続けました。

「闘う政治家」とは、国家のため、国民のためとあれば、批判を恐れず行動する政治家で、「闘わない政治家」とは、決して批判の矢面に立とうとしない政治家のことです。

安倍元総理は国会で答弁したように、叩いて叩いてできあがった鍛造品のように不純物がなく堅固な人でした。決して鋳造品のように型に流し込んで作られたのではありませんでした。

「自ら反みて縮《なお》くんば千万人といえども吾いかん」（孟子）

今や、口先ばかりの人、政治家があふれかえる世の中となった中、安倍元総理こそ、この言葉にふさわしいサムライ、武士でした。

武士とは自らの言葉に生命・人生をかける人のことで、言葉の重みを知り、己の口にしたことに対し、誠心誠意、己の全人格、生命をかけて負託に応えようとする人のことです。安倍元総理こそ武士の魂を持った崇高で廉潔な為政者でした。退任後、朝日新聞、毎日新聞、TBS系列のJNNでの世論調査で、いずれも7割強の人が安倍元総理の政治を評価していることは救いになりました。

金銭においてのクリーンさは特筆もので、一切の利権を寄せつけず、廉恥を知り、権力は「日本を取り戻す」という目的を達成するための「手段」としてしか求めませんでした。他の「政治屋」と異なり、権力や首相になることは、目的ではなく、手段でしかない人だったのです。

令和5年12月に発生した自民党パーティー券収入不記載問題につき、左派メディアは安倍派叩きに奔走していますが、安倍元総理が派閥会長就任後の令和4年2月に不記載があると知って激怒し、会計責任者に対して「こんな馬鹿なことをしてはダメだ」と叱責し、早急に改めるように指示した事実については一切報じていません。これもアベガーの狡猾さでした。

逝去後、群盲象を撫《な》ず、という言葉のごとく、左派メディアは力の限り、安倍元総理の人格、偉勲を貶めようとしていますが、安倍元総理から絶大な恩を受けた私たちとしては、あらゆる手段を以ってして、安倍元総理の名誉を回復し、左派メディアに欺かれている国民に真実を知らせなければなりません。日本の国柄を表すものとして、日本人の価値観で作らねばという改憲ができなかったことは、私たちの課題です。

台湾では早々と銅像が建立されましたが、日本にこそ建立すべきものです。奈良の仲川市長は、事件現地に何らかのモニュメントと碑も設置したいとしましたが、断念しました。市に寄せられる市民の声では、設置せよ、が圧倒的多数（2022年10月末日で賛成510件、反対176件）にもかかわらずで、ここにも認知の歪んだ人がいることを嘆息するばかりでした。

私は安倍元総理在任時から、この人は今までの首相とは別格だと評価してきましたが、逝去後から安倍元総理のことを考えない日は一日たりともありません。どんなに考えても安倍元総理はこの世にいませんが、世界を率いて己の大戦略を実現し、現在もそれは拡大中という、日本が世界に誇る為政者と同時代をすごしたことは、大いなる宝になりました。

安倍元総理の蒔いた種は、昭恵夫人の弔辞のように芽吹きつつありますが、私たち日本人は、安倍元総理の遺志を継ぎ、この国を強い国、美しい国として、弱い国に手を差し伸べられるリーダーシップのある国、勇気と、相手のことを思いやれる惻隠《そくいん》の情《じょう》を持つサムライの国にすることが、安倍元総理への恩返しの一つであり、安倍元総理の偉勲を無にしない道です。

安倍元総理は「日本人であることを卑下するより、誇りに思い、未来を切り拓くために汗を流すべきではないだろうか。日本の欠点を語ることに生きがいを求めるのではなく、日本の明日のために何をすべきかを語り合おうではないか」と、私たち日本国民に語りかけました。この言葉を、しっかり受け止めていかねばなりません。

安倍元総理にとって、政治家となったことは天命《ベルーフ》であり、宿命でした。

病の身で、闘って闘って闘い抜いた途上、道半ばで天に召されたことは本人にとっても無念の思いだったでしょうが、残された私たちが、この偉大な救世主が拓《ひら》いた道を進むことが、わずかでも顕彰と慰霊になる気がします。

私たちは、世界に誇れるリーダーの安倍元総理の勲功を後世に伝え、日本が美しい国になるように努めなければなりません。

安倍元総理、共に生きた私は幸運な国民でした。ありがとうございました。

【天晴！な日本人】

国家の未来を真に考え、
ポピュリズムに流されずに
実践した真の大宰相

《大《おお》久《く》保《ぼ》利《とし》通《みち》》

「明治の三傑」というと、西郷隆盛、木戸孝允《きどたかよし》と大久保利通ですが、昔から巷間では西郷がダントツの人気で、次に木戸となり、大久保は人気がありません。

その理由は、彼の冷酷非情さ、策謀家という評価にあります。しかし、これらの見方は一元的、表層的なものでしかなく、その構造は、現在のパフォーマンス第一で、賛否両論が渦巻く課題・問題については論ぜず、ひたすらメディアと国民のご機嫌を取る発言を重ねる、「戦う気概も志もない」政治家を首相候補とする、本質を見られない世論に似ています。

幕末から討幕に奔走し、維新後は新生、弱小日本国を列強の植民地にさせまいと、「富国強兵」「殖産興業」を唱え、抽象的な理念・理想ではなく、現実的な政治を着実に行った唯一の政治家が大久保でした。

私は中学生の頃から、その業績を見て、維新の三傑の中では大久保こそ最高の政治家だと、確信的に評価してきましたが、成人して、さらに詳細を知るにつれて思いが深くなっています。単に人徳、大将の器量というのなら「大西郷」になるでしょうが、この人は維新後、新しい国造りへのビジョンも情熱も失い、最後は周囲のブレーンたちの情にほだされ、反政府の立場を闡明《せんめい》にして、旧体制に回帰する士族の側に立って滅びの美学に殉じました。その精神は日本人の心を打つものであり、歴史に残るものというのは十二分に認めるものの、呱呱《ここ》の声を上げたばかりのひ弱な日本のために、なぜ、もうひと働きしなかったのか悔やまれます。

木戸に至っては、それなりの見識もありながら、あまりにも度量が小さく、神経質で愚痴や他者に対する小言や批判が多く、とても将の器とは言えず、気に入らないことがある度に投げ出しては辞職、引き込もりの連続で、男としても政治家としても到底、評価できません。木戸に西郷、大久保の何分の一かでも、広い度量が備わっていたら、明治初期の政治は、もっと充実したものになっていたはずです。

私が大久保を高く評価するのは、そのような西郷、木戸に比べてのことではなく、幕末から明治までの彼の実務能力、その際の、目先のみに拘泥《こうでい》するのではなく先を見渡す大局観、戦略・戦術に凄みが表われているからでした。

大久保という男は、何かを始めよう、実現しようとなれば、そのためのプロセス、要素を分解して、戦略と戦術を立てます。個々の戦術において、それが実現せずとなれば、失望することも愚痴ることもなく、最善が駄目なら次善と、淡然と行動します。ここも実に男らしい点であり、投げ出すことはありません。その時々の胸奥は窺い知れませんが、沈着冷静、剛毅果断《ごうきかだん》にことを進めます。

平生の大久保は誰もが口を揃えるほど、寡黙な人です。相手が話をしているのを、じっと聞いています。多弁を弄しません。それでいて、一度、返答したならば、それを石に刻みつけた言葉の如く揺れることなく実行します。精神のみならず、志操の堅固さが、他の幕末・明治の志士・政治家たちとは次元が違うのです。

【大久保は、こうして作られた】

このような大久保の性質が形成されたのは、その生い立ちにあります。普通、歴史に名を残した人々には、幼少期から他者とは違っていた、抜きん出ていた、変わっていたなどのエピソードがあるのですが、大久保には目立ったものはありません。

大久保は１８３０（文政13）年8月10日に、薩摩（鹿児島）藩士の長子として生まれました。父の次右衛門《じえもん》利世《としよ》は最下級の御小姓与《おこしょうあずかり》、琉球館の書記で、決して豊かとは言えなくとも教養のある人でした。また身分にかかわらず交際範囲の広い人であり、この点は後の大久保に影響を及ぼしたと言えます。母のふく子は薩摩藩の高名な蘭学者、皆吉鳳徳《みなよしほうとく》の娘でした。母もまた、教養のある女性だったのです。父の利世は、陽明学・禅学を学んだ人で、幼少時の大久保は学問と読書を好んだ子でした。

しかし、後年の大久保を形成することになった最大の要因は、薩摩藩に連綿と続いてきた、「郷《ご》中《じゅう》制度（教育）」にあります。これは、地域ごとに41に分けられた郷中というグループに年齢の違う子どもたちが所属し、年長者を中心にして学んでいく制度でした。大久保は幼い時に甲突川《こうつきがわ》西岸の高麗《こうらい》町から、東岸の加治屋町《かじやちょう》に移り、そこの郷中で育ちました。そこには3年年長の西郷隆盛がいて、兄弟のように過ごしたのです。郷中では、元服後かつ妻帯前の「二才《にせ》」、6歳から10歳までの「小稚児《こちご》」、11歳から14歳までの「長稚児《おせちご》」という分け方をしていました。稚児たちは明け六つ

（午前6時）から、教師役の二才の所に通います。学習は『四書』『五経』の素読、暗誦《あんしょう》が中心です。

西郷が二才をしていた加治屋町の郷中からは、後年、日露戦争で満洲軍総司令官となった、胆の太い大山巌元帥《おおやまいわお》、同じく第1軍の司令官で、これまた剛の者の黒木為楨《くろきためもと》大将、日本海海戦でロシアのバルチック艦隊を破った、不動心の東郷平八郎《とうごうへいはちろう》大将（後に元帥）が出ています。郷中では西郷が吉之助《きちのすけ》、大久保が一蔵《いちぞう》という幼名で呼び合っていました。薩摩式に言うと「吉之助どん」「一蔵どん」（他には「吉之助さあ」とも）です。

郷中では学問だけでなく、剣の修行、軍学書、義士伝の学習、角力（すもう）、徒歩競争、縄飛び、棹飛び、旗取り、馬追いといった模擬戦も行いました。剣の修行は、当然、薩摩の示現流《じげん》です。示現流というのは、二の太刀がなく、最初の一太刀で決するという豪快な剣法で、一の太刀で決まらぬ時は死ね、という激烈な打ち込みが特徴でした。

小稚児たちは午後6時以降は外出禁止、長稚児たちは二才の家に集まり、古来の戦や武士の在り方についての訓話を聴きます。こうして、「鉄は熱いうちに打て」のごとく、あるいは古《いにしえ》のスパルタの国の教育のごとく、鍛えあげていくのです。

薩摩の武士は、関ケ原以前から精強、剽悍《ひょうかん》で有名でしたが、この郷中教育において、命を惜しむこと、臆病なことを卑しむという習慣が身に着いていたからです。郷中ごとの戦いでは喧嘩も推奨し、自己の弱さを顧みることなく、捨て身で強い者に向かっていくことを当然としていました。戦いの後は互いに恨みは残さず、水に流すことも重要な嗜みとされていたのです。

私が薩摩武士について好きな多くの逸話がある中で、特に次の二つは、この藩の気風をよく表わしています。一つは、「肝練《きもね》り」と称す慣習で、若い藩士たちが車座に座り、真ん中には天井から水平に火縄銃を吊り下げます。銃は藩士たちの胸の高さに下がっていて、それをぐるぐると捩《ね》じります。そうして、火縄銃の火縄に火を点けて、あとは捩じれが戻るのに任せます。

歌を唄う車座の男たちの真ん中で火縄銃が回り、やがて発砲となるわけです。その際、誰の胸に弾丸が命中するか、一種のロシアンルーレットとなります。もし、弾丸が胸に命中したとしても、死に至るとしても、ウンともスンとも声を上げてはいけません。じっと無言か唄ってやり過ごします。これが薩摩流の肝試しで、命を惜しむ心を捨て去るための修行でした。もちろん、死んだら、それはそういう運命だっただけのことです。

もう一つは、関ケ原の戦いで「島津の退き口《の》」という壮挙で勇猛さを存分に知らしめた時の藩主の島津義久《しまづよしひさ》が地元で狩りをした際の逸話です。大がかりな山狩りで、多数の藩士が火縄銃を持って参加していました。藩主の義久が早まって撃った者は切腹に処すると言うと、途端に多数の発砲があったのです。切腹がどうした、という藩士たちのバンカラな気風に義久は苦笑するばかりでした。

こうした薩摩の武士のあり方は、私にとって深く共鳴できるものです。

郷中では、「兼ねて士の格式、油断なく詮議を致すべきこと」という規則があり、皆で議論するのも伝統でした。ただし、じっくり話し合い、結論が出たならば、これも薩摩の嗜みとして有名な、「議を言うな」になります。ぐちゃぐちゃ反論するな、理屈を言うな、ということで、薩摩ではこうした規範が継承されていったのです。

薩摩武士は、その強さ、剛直さで他藩から恐れられていましたが、こうした幼少期からの教育、刷り込みがあったからでした。これに並ぶのが、会津の教育です。俗に言われる『什《じゅう》の掟』でも名を馳せていますが、「ならぬものはならん」という教育により、白虎隊という歴史も残しました。

大久保は、さらに十代中頃から陽明学も本格的に学んでいたのです。ざっと説明すると、この学問は明の王陽明（１４７２〜１５２８）が始祖でした。若い頃は無頼の徒で、武術に親しみ、任侠の道にも踏み込んでいます。その後、朱子学を学びましたが、どうにも腑に落ちず、自分で陽明学を樹立したのです。

もっとも大きな柱は、「知行合一」です。知識・思想と行動は一致してなければならないということで、口先だけ、理念だけの口舌の徒は許されません。私も中学生の頃から陽明学に傾注しましたが、自分の思い、言葉は生命より重いものというので、死する思想とも言われています。大久保はこの学問を、西郷をはじめ、後に名を残す吉井友実《よしいともざね》（幸輔《こうすけ》）、税所篤《さいしょあつし》、伊地知正治《いじちまさはる》、海江田信義《かいえだのぶよし》らと共に学んだのです。こうした種々の教育により、薩摩では直情径行型、損得は考えぬ、自らの保身も考えぬ、「ボッケモン」と称する男ができあがったのでした。ボッケモンの代表といえば、幕末に「人斬り半次郎」と恐れられた中村半次郎、後の、初の陸軍少将、桐野利秋《きりのとしあき》がいます。自らの生命も一顧だにせず、損得度外視で、信念のままに生きた快男児です。

総じて、この時代の薩摩からは、寡黙で骨太の男たちが輩出していました。この郷中教育が大久保の土台となったのです。

【出仕後の艱難辛苦《かんなんしんく》】

大久保は1846（弘化3）年、数え17歳で、藩の記録所書役助《かきやくたすく》に出仕しました。藩政に関する文書管理をする役所で、助は見習い、臨時職員のことでした。当時は世襲や、親の身分、格によって出仕先が決まるので、下級藩士の子としては妥当なところです。しかも薩摩は身分の上下にも厳しい藩でした。ところが、4年後の1850（嘉永3）年、大久保を激震が見舞ったのです。父の失脚、遠島と、自身の免職でした。

原因は、歴史上でも有名な「お由羅《ゆら》騒動」です。藩主の島津斉興《しまづなりおき》の後継者をめぐって、斉興の正室（正妻）の子で長子の斉彬《なりあきら》と、正室亡き後に寵愛された側室のお由羅が生んだ次子の久光《ひさみつ》の間で紛争となったのでした。斉彬という人は、教養深いだけではなく、開明的で、人徳もあり、他藩の藩主たちからも敬愛されている人物でした。徳川260年余の歴史上、延べ580藩の歴代藩主は4290名強となりますが、真に名君、賢侯とされるのは数十名であろうとされる中、斉彬は易々とトップクラスに入ると言われた人でもありました。人を容易に賞賛しない勝海舟ですら、斉彬については絶賛しているほどです。

藩主の斉興は、お由羅に入れ上げていたので、彼女が推す久光と、長子の斉彬のどちらに継がせるか逡巡していました。そういう状況下、藩内では斉彬派と久光派に分かれ、争うようになったのです。

この時、お由羅のせいで久光に傾きかけた藩主の意を酌むように斉彬派が粛清され、大久保の父は死罪こそ免れたものの、鬼界島《きかいしま》に流罪となりました。大久保も母と幼い3人の妹を抱えて謹慎の身になっています。こうして大久保は、貧困と、周囲からの白い目という辛酸の境遇に陥ることになったのです。この間、西郷が随分と支えていました。

大久保の苦境が好転したのは、幕府の高官の間で斉彬の評価が高かったので、幕府の力で斉彬の襲封《しゅうほう》となり、大久保の父も、大久保自身も赦免《しゃめん》されて復帰した1853（嘉永6）年の春のことでした。大久保の役職は、記録所蔵役《くらやく》で以前より少しは生活も楽になりました。斉彬は西郷を重用し、西郷も心から斉彬に仕えられる喜びを感じ、諸侯の間で名を売ります。

4年後、大久保は西郷と同じ徒目付《かちめつけ》に昇進すると共に結婚しました。数えで28歳でした。この時代、年齢は生まれた時に1歳、以後、新年を迎える度に年を取る、「数え」で表わしています。

大久保の視野は、まだ狭いままで、ペリー来航後、攘夷思想を懐《いだ》いていました。攘夷とは開国などせずに外国人を排斥せよということです。彼我の軍事力の差を知らず、外国の力を押し返せると考えていたのでした。

西郷も斉彬の使いで、諸藩の賢人たちと交際するまでは攘夷論者ですが、外国の事情を教えられるにつれて、攘夷は不可能と悟り、内心では開国派になっています。ただし、信頼の置ける関係でなければ、そのことは口にせず、今の幕府では現状を乗り越えられないので、新しい体制の政治を、という斉彬の構想に心酔していました。諸侯の中から選ばれた賢侯による合議制構想です。このため、斉彬に抜擢された西郷は代理として諸藩を飛び回っていました。西郷にとって衷心から尊崇の念を懐いていた斉彬との時間は、生涯で最高のものだったでしょう。

しかし、1858（安政5）年、7月16日に斉彬は食中毒で急逝し、弟の久光の子の茂久《もちひさ》（維新後は忠義《ただよし》と改名）が藩主を継ぎました。斉彬の遺言で茂久となったものの、実権は隠居していた斉興にあったのです。この時、諸侯と幕府は不穏な関係となっていたため、井伊直弼《いいなおすけ》大老による、安政の大獄になりました。これは「反幕府勢力」の一斉取り締まりで、吉田松陰《よしだしょういん》、橋本左内《はしもとさない》といった志と識見のある人々が粛清されたのです。西郷も危ないとされ、藩は匿《かくま》うために菊池源吾《きくちげんご》と改名して大島に送ることになります。ここから大久保の台頭が始まるのです。

まず、大目標は西郷の意思を継ぎ、薩摩を全国の諸侯の中でトップにすること、次にその状態で新しい政治体制に持ち込むことでした。歴史を遡れば、島津家は鎌倉以来からの名門の家門で、明治維新まで続いた唯一の家系でもありました。それが関ケ原以来、徳川の下風に立つことを余儀なくされてきたのです。

小目標は西郷がいないので、自身が次に実権を握るであろう久光の懐に入ること、次に新体制実現のため、久光をその気にさせることです。安政の大獄後、薩摩藩有志の間では井伊をはじめ、幕府の高官を暗殺すべしという機運が盛り上がり、それら有志の中心にいて束ね役をしていたのが西郷であり、彼が不在となった時からは大久保でした。

この有志たちは、十代の頃に共に陽明学を学んでいた者たちが主となり、数を増やしていったのです。陽明学とは、志の成就のために己の人生、命など顧みない思想です。藩に迷惑をかけられぬ、というので脱藩した上での行動となり、「脱藩義挙」、薩摩藩内では「突出《とっしゅつ》」と称していました。

大久保が戦略的、大局を見ることができると前述したのは、ここからの彼の行動です。まず、大久保は同志たちに軽挙妄動を慎め、やる時には必殺で、と戒めています。そうは言っても個性と我の強いボッケモンの同志たちゆえ、相当の度量がなくては束ね役など務まりません。若き大久保に、それだけの度量があったことが窺えます。

次に大久保は、自分たちの考えを藩の幹部らに理解させるためには地位も必要だと思い至ります。身分制度の世の中ゆえ、藩主、高官らとも直に会うことはなく、自分の存在すら知られていません。そこで大久保は近い将来を見つめ、久光に近づくための戦術を立てます。

ガチガチの保守派の斉興が没すれば、藩政の実権は久光が執ることになるとして近づき、攻略するために、久光の趣味である囲碁を習ったのでした。十分なリサーチの結果、共に陽明学を学び、有志の一員でもあった税所篤の兄で、吉祥院《きっしょういん》という寺の住職をしていた真海《しんかい》に碁を学びます。真海は碁の実力が高いことに加えて、久光の良き碁敵であることも把握した上での行動でした。

仮に真海を通じて久光に近づけなくても、久光の人となり、考え方、藩政への思いの断片でも知ることができれば、次の手が打てるかもしれない、という考えだったのです。真海のもとに通い始めて暫くした頃、久光が真海に37巻からなる国学者の平田篤胤《ひらたあつたね》の『古史伝』を読みたいが手に入らぬと言ったということを聞き、大久保はその本を調達してきて、時勢への意見と自分と同志の名を記した紙片を挟んで1巻目から順次、真海に渡しました。

この時、久光はそれを真海から受け取り、大いに喜ぶと共に、初めて大久保一蔵という名を知ったのです。大久保たち有志のグループは藩からも警戒されるようになっていましたが、大久保はあえて名を記すことで不審感を緩和しようという戦略です。

大久保が紙片に込めたことは、殿の手足となって働く者たちがおります、ということでした。この時の久光の心理は、英邁《えいまい》で知られた兄の斉彬同様に自分も中央に出たい、諸侯の間で薩摩の地位を上げたいという思いと、未だ実権を握る父の斉興の下で大したことができないという鬱屈した思いが交錯していました。そんな時に、藩内で元気者、危険とされた連中が、自分のために働きますと伝えてきたのです。そこに近い将来への光、展望を見るのは自然だったでしょう。

久光は真海に、大久保とはいかなる者かを問いました。真海は、ありのままを伝えます。過激な空論や妄想を持たない。実務は手堅く、正確であること、言動も慎重で口数も少ないことなどです。大久保は、以後も藩政や時事についての建白書《けんぱく》を『古史伝』に挟んで出し続けます。

その一方、自分たちのグループの新しい首領として、家老の甥で家格の高い岩下方平を推し、久光の側近たちにも近づきました。この辺り、実に老獪というか、用意周到です。大久保、まだ29歳の時でした。大久保の戦略・戦術、大局観の確かさが表れています。

１８５９年（安政６）年9月、斉興が他界し、久光が実権者となりました。まだ、大久保は直に会うことはできませんが、有志たちが我慢できず、過激化した状況に乗じます。そこで、大久保は久光の側近に、このままでは突出するしかありません、と「それとなく」伝えたのです。

久光は形式上、藩主の父というだけで、公式の直属組織は持っておらず、そこに大久保がアピールし続けていたので、幕府の手前、久光は「待て」となり、自分たちを手なづけようとする公算が大きいと読んだ上でのことでした。

久光にすれば、突出となれば、幕府からの咎《とが》めの他に、自分が直接動かせる元気な組織を失うことになります。久光は動きました。実子の藩主の茂久直々の書状を与え、その中で大久保らを「精忠」と称えつつ、藩の柱石となって藩を助けるようにと、認めてあったのです。

以後、大久保らは「精忠組」として知られることになりました。この頃、藩主直々の書状を賜るということは異例中の異例のことで、精忠組の一同は熱涙を流し、大久保への信頼と人望を一層強固にしたのです。

そうして大久保が久光と対面できたのは、公式記録では１８６０（万延元）年3月11日のことで、真海のもとに通い始めてから約2年が経っていました。大久保、数え30歳の初春のことでした。その8日前に「桜田門外の変」があり、大老の井伊直弼が斬殺されています。

久光と対面後、大久保は政務以外で度々呼ばれ、囲碁の相手をしていました。他の者のように遠慮して負けてやることはなく、本気で打つところが好まれたのです。久光は、「余は大久保と打つのが一番、面白い」と語っています。実は大久保、その後もずっと真海の教えを受け、維新の時は五段の腕という巧者でした。1968（昭和43）年5月には、日本棋院から「名誉七段」を贈られています。他方、久光も筋の良い打ち方をする人で、共に手堅い碁というのが良かったのでしょう。

久光は対面の翌月、躊躇なく、大久保を勘定方小頭格《かんじょうがたこがしらかく》に任命しています。現代風に言えば経理課長です。いよいよ大久保は藩の中枢に進んだのでした。大久保、31歳です。久光も正式に「国父」という称号を得ています。

大久保の出世には、強力な支援者がいました。その名を小松帯刀《こまつたてわき》と言います。家格も地位もはるかに上で、1861（文久元）年5月に久光の側近となっていますが、年は大久保より5歳下でした。名門の出ですが、十代の時から大久保をはじめ、精忠組の面々とは付き合いがありました。先代の斉彬の小姓からスタートしています。

小松は学問・人格共に申し分のない好漢でした。惜しいことに維新直後に亡くなりましたが、もし生きていれば大いに活躍し、名を残したことは論を俟《ま》ちません。小松が同年10月に改革方内用掛となると、翌11月に大久保は殿様の身辺の世話役の小納戸役《こなんどやく》に抜擢されています。下級藩士の家からは、例のない出世でした。沈着冷静な大久保も、さすがに祝宴を開いて喜んでいます。もちろん、家の経済状況も好転し、前の月には次男も生まれ、光が当たりはじめていました。次男の伸熊《のぶくま》は後に外務大臣、貴族院議員枢密顧問官、パリ講和会議全権を歴任した牧野伸顕《まきののぶあき》です。

今回の偉人伝の試みは、大久保一人だけの紹介ではないので、どうしても紙数に限りがあり、以後の軌跡はダイジェスト的になります。まずは久光の意を受けて、島津家を政治の中央に押し出すことが大久保のミッションでした。時代は、開国か攘夷か、皇室か幕府かの動乱の時です。大久保は京都に出向き、皇室を守っている公家に近づきます。

もともと島津家は武家の中でも歴史がある名門であり、五摂家筆頭の近衛家との付き合いがありました。五摂家というのは、藤原氏一族の子孫たちで、鎌倉時代以降、摂政・関白の座を占める家門です。近衛の他に、一条、九条、鷹司、二条の五家門があります。

九州南部を地盤としてきた島津家は、藤原鎌足を始祖とする五摂家の宗家である近衛家の南九州の大荘園の管理を担っていた惟宗氏《これむねうじ》から出ていました。また大久保が京都に出向いた頃は、事前工作の窓口になった近衛忠房《このえただふさ》の母が、島津斉興の養女でした。さらに13代将軍の家定に輿入《こしい》れした島津の篤姫《あつひめ》は、忠房の父の忠熙《ただひろ》の養女となってから輿入れしています。近代では、昭和天皇の妃だった香淳皇太后《こうじゅんこうたいごう》（良子皇后《ながこ》）の母親が島津家から久邇宮《くにのみや》家に嫁いだ人で、現在の上皇陛下が、「島津の血も継承している」と語ったのはこのことでした。皆さんに押さえておいて欲しいことは、島津は武家の名門で、本来は徳川よりはるかに家格が高いという点です。

しかし大久保の目論見は、すんなり成功するわけではありません。京都に行って久光を天皇と会わせて、京都の守護職、治安維持の責任者に推挙して欲しいという企みも、江戸幕府の締め付けが厳しく、仲介役の公家たちは逃げ腰でした。

また大久保は、改名して島送りになっていた西郷を呼び戻す工作をして成功しますが、その西郷が久光を「田舎者（ジゴロ）」呼ばわりした挙句、指令に背いて、より遠くの島に流されてしまいます。この途上、1862（文久2）年4月23日には、「寺田屋事件」も勃発しました。

これは、精忠組の志士の多くも加わり、京都でテロを実行しようとなったので、久光の命令により、同じ薩摩藩士たちが、その連中を斬り捨てた事件でした。生き残って謹慎を命じられた藩士には、西郷の弟の従道《つぐみち》（後の内務大臣、海軍大臣）、大山巖（後の陸軍元帥、日露戦争の満洲軍総司令官、陸軍大臣）、三島通庸《みしまみちつね》（後の各県知事歴任、警視総監。強圧的統治で有名。加波山《かばさん》事件も引き起こした）、篠原国幹《しのはらくにもと》（後の陸軍少将。西南戦争では桐野と並ぶ、西郷下の大幹部、快男児）らがいました。この事件で、それまで久光のことを懐疑的に見ていた公家たちも、正義の人だと好意的に見るようになり、大久保としては責任を感じ謹慎したものの、早くに赦され、久光からの信頼を厚くしたのです。

京都での工作中、大久保は久光の側役という重職に昇進しています。寺田屋事件後、再び上京（京都に上洛）した大久保は、工作途上、生涯の盟友となる岩倉具視《いわくらともみ》と出会いました。下級の公家ですが、胆力のある陰謀・策略家です。大久保より五つ年上でしたが、大久保の意を慮り、久光の上京に対して全面的に協力します。

この1862（文久2）年、久光は江戸にまで進出しましたが、その帰途、有名な「生麦事件」を起こしました。これは久光の行列を横切ろうとしたイギリス人商人4人に対し、供頭の奈良原喜《ならはらき》左衛門《ざえもん》（維新後、沖縄県知事として大活躍）らが斬りつけ、1人を殺害、2人を負傷させた事件です。強国のイギリス人を殺傷した大事件でした。

この年の秋、帰藩した大久保は、御用取次見習という家老並の地位を与えられました。関ケ原以降、やっと島津が中央に出られるようになったことに対する褒賞でした。久光は大久保に絶大な信頼を寄せたのです。翌年から大久保は薩摩藩の重役として、全国の中から抜きん出てきた賢侯たちとも会見を重ねます。松平春嶽《まつだいらしゅんがく》、山内容堂《やまうちようどう》などです。帰藩後、小松が家老に昇進、大久保も小納戸《こなんど》役頭取兼側役《やくとうどりけんそばやく》という破格の大出世となっています。

その大久保に災厄が振りかかってきました。7月27日の「生麦事件」で怒ったイギリスの軍艦7隻の薩摩入りです。その少し前、攘夷論の盛んな長州藩をイギリス、アメリカなど4カ国の艦船が襲って完膚なきまでに叩きのめした事件がありましたが、薩摩にもやって来たのです。

イギリスの要求は事件主犯の裁判、処刑、賠償金2万5千ポンドの支払いです。薩摩は当然、拒否して戦争になりました。城下から民間人を避難させ、戦闘準備です。作戦指揮は数え34歳になる大久保でした。この時、東郷平八郎は17歳、山本権兵衛《やまもとごんべえ》は12歳で志願兵として参戦しています。山本は海軍の中興の祖であり、首相にもなりました。東郷を連合艦隊司令長官に推したのも山本です。

戦争は1日で終わりました。鹿児島城下は火の海と化し、海岸に設けた十余の砲台は全て破壊され、薩摩側の死傷者21名になっています。他方、イギリス側は艦隊の艦長・副長を含め、死傷者65名となり、退去しました。薩摩は「勝利」と宣言し、時の孝明天皇は勝利を嘉納《かのう》する勅語を下賜しています。孝明天皇は極度の外国嫌いの、ウルトラ攘夷論者でしたから、単純に「ようやった！」だったのでしょう。灰燼《かいじん》と帰した城下の再建は小松が、最も難しいイギリスとの講和交渉は幕府高官が立ち会いのもと、大久保が担当しました。

ここで大久保はイギリスに軍艦購入の商談を持ちかけ、イギリスも幕府や長州と違って骨のある薩摩と結びついた方がいいとなり、応じます。イギリスは昔から骨のある相手を高く評価する風潮があったからです。事件については、薩摩は犯人を見つけ次第処罰と提案して妥結しています。賠償金に関し、大久保は「幕府から借りる」としましたが、貸付を渋る幕府に対し、「借りられないなら、イギリス公使を切って切腹する」と痛いところをピンポイントで突いて恫喝し、まんまと2万5千ポンド（7万両、現在の約70億円）を借りて払ったのです。

もちろん、幕府には返しません。大久保は、この当時の主だった各藩の重役と違って口数が極度に少なく、それだけに口にしたことは果断に実行する、それも「あの」薩摩の重役だから、と評価されていました。その点では藩の気風が饒舌な長州とは異なっています。また、後述しますが、大久保には威厳がありました。相手は、その寡黙な威厳の前で萎縮してしまうのです。この戦争を契機として、薩摩は朝廷での発言力も増します。

薩英戦争の後、京都守護職で会津藩主の松平容保《まつだいらかたもり》（誠実で聡明な親幕府派で、節を曲げなかったので、最後は賊軍とされましたが、志のある立派な人物です！）と連携、１８６３（文久３）年8月18日の八月十八日の政変（長州締め出し）、第一次、第二次長州征伐（薩摩は第二次は参加せず、長州と秘密裏に同盟を交わしています）、雄藩藩主による合議制政治の提案、幕府解体となっていきます。この過程で１８６４（元治元）年１月には、正式な藩主でもなく、無位無官だった久光に従四位下《じゅしいのげ》左近衛《さこんえ》権少将《ごんのしょうしょう》の官位官名が下賜されたのです。そして、少数の雄藩藩主で構成された会議に参加できる参与にも任命され、久光は大満足となりました。一切は大久保の活動のおかげでした。

ここで説明しておきますが、朝廷に参内するには、従五位《じゅごい》以上の官位が必要です。例外は天皇の身の回りの世話をする者だけで、それでも従六位《じゅろくい》以上でなければなりません。官名は、律令時代の各役所の名称に由来しますが、直接、その役職を担当するわけではなく、ただの呼称になっています。

左近衛とは、昔々の左近衛府《さこんえふ》、天皇の警護役のことで、権は副とか次席、少将は中将の下のことです。皇族以外では昔も今も従一位が最高で、正一位は皇族のみになります。ただし、例外として、織田信長は、天正の時代、正一位に叙されました。

参与となった久光は、何か朝廷や京都で事変があると、真っ先に呼ばれるほど、頼りにされるようになり、大久保も面目躍如というところです。この参与となった頃から、15代将軍となる徳川慶《とくがわよし》喜《のぶ》と反目し合っていきます。

慶喜は水戸藩主の斉昭《なりあき》（ウルトラ攘夷論者、硬骨漢の人）の7男として生まれましたが、御三卿の一橋《ひとつばし》家に養子に入り、幼少時から賢いとされ、13代の将軍候補にもなりました。歴史書では、英邁、辣腕と高く評価されていますが、その頭の賢さ、弁の立つことは認めるものの、武士として、男としては、腰抜けの卑怯者です。西郷と大久保は、最も慶喜を嫌悪し、西郷に至っては、蛇蝎《だかつ》の如く嫌っていました。私も全く同感ですが、理由は後述します。

御三卿というのは田安家、清水家、一橋家で、徳川の分家にあたり、御三家と同じく将軍の補佐、後継者要員です。御三家と違うのは領地を持たず、江戸常住で、賄い料は各々10万石（今の100億円くらい）です。

慶喜の目論見は、政権を朝廷に返したとしても、実際の政治は自分、徳川を中心とした体制にしよう、というものでした。現代風に言えば、総理大臣は自分、徳川家でやる、ということです。少なくない諸侯は、それでも可としていたのですが、薩摩、長州は否で、大久保は島流しから呼び戻した西郷と共に、打倒幕府、打倒慶喜に走ります。

ここからの慶喜との闘争は、前半から中盤は慶喜の優勢で経過しました。打倒、幕府に対し、1866（慶応2）年に15代将軍となった慶喜は、わずか1日の差で、1867（慶応3）年10月14日に「大政奉還」をします。これは政権を朝廷に返します、ということです。それでも慶喜は800万石の大・大名に変わりありません。

大久保は、慶喜を追い詰め、新政権から排除する策を考えます。同年12月9日には、「王政復古の大号令」が孝明天皇の亡き後を継いだ明治天皇の名で出され、鎌倉時代以降、700年の武家政権は終焉を迎えました。大久保は、ただ一人、尚も慶喜に迫ります。今度は「辞官納地」で、役職を辞し、領地も朝廷に返せ、ということです。それに併行し、西郷は配下の者たちに江戸で強盗や暴力行為をはじめ、騒乱を起こさせて、慶喜を頻《しき》りに挑発しました。

ここまでの間、慶喜はフランス公使をアドバイザリースタッフにし、資金を借りて、フランス式近代軍備を採り入れています。一方、薩摩もイギリスと組んで軍備の近代化に余念はありませんでした。厳密に言えば、賢君とされた斉彬が溶鉱炉や兵器作りなど、近代化も進めていた土台、基礎があったのです。

西郷は江戸で、配下の者に強盗や暴力行為など、騒乱を頻発させます。慶喜よ、怒れ！　でした。堪らず、慶喜は1868（慶応4）年元旦に「討薩の表」を発令します。薩摩を討つ！　ということです。大久保、西郷は内心で、「しめた！」でしたが、京都の公家たちは、徳川幕府の260年の権力と恐怖が浸透しているせいで、薩摩と距離を置こうとします。あの岩倉ですら、大久保の前から消えたのです。

この時、幕府は新式軍備の兵が1万5千人、さらに大坂城（大「阪」となるのは維新後のこと）に8千人、対する薩摩は5千人未満でした。桂小五郎《かつらこごろう》、後の木戸孝允は、その威容に、「家康の再来」と語り、岩倉も、「決して軽視できん」と評しています。

戦いの火蓋は1868（慶応4）年1月3日に鳥羽・伏見で切って落とされました。軍事力からは、薩摩の武士が剽悍《ひょうかん》といっても武装面では苦戦は必至でした。公家の中には、幕府軍の新装備に恐れをなして、それまでの立場を豹変させる者も数多《あまた》出てくる空気に包まれていたのです。

しかし、大久保には勝利の秘策がありました。大久保の全体、本質を見抜く、大局観の成せる業です。慶喜が檄を飛ばして戦い始めましたが、初めは薩摩、それに加勢した長州の連合軍が押し気味でした。

翌4日、戦場に2旒《りゅう》の「錦の御旗」が翩翻《へんぽん》と翻ったのです。天皇の御旗でした。大久保は事前に岩倉を動かし、御旗を立てることを朝廷に承諾させたのです。錦旗は大久保の愛人の、一力亭《いちりきてい》の娘、おゆうが錦の布を買い、長州（山口県）に届け、有職《ゆうしょく》の師岡吉春《もろおかよしはる》に作らせた物でした。有職とは朝廷の故事や来歴に通じている人のことです。その瞬間、朝廷に歯向かうことはできない、と幕府軍は劣勢になり、退却しました。

実は戦いが始まった時、朝廷での公家たちの会議においての裏話があります。公家たちは、辞官納地で慶喜を追い詰め過ぎた、もし幕府軍が京に来たら、今回のことは薩長の仕業にして、自分らは関係ないことにしまひょ、と言っていたのです。お公家さんらしい言葉と思考でした。その際、末席にいた19歳の西園寺公望《さいおんじきんもち》が、「そんなことでは公家が天下の笑いものになり、ひいてはお上（天皇のこと）の威信に傷がつきましょう」と発言したのです。

途端に岩倉が、「小僧、でかした」と大声を上げました。岩倉らしい言葉です。西園寺は、後の首相、公爵であり、元老になった人物でした。岩倉は貧乏公家の頃、公家の家には警察権が及ばないことをいいことに、賭場に貸し出して手数料を徴収していた、野性味あふれる稀少な公家です。

しかし、公家たちを何よりも安堵させたのは、その場に同席していた大久保の態度でした。大久保は普段と変わらず、落ち着き払って悠然とタバコを吸ったり、時には昼寝をしていたのです。この姿に朝廷の人々は冷静さを取り戻していきました。

慶喜は一旦は大坂城に戻り、そこで戦いに勝つぞ、と叱咤激励しています。兵力・装備からすれば勝算は十分以上でした。こうして配下の将兵らを鼓舞した直後、慶喜はごくわずかの側近だけを連れて軍艦で江戸に逃げたのです。慶喜は、水戸の天狗党の事件の時もそうでしたが、自分のために命をかけてくれる者、働いてくれた者を、いともあっさりと見捨てます。鼓舞した後に逃げ、14代将軍に嫁いだ、孝明天皇の妹である和宮《かずのみや》を通じて命乞いまでしているのです。武士の風上にも置けない卑怯な男でした。

しかも、これは明治に入って十数年後に、慶喜の側近が暴露しましたが、逃走の際、自分の船室に女を連れ込んで戯れていたといいます。この側近は女の嬌声を耳にして、さすがにカッとしたと述べていました。女は江戸の火消しの親方の、新門辰五郎《しんもんたつごろう》の娘のお芳《よし》でした。慶喜の愛人として有名です。命乞いを頼んだのは和宮だけではなく、13代将軍に嫁いだ島津家出身の篤姫にもでした。呆れ果ててしまいます。当時の武士のモラルからすれば、批判どころではないでしょう。

このような愚劣な男が、賢侯として評価されるのは、学者にとって漢《おとこ》とか侠気《おとこぎ》、武士のエートスが情緒として理解できないからです。ただの口舌の徒ゆえ、これほど卑怯未練な所業をなんとも感じないのです。慶喜は明治に入って賊軍の汚名を除かれ、1871（明治4）年には従四位、1888（明治21）年には従一位、公爵、貴族院議員にもなっています。1913（大正2）年77歳で亡くなるまで、ひたすら、趣味と女に生きた人でもありました。

それともう一つ、知って欲しいことは、徳川の祖、家康の設計した徳川体制の緻密さ、凄さ、その中の少ない陥穽《かんせい》についてです。

家康という人は、先を見通す能力の非常に高い人でした。各制度について詳述はしませんが、紀州、尾張、水戸の御三家を創始したのは、将軍を補佐するためと、継嗣（後継者）の維持のためです。

ただ、御三家の中で水戸だけは別の役割を担わせています。ここが家康の慧眼、尋常ならざるところでした。それは、水戸家に朝廷（皇室）との密接な関係を図れ、という意図を託した点です。『禁中《きんちゅう》並《ならびに》公家《くげ》諸法度《しょはっと》』で朝廷と公家を厳しく統制しつつ、水戸家と朝廷の親睦を推進させる二段構えでした。実際に水戸家には皇族からの輿入れが多数回あり、親戚同士というケースも多かったのです。ゆえに水戸家には尊皇の気風がありました。それが強過ぎたのが名君、家康の大誤算になったのです。まさか徳川幕府の終焉が、水戸家出身の慶喜の代になったとは夢想だにもしなかったでしょう。

家康のもう一つの大誤算は、力によって開国されたことです。家康の時代、日本は世界最強の軍事国家でした。１００年に及ぶ戦国時代の結果であり、その後、まさかここまで平和ボケで、弱体化するとは考えなかったのでしょう。もし、外国の軍備を採り入れ、鉄砲の時のように磨きをかけていれば、日本も一大軍事国家に成り得たかもしれません。金銀が豊富に産出され、財政的にも「ジパング」、黄金の国だったからです。そうであっても２６０年続いた制度、政体は見事としか言いようがありません。家康は大政治家でした。

幕府軍と官軍の戦いは、結局、１８６８（慶応４）年５月18日まで続きます。同年、３月14日に

「五箇条の御誓文」、4月11日に江戸城無血開城、7月17日に江戸を東京と改称、9月8日に明治と改元しました。その間、大久保は4月9日、初めて天皇と謁見しています。

この時、まだ無位無官だったので、異例中の異例のことで、大久保の実務能力の優秀さは、公家たちを通して、明治天皇にも伝わっていました。大久保も感激しています。9月26日には維新の功労者に朝廷から賞典が下賜され、大久保は、正三位《しょうさんみ》で2000石の西郷に次ぐ、1800石を賜わり、官位も従三位《じゅさんみ》に叙せられています。1800石は現在価値で約1億8千万円です。

ところが西郷、大久保は位階も禄も返上を願い出ました。名誉や出世のためにやったのではない、という理由です。大久保は私欲がなく淡白でした。結局、禄の半分しか返上できませんでしたが。もう一人、栄典や名誉に淡白な人、西郷は、さっさと薩摩に帰っています。私は両人のような、私欲に囚われない在り方に、大いに共感します。

【維新後の大久保】

徳川幕府を倒し、新政府を樹立した大久保が、初めに留意したことは、薩長閥の政府と見られないことでした。大久保の胸には、日本の未来があり、そのためには自藩の利益を優先することなく、日本全体の利益を考えることだけがありました。大久保は、「いかなる事業も行うのは人である。当局者には責任と権限を与え、綱紀《こうき》の粛正を図らねばならない」と語っています。若い人材をどんどん洋行させることも励行しました。

徳川が800万石を返上しても、全国には、まだ2200万石あまりが、諸藩によって所有されています。これにつき、大久保はまず、薩摩藩主の茂久《もちひさ》に10万石の返上を進言しました。久光の息子です。もともと大名の領地は朝廷・天皇から預かったもので返上するのが正当という「王土王民思想」を提起しています。

1869（明治2）年6月17日、かねてから木戸と話し合っていた「版籍奉還《はんせきほうかん》」が実施され、藩主は知藩事に任命となるのです。ただし、世襲ではありません。その前の月に大久保は、成り行き上で政府高官の地位に就いた凡官を一掃すべく、公選を提案して断行しています。輔相1名、議定3名、参与6名を選びましたが、最高得票の49票を獲得したのは輔相《ほしょう》の三条実美《さんじょうさねとみ》と参与の大久保でした。

三条は公家の名門「堂上公家《どうじょうくげ》（清華家《せいがけ》）」の出身であり、その門地への反映ですが、大久保は信望の高さによってでした。大久保の実務能力の高さは、東京を1日留守にすれば、そのぶん政務が滞ったと言われているほどです。この時点で政府の中心は大久保と木戸でした。大久保は大目的達成のために極力、木戸の提案を尊重すべく配慮しています。目先のことや、私欲にこだわらない成熟した人です。ただ、日本の将来につき、木戸は熱く語りますが、理想主義的な抽象論が多く、大久保からすれば具体性・現実性に欠けるものでした。

版籍奉還の後、公卿、諸侯の呼称を廃止して、華族と、上中下の区別のない士族としました。このような経緯で封建制（郡国制）を中央集権（郡県制）に改めようとしたのにもかかわらず、政府高官には大名気取りで書生という名の従者を連れ歩き、自らのことを「御前《ごぜん》」と呼ばせる卑小な者も現れています。大隈重信などは築地の西本願寺別院の近くに、豪邸を立てて大名暮らしをしていました。壁には美麗な貝殻をすり潰して塗り込めてあるという、豪奢な造作の屋敷でした。西郷が嫌った所業です。こうしたことが、士族たちの政府への反感につながり、西郷をその不平士族たち統合の象徴、求心力としていったのです。大久保の信条は、「組織を支えるのは人心であり、人心を納得させるのは当事者の公正な態度である」といくつかの書簡にも叙述している通り、私欲に囚われないものでした。

この年の6月26日、京都にいた愛人のおゆうが、大久保との間の子、4人を連れて東京に移って来ました。郷里にいる妻のますが上京してくるのは、まだ後です。この時代、妻以外の愛人、妾と称した女性がいるのは当然のこととされ、大概は複数の妾を持っていたのです。あの西郷にも愛人がいました。京都の料亭の『奈良富《ならとみ》』の29歳の仲居で、お虎《とら》といいます。なんと体重27貫（約101キロ強）の肥満女性で、西郷は「豚姫」と呼んで可愛がったそうです。

大久保は、このおゆうと死ぬまで付き合っています。後に妻のますも東京に呼び寄せますが、もちろん、公然の仲で問題はありませんでした。大久保、ますにも、おゆうにも明治人らしからぬ、言葉からして優しく穏やかに接していました。時代がそんな時ですが、その地位のわりに女性にも淡泊と言われていたのです。

次に大久保がしなければならなかった大事業は、いよいよ「廃藩置県」でした。藩を廃止するのですから大事業となります。ここは大人《たいじん》の出番です。大久保は岩倉、木戸と熟議して、鹿児島にいる西郷に出馬を要請しました。

1870（明治3）年12月に岩倉と鹿児島に行き、西郷の承諾を得ます。西郷の心境は、「朝廷の役人は過分な月給を貪り、大名屋敷に住居して、何一つ内容のある仕事をしていない。悪く言えば泥棒ではないか」というもので、そうした連中を叩き直してやるという気概で上京を了承したのです。この時、大久保は西郷、岩倉と長州の元藩主だった毛利《もうり》敬親《たかちか》・定広《さだひろ》父子、土佐（高知県）の板垣退助《いたがきたいすけ》はじめ、藩の首脳とも会談し、大改革への道筋をつけました。この背景に、西郷の人望があったことは否定できません。

西郷自身は、大久保と自分の違いにつき、「もし一軒の家を作ろうとした場合、私は建築することにおいて、大久保よりはるかにすぐれている。しかし、建て終わったあとに、造作をほどこして室内の装飾を整え、家らしく整備するのは大久保の天稟《てんぴん》（天性）であって、わたしなどは雪隠（トイレ）の片隅を修理することすらできないだろう。ところが、この家屋を再び破壊することになったならば、大久保も私に及びはしまい」と語っています。

明治時代のジャーナリストであり、歴史家・評論家でもあった徳富蘇峰《とくとみそほう》は、「南洲《なんしゅう》（西郷）は消防火夫の頭で、甲東《こうとう》（大久保）は自身番の頭だ」と両者の差異を論じました。西郷は火消しの頭、大久保は、市中の警備・町方の公用処理・防火防犯をする自身番の頭としているのです。うまいたとえでした。南洲、甲東、共に両人の号ですが、甲突川《こうつきがわ》の東で過ごしたことから大久保は甲東と称していました。

倒幕から維新の激流の中、幕府を倒して新しい政権を樹立するという大目標を達成した後、西郷がさっさと鹿児島に引っ込んだのは、政府高官たちの贅沢な暮らしぶり、堕落に嫌気がさしたことが主であり、次に政権の詳細、機構の仕組みなどにつき、確固たるビジョンもなかったので、後のことは任せる、という思いの表われでした。

西郷という人は情の篤い人ですが、それだけに己の理念から外れることに対する嫌悪感が強く、気にいらないとなれば断ち切ってしまう、「ゼロか百」の思考の人なのです。その点では忍耐力がありませんが、総じて薩摩人の特性でした。

そこで、大久保、岩倉、長州のボスの木戸が中心となって国作りとなったのです。木戸は多弁で、なにかと批判の絶えない人でしたが、それは木戸の個性以外にも原因がありました。木戸の時代、長州の藩主は毛利敬親で、別名「そうせい侯」と呼ばれています。臣下の者が提案、進言したことにつき、大半は「そうせい」「よきにはからえ」の人だったからです。明治の世になり、敬親は「ああでも言っとかんと、我が藩士たちは気性も激しいので命が危なかったから」と心中を吐露しました。

長州では何かにつけ、激しく議論する風潮があり、藩士たちはそういう風土の中で育ったゆえに、多弁かつ批判的な視点や論調を備えるようになったとされています。木戸の生家は藩医ということもあり、家格、教養とも高い環境で育ったことも、「俺が、俺が」の我の強さにつながったのでしょう。ただし、木戸は金銭に執着の強い、要は強欲な人が多かった長州出身の高官の中では、金にきれいな人物でした。また、人としての優しさも持っていました。この金銭欲につき、木戸の従者の、そのまた従者だった伊藤博文も倣って淡泊です。

こうして、大久保らは薩摩、長州、土佐の旧三藩から兵を出し、政府直属の「御親兵《ごしんぺい》」を組織することも合意しました。正式決定は2月13日でした。6月27日には最強官庁の大蔵省を率いる大蔵卿になりました。

一般に国家には主要五務というのがあり、外交、治安、軍事、司法、財政と別れています。当時は、外交、軍事、司法以外は全て大蔵省の管轄でした。教育や福祉などですが、何よりも予算配分権と徴税権を持っているので、他省庁に対して抜きん出ています。加えて治安も、この時は大蔵省の所管というスーパー官庁だったのです。

そうして、7月14日、「廃藩置県」の詔勅《しょうちょく》が明治天皇により下されました。この裏には、各藩の借金を政府が引き受けるというカラクリがあったのです。各藩の知藩事（旧藩主）たちは東京に召集され、家禄と華族の身分を保証され、東京定住となりました。当初は3府302県、後に3府72県に改められています。招集した会議の場で西郷が、「この上、もし異議がありならば、拙者が兵を率いて打ちこぼちます」と宣言しましたが、異論は皆無でした。西郷の輿望《よぼう》の成果です。

ただ、久光だけは鹿児島で怒りのまま、庭で花火を上げています。久光にすれば、徳川幕府を倒した後は、自分を中心とした体制になると夢見ていただけに、「おのれ、一蔵め、吉之助め」です。久光は死ぬまで髷《まげ》を落とすことなく、鹿児島の「反政府反骨老人」として生きました。

この後、大仕事が一段落したとして、大久保は欧米視察を希望します。新政府の事業は緒に就いたばかりと、反対の声も多く出ましたが、留守政府を西郷が預かるということで、岩倉を全権大使に、大久保、木戸が副使、伊藤博文、佐賀県出身の山口尚芳《やまぐちなおよし》が同行しています。この時の伊藤は工部省の大輔（次官）、山口は外務省の小輔（局長）でした。年齢は岩倉47歳、大久保42歳、木戸39歳、伊藤31歳、山口33歳です。留守政府の宰相は太政大臣の三条実美でしたが、この人はお飾りで、実質は西郷、それを支えると大久保に請け合った板垣が中心でした。

大蔵省の実務は長州出身の井上馨《かおる》が大輔として取り仕切ることになりましたが、この御仁、恐ろしく強欲ながら、仕事は抜群にできる人でもありました。金への飽くなき執着心から数々の事件を引き起こしていますが、死去した時、その遺産は1600万円（今の1600億円）と大隈重信の800万円を抜いてダントツでした。

西郷はこうした井上を嫌って、本人に「三井の番頭さん」と呼んでいました。西郷は奢侈《しゃし》に溺れる井上、大隈が大嫌いで、こうして揶揄していますが、井上、大隈も西郷を嫌って評価していません。西郷は器が大きいように言われているのですが、大久保のように「清濁併せ呑んで濁に流されない」ということができません。大久保は大目標達成のためには、能力があれば起用するというプラグマティストでした。

岩倉使節団の洋行にあたり、中江兆民《なかえちょうみん》が大久保に留学を直訴しています。大久保が不在のため、7回目の訪問で本人と会えましたが、まさか本人が会ってくれるとは思わず、兆民も驚いたそうです。大久保と向かい合って兆民は頻《しき》りに、なぜ自分が留学したいのか、それが日本にとってどのように益するか、この人らしく長口舌をふるいます。その間、大久保はじっと目をつぶっていたので、兆民はてっきり眠っているのかと憤り、「いくら閣下といえども失礼ではありませんか」と詰《なじ》りました。

すると大久保は、「それは失礼であった。私がじっと見つめていると話しづらいかと思ったのでな。話は全て聞いている」と穏やかに応じたので、兆民は大いに恐縮しました。大久保は自分の威厳が相手を委縮させると知っていたこともあり、できるだけ相手が話し易くなるように配慮するようになっていたのです。

兆民は土佐藩出身でしたが、なぜ、土佐の人を頼らないのか、と尋ねられて、そういうのは嫌いなのです、と答えました。大久保は兆民を加えるために尽力し、兆民は念願叶ってフランスで学んでいます。

大久保は自身の長男と次男も連れて行き、アメリカで勉強させせました。次男はのちの牧野伸顕です。この人の娘が吉田茂の妻となり、二人の間に生まれた和子《かずこ》が、麻生太郎自民党元副総理の母になっています。歴訪した国は、アメリカを皮切りに、イギリス、フランス、ベルギー、オランダ、ドイツ、ロシア、デンマーク、スウェーデン、イタリア、オーストリア、スイスの12カ国でしたが、大久保は途中で日本政府に帰国を要請され、全てを回ることはできませんでした。出発時、まだ髷を結っていた岩倉は、アメリカのシカゴで子息らに促されて断髪しています。

横浜港から出発したのは11月12日ですが、三条の挨拶の末尾は「行けや海に火輪を転じ、陸に汽車を輾《きし》らし、万里馳駆《ばんりちく》、英名を四方に宣揚し、恙無《つつがなき》帰朝を祈る」と締め括られていました。約50名の団員と60名の留学生が船出したのです。

主な使命は、条約締結国に元首の国書の奉呈、先進国の制度・文化・産業の視察、条約改正準備でした。アメリカでは、伊藤の勇み足で、条約改正ができそうというので、大久保と伊藤が、わざわざ天皇の委任状を取りに日本に戻ったものの、正式な外交では相手にされませんでした。この失態でアメリカ滞在が数カ月も延び、全体の予定が大きく崩れ、木戸は伊藤を執拗に口を極めて罵倒していますが、大久保はただの一言も責めることなく、もとから大久保に敬意を懐いていた伊藤は完全に大久保派となり、木戸とは関係が悪化しました。

大久保が大きな衝撃を受けたのは、イギリスとドイツでした。イギリスでは産業・商業の発展と経済力が国力の源と痛感し、その大工場群や高層建築や進んだ機械化を目のあたりにし、日本の産業化、殖産興業を土台とした富国強兵には一刻の猶予もならないと決意します。

さらに、建国したばかりのドイツ帝国を訪問し、外交の魔術師、曲芸師と称されていた鉄血宰相のビスマルクの晩餐会で国際情勢についての話を聞き、やっと世界の仲間入りした日本の危うさを知るのです。

ビスマルクは、それまで数十もの君主国と自由都市に分かれていたドイツ連邦を、プロイセン（プロシア）を中心に統一した立役者でした。強大国のフランスとロシアに挟まれながら、巧みな外交術で国を守り、強化しながら、オーストリア、次にフランスに戦争を仕掛け、勝利を重ねて、22の君主国と3つの自由都市を束ねてドイツ帝国を建国したのです。1871（明治4）年のことでした。その新興国を訪ねた大久保は、強大なイギリスより、ドイツを手本にしようと考えたのです。ビスマルクの言葉で最も心に響いたことは、国際法なんぞは、強国の思惑でどうにでもなるのだ、という現在と同じ国際社会の在りようでした。ビスマルクのその言葉は、生まれたばかりの日本の舵取りをする大久保たちの心胆を寒からしめました。まず国を強くしなければならない、そのためにも産業を興し、国を富ませなければならないのだ、という強い思いに駆られたのです。富国強兵という語は、そのまま現代の日本においても喫緊の課題となっています。

【帰国後の大久保】

西郷がいる政府内で諸々の問題が生じたので、大久保は途中で帰国の途につきました。もっとも予定をかなりオーバーして欧州視察を続けていた事情もあります。

政府内で問題となっていたのは、司法省を牛耳る江藤新平の台頭と、その江藤と長州閥の争いでした。江藤は肥前（佐賀県）出身の英才で、参議と司法卿の地位にありました。「日本を法治国家たらしめる」と方針を掲げ、司法権の独立を目論見、その途上で長州閥の不正を暴き、摘発して自分が権力を握ろうとも画策していたのです。江藤は大久保、木戸が不在の間に自らがその地位に代わるべく、西郷をも利用していました。

長州閥の不正として陸軍の雄、山県有朋の「山城屋和助《やましろやわすけ》公金横領、贈収賄」、井上馨の不正予算作成、「尾去沢《おさりざわ》銅山事件」、槇村正直《まきむらまさなお》京都府参事の強圧的な「小野組転籍阻止事件」などがあり、いずれも大きな事件に成り得るものでした。長州閥のボスの木戸は伊藤を手足に使い、必死に守ろうと動きます。山県について、薩摩出身で真っ直ぐな気性の陸軍少将桐野利秋は、斬ろうと向かったものの、逃げられました。その山県を救ったのは、桐野が尊敬して止まない西郷でした。金銭に汚いことを嫌うのは桐野と同じ西郷ですが、山県は陸軍において要石ともなっていたので救ったのです。

山県自身も、以前から打算ではなく、衷心から西郷を尊敬し、親愛の情を懐《いだ》いていましたし、廃藩置県の折りには赤誠《せきせい》を以って西郷の支援を仰ぎに参上した経緯もあったのです。

事件は陸軍予算の１割、国家予算の１％を山県の息のかかった山城屋が横領したという大がかりなものでしたが、陸軍省の建物内で山城屋は割腹して果て、これで終止符が打たれています。小野組転籍阻止とは、金融（両替商を兼ねる）業を営む大手の小野組が他県に出ると、それまで納められていた小野組からの巨額の税が徴収できなくなるので、強引な手法で阻止した事件であり、尾去沢銅山事件とは守銭奴の権化とも言える井上馨が、でっちあげに近い不法手段で莫大な利益をもたらす銅山を南部《なんぶ》の村井茂兵衛《むらいもへえ》から巻き上げようとしたものでした。それらは木戸、大久保の介入で江藤と妥協、双方共に痛み分けのような形で有耶無耶《うやむや》になっています。井上、槇原両人は辞任となりました。

そうして、いよいよ、大久保と西郷が訣別する契機となる、「征韓論問題」となるのです。要はその気のない朝鮮と国交を開くために、西郷が使節として渡韓するかどうかが鍵でした。少なからぬ書で、西郷は万一、自分が殺されたならば朝鮮を討つことも視野に入れ、とありますが違います。征韓は板垣の方針であり、西郷は遣韓、まずは使節として赴き、その相手の出方によって考えよう、対応しようということでした。

もちろん、最悪の場合、命を奪われるということも想定してはいるものの、核心は穏当に、です。この少し前に朝鮮を視察してきた薩摩のボッケモンの一人、別府晋介が帰国一番、快男児の先輩の桐野を訪ね、「半次郎さあ（旧名）、朝鮮は二大隊あれば十分じゃっど」と報告しているだけに、政府・軍両方に朝鮮など軽く捻ることができるという空気があふれていました。尚、この別府が西南戦争で西郷に指示され、西郷の首を斬った男です。

大久保は、今はその時期ではない、予算もないし、殖産興業、富国強兵が先だ、万一、朝鮮とことを起こしたならば、列強の餌食にもなりかねないと反論します。江藤は西郷に与していました。西郷、板垣、江藤、副島（肥前閥）が賛成、大久保、木戸、伊藤、三条、岩倉、大隈（肥前閥）が反対です。大隈は大久保に対して敬愛の念を持っていました。最後は三条、岩倉が寝返り、西郷派遣となります。

三条と岩倉の寝返りは、ある程度は想定していた大久保ですが、ここから巻き返しの策を用います。宮中にいる黒田清隆《くろだきよたか》（薩摩閥、西郷崇拝者、後に大久保の子分）を使い、宮内少輔の吉井友実（元・精忠組）、天皇側近の宮内卿の徳大寺実則《とくだいじさねのり》を動かし、天皇に延期の勅を出してもらうのです。

これに憤り、西郷は参議兼陸軍大将兼近衛都督《このえととく》（親衛隊のボス）の辞表を出しますが、陸軍大将だけは辞任を許されず、その肩書きで鹿児島に帰ります。陸軍少将の桐野、同篠原ら文官・武官600人が辞職しました。桐野、篠原共に薩摩の大ボッケモンですが、後年、西南戦争においても司令官として行動しています。両人共、男らしい好漢です。江藤、板垣、副島も参議を辞めています。このことも、大久保を策謀家と単純視する一因になっていたのです。

そうして、大久保と西郷、別れの挨拶をしました。その場に伊藤が居合せています。

「一蔵どん、国に帰るから後のことはおはんに頼むぞ」と西郷。

「わしが一人でどう出来るものでごわすか。大事な時にはいつも国に戻ってしまう。わしは知らんぞ」と大久保。

「知らんとはなんつうこつか」と西郷は背を向けて退室したのです。これが今生の別れとなりましたが、大久保は残った西郷の弟の従道（この人も大久保の子分で可愛がられた人）に、「あの世で謝るしかなか」と言ったのでした。西郷は知人に、東京には大久保が残っているから心配ない、とも語っています。この征韓論問題は、外交も重要なテーマですが、もう一つは江藤と大久保・木戸の争いでもありました。

その後、この1873（明治6）年11月10日、スーパー官庁の内務省が創設され、大久保は初代内務卿になっています。内務省は、地方行政、民生、勧業、治安、土木、交通・通信など一切を管轄する巨大官庁で、敗戦でGHQに解体されるまで、その権勢を誇っていました。現代なら警察庁、総務省、国交省、経産省、厚労省、農水省、JRを含んだ官庁になります。解体されるまで各都道府県知事も、内務省官僚が任命されていたのです。

大久保が目指したのは富国強兵、殖産興業に尽きます。日本を守るため、強くしなければならない、それもなるべく早く、ということでした。

明けて1864（明治7）年2月、佐賀県で不平士族による「佐賀の乱」が起こりました。初めの首謀者は島義勇《しまよしたけ》ですが、すぐに江藤新平が首謀者になっています。自ら煽動したというより、リーダーとして担がれたのです。大久保は、「待ってました」とばかりに陸海軍の将官、内務官僚を従え、佐賀に自ら出向きます。大久保自ら、砲弾飛び交う中に身を躍らせて戦場で陣頭指揮を執《と》りました。

江藤は劣勢になってから西郷を頼りますが拒絶され、3月28日に四国で逮捕、佐賀県で裁判を受け、4月13日に斬首で処刑、首は晒されています。大久保の心中は、自分と西郷の訣別の原因を作ったのが江藤というので、珍しく感情的になって追い詰めたのでした。

その後、かねてから懸案だった台湾出兵に許可を出しています。これは3年前に琉球の漁民54人が、漂着した台湾の原住民に殺された事件で、抗議の相手の清国は、「台湾は化外の地」と相手にしませんでした。相手は眠れる獅子とされた大清帝国ですが、化外の地というなら関係あるまい、と大久保は西郷従道を使い、兄の西郷隆盛の協力を得て、薩摩の士族800人を派兵しています。

この時、日本に駐在していた強国のイギリス公使のパークスが、清には自国の権益もあるので、行くなと強く制止し、アメリカも追随したので、日本政府の面々は腰が引けてしまったのですが、大久保だけは無視して遠征を強行したのでした。この人の胆力は見事です。

大久保の決断につき、征韓論の際は使節派遣でさえ、予算なし、列強を刺激しないようにとしていたのに矛盾すると出兵に抗議して木戸は辞職しました。

が、この件は日本の主権、自国民の生命にかかわる問題であり、自主独立国の気概を列強に認めさせるためにも、行動したのでした。他にも不平士族のガス抜きもあります。台湾出兵は、日本の士族らしく、「えいっ」と征圧しました。

その後、大清帝国との交渉も大久保が直接、北京に乗り込んでやっています。まさに一人でエース兼4番の大車輪の働きです。交渉相手は、「プレジデント・リー」と呼ばれた百戦錬磨の李鴻章《りこうしょう》でした。李は、かつて唯一、日本人で尊敬できた豪傑の副島種臣に、「日本にはあなたほどの人物が何人いますか」と問うてます。副島は、自分など取るに足らないと返し、西郷、大久保の名を挙げました。

第一回交渉では、台湾は貴政府の属地であろうか、という厳しい問いを投げ掛けています。大久保の戦術は国際法に則ったものです。大久保の交渉につき、大政奉還で活躍した土佐の後藤象二郎《ごとうしょうじろう》は、自分は議論では多くの人に譲らぬ自信があったが、大久保という人は誠に議論しにくい困った人、弁説の滔々《とうとう》した人ではなかったが、まるで岩石にでもぶつかる心地がして、実にこの人だけは議論のしにくい人と語っています。

清国は交渉打ち切りを目指すものの、大久保は粘りました。清国では賄賂を使えば何とかなる慣習がありますが、大久保は正面攻撃一本でした。

第四次交渉も不調で、ここに万策尽きたかのように見えたのですが、大久保は能吏《のうり》の井上毅《いのうえこわし》（後に伊藤博文と明治憲法を起草した俊秀。教育勅語作製にもかかわった有能な人）に最後通牒のような文を書かせて清国に渡します。日本をなめるな、戦争上等！　ということです。

それでびっくりしたのが、清国に多数の権益を持つイギリスのウェード公使でした。戦争となればイギリスの数々の権益が被害を受けることもあるので、仲裁に入ったのです。清国はイギリスに弱いので急展開となり、清国が50万両《テール》（約78万円、今の約78億円）を出すことで結着しました。大久保はその前に、喧嘩上等のような激しい表現の文書を清国と各国公使に渡しています。

この時、清国にも朝貢《ちょうこう》していた琉球が日本のものと認められました。大久保は、この時の心境を「自ら心中、快を覚ゆ」と日記に残しています。大久保の帰国は戦争に勝利した将軍の凱旋のように華やかに熱狂的な民衆に迎えられました。これ以前から大久保は政府の中心的存在でしたが、清国との交渉成立は、それを一層、強固にしたのです。

以後、１８７６（明治９）年、不平士族による神風連《しんぷうれん》の乱、秋月《あきづき》の乱、萩の乱が発生し、政府軍はことごとく征圧します。内務卿の大久保には全国の警察組織から情報が集まるので、素早く対応した結果でした。

そうして、1877（明治10）年、日本の火薬庫、反政府の聖地となっていた薩摩が蜂起して西南戦争が勃発したのです。発端は、薩摩の内情を調べに来ていた警察官の持つ電報に、西郷のことを「シサツ」するとあったことでした。このシサツは刺殺ではなく視察とのことですが、薩摩の若い士族たちは刺殺だとして騒いだのでした。若い連中が騒動を起こしたと知った時、西郷は「しまった」と言ったとされていますが、この人のことゆえ、瞬時に自分の命はくれてやると決めたのでしょう。2月には熊本で激しい戦闘になっています。

この時、大久保が西郷を挑発したと言われてきましたが、全く違います。大久保はこの蜂起に西郷は加わるはずがないと確信していたのです。西郷が一緒と知った時、わざわざ自分が薩摩に行って話をすると申し出ています。もちろん止められましたが、大久保にとっては取り返しのつかない大誤算でした。西南戦争は9月24日、西郷の自刃（別府晋介の手により）によって終息しました。

この時の大久保の様子を末妹のみね子が回想していますが、「背の高い兄が、座に居たたまれず、焦燥しながら、座敷と廊下の間を鴨居に頭をぶつけながら、グルグル歩き回って、そして、目にはいっぱい涙を湛えていました」と語っています。大久保は175センチあり、当時としては大変な長身でした。ちなみに西郷は179センチ、木戸も174センチと、維新の三傑は大柄な3人だったのです。

反大久保で、彼の人が単なる策謀家の冷血漢と、その本質を見抜けず、表層でしか評価できない人々は、大久保が策を弄して西郷を亡き者にしたのだ、と固執してきましたが、それは真実ではありません。

大久保が最後まで手を焼いたのが、自らの出身でもある、久光のいる薩摩の士族たちです。全国の士族の不平も含め、ここを押さえきれれば新しい境地が広がると信じ、果断に対処しました。現実もその通りになり、以後、不平士族の集団的争乱はなくなりました。最強の薩摩士族でさえ勝てなかった政府軍の力が大いに示されたからでもあります。

しかし、私からすれば、準備と戦略・戦術が悪かっただけで、周到に準備し、巧妙な戦術を以ってすれば西郷が勝つのは容易でした。それほど、政府軍の兵は薩摩軍を恐れていたのです。敗けたのは、弾薬などの備えが不十分だったこと以上に、熱血漢でボッケモンの桐野や篠原らの戦術と指揮が未熟というより杜撰だったからでした。桐野に至っては、平民出身兵士なんぞ、なにほどのものでもあるまいと、青竹の棒で傍らの葉を叩いて、(政府軍なんぞ)こんなもんじゃ、となめになめきっていたのです。

政府軍内で特に大活躍したのは、戊辰戦争で薩長に苦杯をなめさせられた会津出身の警官たちで編成した「抜刀隊《ばっとう》」でした。あの時の宿怨を晴らすとばかりに、勇気を奮《ふる》って薩摩兵の中に突入したのです。また、田原坂の戦いでは両軍の銃弾が空中で衝突するほどの、激しい撃ち合いとなっています。

後年、日露戦争で大激戦となった旅順戦の撃ち合いにおいて、西南戦争に兵や士官として従軍していた将官たちは、「田原坂はこんなもんではなかった」と回想しているくらいです。西南戦争中、以前から病弱だった木戸が5月26日に病死しています。死の直前、「西郷、いい加減にせんか」と木戸は言い残しました。

また、この間、大久保は日本で初の産業博覧会を開催し、産業振興を図っています。大久保という人は、何があっても、その時々でやるべきことは断固として貫く人物でした。他者からの評価も私欲もありません。その時に最善、それがダメなら次善を断行します。時には非情、冷酷と評されることも多いですが、私利私欲が全くないことに合わせ、日本国内だけならば国益に寄与している点で、日本史上最高の政治家と言えます。

大久保は、自分にしか西郷の心の内はわからんのだと、西郷の伝記を書き残そうと考えましたが、自分が忙し過ぎて叶わないとなると、同郷の史学者の重野《しげの》安繹《やすつぐ》に書いて欲しいと頼んでいます。重野は後に東大教授にもなった人です。

大久保は終戦直後、薩摩に「窮民救助法」を施行し、民衆の慰撫と救済を行いました。その他に、自分の家と土地を抵当に入れ（このことからも私財を蓄えなかったことがわかる）、「学校費」として8000円（今の8000万円）を薩摩に寄付しています。前出の「窮民救助法」もそうですが、大久保は決して冷酷非情の人ではなく、情のある人物でした。

併せて腹心の伊藤と大隈に、「これより、鋭意諸般の改革にあたりたい」「今まではいろいろな関係に掣肘《せいちゅう》されて思うようなことができなかったが、これからは大いにやる。大いに君らと一緒にやろう、積極的にやろう」と語ったと、後年、大隈は回顧しています。さらに、「今後、10年を一つの目途に地方制度を整備し、産業の振興につとめ、内治に専念したい」とも宣言したのです。

大久保は内務卿となった翌年、1874（明治7）年1月に『立憲政体ニ関スル意見書』を建言しています。初めから憲法制定、議会政治を構想していたのです。産業については農業技術の研究開発、紡績業の機械化促進、貿易品目の拡充と開発、商工業促進など、自らの手と目を使って施行しました。水路や道路のインフラも地方にまで奨励しています。地方行政改革のため、「郡区町村編制法」「府県会規則」「地方税規則」の三新法制定、士族授産・殖産資本金をも建議しました。これは士族が生活できるように、金銭的支援を図るということでした。その他にも大審院（最高裁のこと）、元老院を設置、地方官会議（知事会議）も制定しています。

大久保の人材登用には微塵も藩閥意識はありません。適材適所なら、どの藩出身だろうと、元・幕閣でも構わなかったのです。大久保の人材登用には、この人の腹の太さ、器量の大きさが表われていました。

内務省で部下だった河瀬秀治《ひではる》は、「部下を使わるるに、よくその心を人の腹中において、その力を信認され、部下にやれるだけのことをやらせるという風であった」「諸君は決して私一個に使われるとか、薩長に使われるとか思わずに、国家の役人である、国家の事務をつかさどるというつもりで自任してやって貰わなければならない。（中略）事務の方は万事諸君に一任するから力を尽くしてやって貰いたい。その代わり、責任は我が輩が引き受ける。顧慮せずにやって貰いたい」と大久保が語ったと明かし、「仕事の上のことは、過ちがあっても決して叱られることなく、責任は一切自分が引き受けられた」と述べています。大久保の軌跡を辿ると、己の責任を決して逃れないことが窺え、私は大いに共鳴できるのです。

河瀬は大久保と木戸の人の使い方の違いについても、「木戸さんは人から聞いたものに、幾分か自分の説を加味して実行するというふうで、人の説を感心しながら聞いても、その中へ自分の考えを出す。大久保さんは人に聞いてよければそのまま用いる。木戸さんには伊藤（博文）さんなどでも容れられぬことが多かった。おまえの説ももっともだが、しかし我はこう思うとか、足らぬところを指摘したりする。大久保さんはそうではなく、何か言うと「それだけか」とか「もっとよい考えはないか」とか聞いて、それだけですと言うと、「よろしい」と言ってそのまま用いる。一大事件につき沢山の案が出た時、木戸さんはいろいろに批判したりするが、大久保さんは黙って読んで、自分の「よし」と思った案へポツンと印形を一つ押すだけであった。そんなふうだから、伊藤・大隈のハイカラ連中も自然と木戸さんより大久保さんにつくという具合で」と述懐していました。当時、伊藤、大隈、井上馨など、元気いっぱいのハイカラな連中は、「アラビア馬」と称されていたのですが、総じて度量の大きい大久保についていています。

彼ら第2世代は当世風に言うなら新人類かつ生意気盛りですが、大久保の人間性に心酔していたのです。元気者の一人、佐賀出身の大隈を中央に引き上げたのは木戸でしたが、木戸の神経質さに辟易して大久保を慕うようになっています。大隈は大久保につき、「わが王政維新の際における偉大な政治家であった。摯実《しじつ》（真面目）なる東洋的英雄の典型に加えて、一線一画も実行の範囲を外れない、純実行家的な政治家であった」と述べていました。

伊藤は大久保の死後、首相に就いた折り、木戸の息子の孝正《たかまさ》が受爵（爵位を授与された）の挨拶に来た際、「人間は心が狭くては駄目である。常に広い心を持ってゆくことが肝要である。忌憚なく言えば、君の先代木戸公は広く大きくはなかった。むしろ狭いほうであった。人を容れることができず、遂にあまり仕事も成し遂げられなかった。我が輩は公に容易ならぬ知遇を受け、お引立てを蒙《こうむ》ったが、しかし、その間にずいぶんと困ったことも多かった。然るに大久保公は、誠に度量の広い大きな方であった。（中略）誰の系統とか、何藩人とかの区別を設けず、何人に対しても推すべきは心中からこれを推し、用うべきは心中から敬して用いておられた。それゆえ大久保公には人みな心から服し、喜んで力を尽くしたのである。ゆえに天下に志ある者は、多くは大久保公の知遇を得んことを欲したのも決して偶然ではない。それで明治の世となって以来、大久保公ほどに国家の難局を処理し、また事業を遂行された方は、維新の諸先輩の中で他に類例を見ないほどだ」と告げています。

大久保の器の大きさは、話の聞き方にも表われていました。岩倉使節団の一員であり、帰国後は内務省で大久保の部下でもあった安場《やすば》保和《やすかず》（後藤新平の岳父）は、「大久保さんは沈毅寡黙で、容易に自ら言葉を発さなかったが、人の言葉にはよく耳を傾け、たとえ数時間の長談にわたることがあっても、倦厭《けんえん》の色はなく、喜んで傾聴しておられた。その厳然として端座しておられる威容と、そのよく人の言葉を傾聴しておられる姿は、あたかも二種類の人に接しているようでもあった。返答は容易に可否を言わなかったが、一度、可といえば少しもかわらなかった」と述懐しています。

大久保は薩摩で育った人らしく、「三年片頬《かたふ》」の人でした。三年片頬というのは、男は3年に一度、片頬だけで笑うだけでいい、という意味です。大久保自身、己の容姿が氷の如くで、相手は話しづらいということに気付き、意識して微笑を浮かべるように配慮しています。

さらに欧米視察で、彼の国では偉い者でもユーモアを大切にし、用いることも知り、自己改革に採り入れたのでした。前出の安場は、「欧米巡遊の前は、ただ豪邁沈毅《ごうまいちんき》の気象にのみ富んだ人であったが、巡遊後はそれに洒落の風も交え、さらには、その識見が大いに増進されたのを感じた」と陳述しています。

私が大久保を日本最高の政治家と評価するのは、実際の業績の高さに加え、この人間的な大きさ、それなのに、より善い人であろうと自己反省を怠らず、己を改善する姿勢の誠実さ（己にも他者にも）と美しさにあります。自分に威厳があり過ぎて、相手が萎縮する、話しづらそう、となれば、それを自己の偉さと勘違いして満足、あるいは誇る人も多い中、大久保の在り方は美しく、清廉なものです。

大久保の微笑については、有名な『米欧回覧実記』を著した久米邦武《くめくにたけ》は、旅行中の大久保につき、「なにしろ大久保さんは無口で、汽車の中でも、煙草ばかりふかしていた。（中略）岩倉さんと木戸さんとは、盛んに話をするし、私が随員の誰かと話をしているところへ木戸さんはすぐやって来て、議論をしかけるというふうであったが、大久保さんは、ただニコニコ笑って黙っていた。ニコニコ笑うといっても、大久保さんの笑いぶりは、どこか親しげな微笑で、愛想笑いではなく、打ち解けた笑い方で、恐ろしい中に心から信頼できる親に対するような気持ちにされた」と自著に記していました。

大久保は薩摩を政治の中央に出そうとし、維新になるまで必要な場面で、しっかりと話をしていますが、それ以外では寡黙な人でした。ですが、人としての思いやりや温かさは十二分に持っていたのです。大久保につき、冷厳と語った一人に旧幕臣から新聞発行人、ジャーナリストになった福《ふく》地源一郎《ちげんいちろう》（桜痴《おうち》が号）がいますが、彼は、「大久保公は渾身これ政治家なり。およそ政治家に必要なる冷血の多き、余は未だ公の如きを見ざるなり。公の顔色を望み、風采を仰ぐ毎に余はあたかも北洋の氷塊に逢うが如き想いをなし」と評しつつ、ロンドンで大久保から処世上の助言を受けたことに対し、「その親切にして温和なるは父兄の弟子における に異《こと》ならざる、二十余年の今日に至るまで、かつて余が記憶より去りたることなし」と晩年に語っていました。この内面の温かさ、気配り、度量の大きさが、今とは異なって気骨も自主独立心もある、明治の人物たちを心服させ、部下として登用する源となったのです。

この福地は岩倉使節団に同行しましたが、伊藤と遊び人としてウマが合い、二人で常に夜の巷に繰り出す同志関係でもありました。伊藤の女好き、遊び好きは、明治天皇も呆れるしかなかったほどでした。

大久保が登用した人々は、ざっと名を挙げるだけでも、伊藤、井上馨、大隈、副島、黒田、西郷従道、山県、大山巌、児玉源太郎、山本権兵衛、谷干城《たにたてき》、川村純義《かわむらすみよし》、伊東祐亨《いとうすけゆき》、川上操六《かわかみそうろく》、前島密《まえじまひそか》、森有礼《もりありのり》、川路利良《かわじとしよし》、三島通庸《みしまみちつね》、陸奥宗光《むつむねみつ》と限りがありません。陸奥に至っては、自分の命を狙っていたことを知っていても登用したのです。警察のボスで大久保の子分の一人、川路大警視が懸念すると、「いかに陸奥が私の生命を狙おうと、彼は国家にとって有為な人材である。逮捕しては、日本の損失となるではないか」と諭しています。なんと豪胆かつフェアな人でしょうか。全くもって感服するしかありません。

陸奥は、その頭の切れが「カミソリ」と称された大秀才でしたが、西南戦争の折、同調して蜂起しようとしたとして、禁獄5年の刑を科された人でした。陸奥は不平士族の一人として、表層だけで大久保を見ていたため、命を狙うこともあったのです。後年、陸奥が外務大臣になる際、明治天皇は、「大丈夫か?」と伊藤らに問うた逸話もあります。そういう男でも、有為であれば大久保は果断に抜擢しました。

もともと、この人は、いつでも命なんぞ、くれてやるわい、という人です。そこも大好きな魅力の一つですが。また黒田についても、大隈が、「これほど物騒な男もいない」と評したように、大変な直情型かつ酒乱でしたが、大久保の威厳と人望があったがゆえに、黒田も従順に従ったと言えます。

他に大久保の先を見通す大局観とリアリティの凄さを感じる逸話として以下のことがあります。維新前、鹿児島に戻った大久保を下級藩士の村田経芳《むらたつねよし》が訪ねて来ました。村田は技師で、銃の改良、開発マニアでした。彼は自費で後装銃の改良をしてきたのですが、目途がついたので藩からの財政支援を頼みに来たのです。大久保は即答を避けましたが、即座に久光に助成金支援を申し出て実現しています。

村田は自分の銃を出して、旧式銃と比べてくれるように願い出ましたが、旧式砲術の師範たちは村田をバカにしました。そこで比べることとなり、射程距離・命中率と共に村田の銃がはるかに上回ったのです。村田は褒賞の金や衣服を下賜され、自分の銃を藩の制式銃にして下さいと申し出たものの大久保はあっさり拒否します。

呆然とする村田に、「旧式銃の師範たちを追い詰めてはなりませぬ。新式銃を採用すれば、彼らの反抗は必至であり、藩内は混乱をきたします。師範たちも、これに懲りて改良に努めるでしょうから、暫くお待ちなさい」と告げたのです。軍備強化のために師範たちを蔑ろにするわけにはいかず、かといって旧式をそのままにしておくわけにもいかなかったのですが、大久保の手法は巧妙でした。

以後、師範たちは江戸や長崎に留学したり、村田に弟子入りしたり、藩全体の水準を引き上げることになりました。ちなみに、この村田が陸軍の「村田銃」を作った人でした。この銃は世界の中でも、トップクラスの優秀な銃となったのです。私は、この大久保の深謀遠慮、人間というものを、実によくわかっている凄みを、読者の皆さんにも理解して欲しいのです。大久保の公平で全体を見通しながら、その時の最善、それが難しいなら次善の道をとる、このバランス感覚、現実主義を、是非、皆さんにも身に着けてもらいたいと切望しています。

【大久保の目指したもの】

維新の三傑の中で、ただ一人残った大久保は、実質的な宰相として政務を執りました。形式上は太政大臣の三条がいたのですが、この人は飾りに近い人でした。高貴な公家出身という、形式的な権威だけで、何かことが起こる度に精神的に不安定となって、引き込もるので、大久保が仕切っています。その大久保、１８７８（明治11）年5月14日の朝、地方官会議に出席していた福島県権令の山吉盛典《やまよしもりすけ》の訪問を受け、次のように語りました。

「明治維新の盛意を貫徹するには三十年を要する。明治元年から十年は「創業」の第一期であり、十一年から二十までの第二期が最も肝要である。内容を整え、民産を殖する時期であり、私が内務省長官（卿）として十分に尽くすことを決心している。特に士族授産としての開墾、水運を中心とする交通網の整備などは必成を期す次第である。その後の二十一年から三十年までの第三期は後進が継いで盛意を貫徹してくれるであろう」

その後、午前8時過ぎ、大久保はフロックコートと山高帽姿で赤坂御所に向け、イギリス製の馬車で出かけました。明治天皇から閣僚らに勲章の授与式があり、大久保は政府代表として立ち会う予定でした。

馬車が紀尾井町の清水谷に差しかかったところ、6人の旧士族らに襲われ、暗殺されたのです。享年47歳と9カ月の生涯でした。暗殺者は石川県の島田一郎らです。暗殺後、イギリスの『タイムズ』が日本の首相、アメリカの『ニューヨーク・タイムズ』が皇位の影の権力者と紹介しています。島田は「斬姦状」で、西郷の死が大久保によるものと曲解していました。

伊藤は個人的にも大久保を敬慕していたこともあり、これで日本の開化発展が大きく遅れたと悲嘆しましたが、全く、その通りです。政治家としての先を見通す眼力・現状認識・人使いの巧みさ、バランス感覚、公平無私・決断する際の剛毅果断さ、私利私欲のなさなど、どれを見ても不世出の偉人でした。

その凄みにつき、伊藤は、「あの人の威厳は一種天稟であったが、めずらしいほどの広量な人物で、公平無私であり、人というものはどのような相手でも重んずるという風があった」と回想しています。大久保は身内以外の部下や他の人を呼び捨てにすることはありませんでした。どんなに地位の低い者であろうと「○○さん」と呼びます。幕末四賢侯の一人、松平春嶽《しゅんがく》（越前藩主）は、大久保のことを、「威望は凛々と霜の如く、徳望は自然に備わっていた。それは胆力によってであり、世界第一と言ってもよかろう」と賞賛していました。

大久保の威厳には数多の伝説があります。彼の馬車の音、省内を歩くコツコツという靴音がすると、どの部屋でもピタリと話し声が止み、森閑としました。また、とびきり元気者の伊藤と従道が、役所で昨夜の酒場の女性や遊びについて、わいわい話している場に大久保が現れると、両人共、口を閉ざして石像のように固まったそうです。想像すると笑いが込み上げます。

大久保没後、板垣が内務相に就いた折りの地方官会議では、各府県代表者が開会と同時に、板垣に罵声を浴びせたことがありました。板垣は抑えようとしますが、議事が進まず、会議になりませんでした。それを見た内務官僚の一人が、「大久保閣下のときは、こうでなかった」と言うと、周囲の者も「そうだった」と声を揃えて同意したそうです。

大久保が卿の頃は、まだ幕末の空気が抜けず、志士出身者、豪傑のような府県知事、県令がごろごろいた時でしたが、大久保が会議の場に入ると、一斉に静かになり、大久保の眼光を避けるように俯《うつむ》いたとあります。

私の好きなエピソードでは、薩摩のボッケモン代表の桐野と篠原ですら、何か大久保に抗議しようとする時は、酒を呑んで乗り込むのでしたが、大久保が一言、「なんじゃっちい」と顔を寄せると二の句が告げずに黙り込んだそうです。桐野は、戊辰戦争の時、たった一人で勢揃いしている幕府軍の中に入っていった桁外れの豪傑で、剣の達人でしたが、大久保には頭が上がりませんでした。この桐野は幕府軍だけではなく、新撰組からも恐れられた男です。

伊藤が内務卿になった時には、執務室で芸者遊びの話の花咲かりで、官僚の一人は、「ああ、明治は誤れり」と嘆いたとありますが、伊藤は仕事・政治もできる限りで務めた人と評価できます。

【私的な大久保】

プライベートでの大久保は、他の高官と異なり、夜の遊興も女性も好まず、ずっと妻のますと、愛人のおゆうのみです。役所の休庁日、この頃は1と6のつく日というようになっていましたが、おゆうの所に行くのは、ほとんどが休庁日のみでした。私なんぞは、おゆうが寂しくないのか、と余計な心配をしてしまいますが、そこで誰かを招いて碁をするのが唯一の趣味、楽しみだったのです。伊藤や、後年、大阪の経済界を牛耳った五代友厚《ごだいともあつ》も度々、碁盤を囲む一人でした。

自分の家での大久保は、大変な子ぼんのうです。3男の利武《としたけ》は、父に叱られた記憶はない、と語っているほどです。計9人の子どもたちは、大久保によくなつき、帰宅した大久保に群がったと語っていました。子どもの教育にも配慮し、留学の身を心配する妻のますを優しく宥めています。地方出張になると、子どもや家族に土産を忘れない人でした。ますは、色白、細身で妖艶な人ですが、大久保は明治人らしからぬ、優しい夫です。

維新後、酒はほぼ呑まなくなっていますが、朝は牛乳に卵、砂糖とプラムを入れたものをコップ1杯、パンと共に食べていました。夜も質素ですが、漬物好きでした。火鉢ではなく、ストーブ、椅子とテーブルという洋式の生活をしています。

死後の財産は、なんと金庫の中に140円（今の140万円）のみ、逆に公的事業の予算が足りずに大久保が個人で借金したのが8000円もありました。家も土地も抵当に入っていて、そのままなら明け渡さざるを得ない状況だったのです。他の高官らとは天と地の差でした。

致し方なく、政府は協議し、生前に大久保が学校費として鹿児島県庁に寄付した8000円を回収、それに8000円の募金を集め、合計1万6000円で遺族を養うことにしています。今の1億6000万円くらいです。それほど大久保は欲がないというより、清廉な男でした。こういう点も大いに好感が持てます。

明治のジャーナリストの池辺三山《いけべさんざん》は『明治維新三大政治家』の中で、「どんな変化に出逢っても、どんな困難の場合にも、その時に最善と信ずる手段を以って必ず実行している。(中略)堅忍不抜、一度思い極めたことは非常な執着力をもっていてそいつを実行する」と述べていました。大久保の真骨頂が、ここにあります。大久保はいかなる時でも最善を、それができないなら次善を粘り強く断行しているのです。その責任に命をかけ、やり通します。手柄は誇らず、私情を捨て、他者にどんな評価をされようと、すべきことはします。立派な精神です。このような人物だったから、あの動乱の時に日本の土台を築けたのでしょう。

後に元老となった西園寺公望は、維新に際して西郷の果たした役割の大きさに言及しつつ、王政復古は時制も熟していたので西郷がいなくても成就したことは疑わず、しかし、「維新創業に至りては、じつに内外政治の困難なること、今日においては到底想像の及ばざる処なり。此時に当たり、もし大久保さん無かりせば明治政府は瓦解に終わりたるを確信す」(『牧野伸顕日記』)と語っています。

大久保こそ、維新創業を成し遂げた大政治家であり、威望並ぶべき者ない人徳の士でした。あと10年生きていたら、と幾度考えたことでしょうか。大久保自身、その生涯についてこのように語っています。

「私は実によい時代に遭遇した。死後の面目はこれに過ぎたるものはない。私一個においては、一点の思い残すこともない」

常に覚悟を持って生きた大久保らしい弁です。時代もこの傑物に味方しました。未だ封建の世なら、下級武士の大久保、西郷共、出る幕はなかったはずです。歴史か、天のいたずらか、感謝するばかりです。

【大久保と西郷の関係とは？】

維新の英雄、巨魁とされるのは西郷隆盛という傑物ですが、この巨人が主に活躍し、その人徳、信望を遺憾無く発揮したのは幕府を制した維新まででした。もちろん、大事業の「廃藩置県」は西郷の威信によるものが大ですが、あの「大西郷」という人は、維新直後、あるいは征韓論問題に破れると早々と鹿児島に帰ってしまいます。

また、自身の理念・理想から外れる、己の価値観に反し、私欲に塗《まみ》れたこと、汚いことには強い嫌悪と拒否を示す性質の持ち主でした。この点では、自分の所懐と異なればすぐに辞職して引き込もってしまう木戸と変わりません。

もっとも、木戸は自らの思い通りにならないことへの憤りからで、西郷は理想との乖離、汚濁に流されたことへの義憤という差がありますが。そのような西郷なので、人と接する、人を使うのでも、狭いレンジでしかできません。西郷の選択は、ゼロか100なのです。その性質は混じり気のない純乎《じゅんこ》、極めて純粋な至純であり、潔癖、廉潔の士と言えますが、狭量なのです。ここを世間の人は、大西郷の名声に押し潰されて見ようとしませんし、あくまで西郷は「大」西郷でなければならない、という日本の「お約束」「伝統」があります。

では大久保は？　となると、この人はリアリスト、プラグマティストであり、西郷や諸人にはない、「何が何でも目的を成就するのだ」という強固な意志と、最善がダメなら次善、それもダメなら次々善で、という粘り強さ、忍耐力、不屈の精神を持つ人物でした。他者に対しても懐が深く、欲に塗れていた山県、井上、大隈や他の面々という者でも、新しい国、日本に必要となれば条件なしで登用し、藩閥に関係なく、驥足《きそく》を伸ばせるように配します。それで、かつ、自身は汚濁に流されず、寡欲に生きます。地位や名誉に対しても恬澹《てんたん》としていました。

政治家である以上、利権・地位・名誉・権力を求めた有象無象が寄り集まってくるのは古今東西変わらない人間の摂理です。そこに潔癖を求め、優先させることは至難の業であり、政治のダイナミズム、活力を停滞させる懸念も小さくありません。

重要なことは、「清濁併せ呑んで濁に流されず」、政治家として国と国民のために、すべきことを実行していくことです。その点で大久保の広大な度量は、この時の政治、日本に絶大な貢献をしました。輿望《よぼう》、衆望となれば、「大西郷」ですが、忍耐、不屈となれば比べるべくもなく大久保が優っていますし、この人がいたからこそ、明治の土台が作られたのです。

もし、西郷が大度のある人で鹿児島に帰らず、政府の重心として残っていたならば、大久保とのコンビで、どれだけのことができただろうか、と思う半面、日本を列強の牙から守るために必要ならば西洋化は致し方なしの大久保と、世界を実際に見ていなかった西郷の、あくまで日本的なものにこだわる面が衝突したであろうことも想像に難くありません。

西郷が身近にいたがゆえに、大久保は小さく見られがちですが、実際の業績や生き方を客観視、つまり「大西郷はとにかく偉大」の神話や世間の同調圧力を無視して見るならば、大久保という人は恐るべく雅量の大きな、情のある豪傑の士です。もし、武道家であるならば、西郷は卓越した自己の型を以って戦う人、その型に嵌《は》まらなければ超越した力を発揮しづらい人であり、大久保は融通無碍に対応する人でしょう。

私は自身がゼロか100かの狭量さ、固さを持って生きてきたので、反省しつつ、大久保の広量を再度、高く評価しています。むろん、「大西郷」の感情の多量さ、篤さ、大きさも十分に認めるものですが、日本を一日でも早く、列強に伍していけるよう、富国強兵、殖産興業に邁進した大久保の胸中を慮れば、子々孫々の一人として感謝するばかりです。

薩摩が生んだ不世出の偉大な政治家、大久保利通の実像が少しでも皆さんに伝わったなら欣快《きんかい》とするところです。

【天晴！な日本人】

小さな巨人、
徹底した日本の
国益至上主義の人

《小《こ》村《むら》寿《じゅ》太《た》郎《ろう》》

これまで、益より害を与える、反日の対応が顕著な外務省ですが、時代を遡れば、これぞ日本の外交官！ 日本の国益至上主義者！ という外交官がいました。

それが小村寿太郎です。

小村が外務省に勤めたのは、1884（明治17）年6月、29歳の時でした。以後、翻訳局を経て、駐清臨時代理公使、外務省政務局長、駐朝鮮公使、外務省次官、駐米公使、駐露公使、駐清公使、外務大臣を歴任し、その都度、日本の国益を追究した有能、異能の外交官、国士です。

国士というのは、小村が自己の保身、出世など寸毫《すんごう》も考えず、ひたすら日本にとって最善、それがダメなら次善の策を講じた人、「知行合一」、陽明学実践者だったからです。

常に政治家に対しても遠慮なく、日本の進むべき道を説いた人でもありました。小村の外相在任中（1901～1906、1908～1911）、日本の国際的地位は向上しています。単に日本の国益至上主義という以上に、国際的な外交のバランスをも調整してきた人だからです。

小村は1855（安政2）年9月16日、日向国飫肥藩《ひゅうがのくにおびはん》（今の宮崎県日南市）の下級藩士の6人兄弟の長男として生まれました。上に姉がいます。父は寛《ひろし》、母は梅《うめ》です。母の梅の体調がすぐれず、母乳を与えることができなかったので、小村は骨細で小柄と言われていますが、大人になっても身の丈は150センチに満たないものでした。

そのぶん、父方の祖母の熊《くま》が厳しくとも愛情を注いで育てました。毎朝、早起きし、読書をさせ、6歳から通った藩校の「振徳堂」に手を引いて連れて行っています。小村は学校が始まる前に到着していましたが、始まるまで読書をして喜んでいたと言います。また、負けず嫌いで、剣の稽古では、他の子の何倍もやったとされていました。

成績は常に優秀で、優れた記憶力を持っていました。特に優秀なので、学費も免除でした。1869（明治2）年、振徳堂の師範の小倉処平《おぐらしょへい》のすすめで、長崎に留学しています。この小倉のことを、小村は生涯敬愛していました。

外国と外国語について学ぼうとしましたが、師事したかったフルベッキが東京の南校に移っていたので、小倉の助力で大学南校に行くことになったのです。これは学力と品行に優れた学生を貢進生としたため入学できたのでした。1870（明治3）年のことです。

大学南校は幕末、蕃所調所《ばんしょしらべしょ》、洋学研究所でした。漢学専門の昌平校《しょうへいこう》が大学東校《とうこう》と称していたのに対抗しています。学力に応じて600人がクラス分けされる中、小村は上級クラスでした。どの教科においてもトップクラスの成績を記録しています。

その間、南校は開成学校（在学中に東京開成学校と改称）となり、小村は法学部を専攻しました。同級生には、後に昭和天皇の幼少時代に帝王学の教育を担当した杉浦重剛《すぎうらじゅうごう》、駐米日本大使となった高平小五郎《たかひらこごろう》がいます。杉浦とは生涯の親友です。高平とは、日露戦争時の講和条約交渉を共に戦った戦友になりました。

開成は1877（明治10）年東京大学、1886（明治19）年東京帝国大学となっています。

小村は在学中、海外留学させるように文部省に訴えています。恩師の小倉が早くから文部省に勤めていたこともあり、成績優秀者の留学が認められました。1875（明治8）年、第一回文部省留学生として、アメリカのハーバード大学に留学しています。この時、11名が選ばれましたが、その中に鳩山和夫《はとやまかずお》がいました。この人は鳩山由紀夫の曽祖父で、法学部の首席だった秀才です。帰国後、弁護士、東京帝国大学教授の後、政治家になりましたが、大成はなく、子の一郎を早くから政治家にし、日本初の二世議員にしました。

ハーバード大学には一年後、金子堅太郎《かねこけんたろう》が入学し、小村の下宿で共同生活しています。金子も日露戦争時、日本の正義をアメリカで宣伝した功績のある人物です。セオドア・ルーズベルトとは、本当に親しい間柄でした。

小村は成績優秀だったので、ニューヨークに出て、元・司法長官ピアポントの法律事務所で訴訟実習見習として勤務しています。アメリカの大学のレベルがヨーロッパの大学より低いので、実務を経験するため、事務所入りしたのです。2年勤め、合計5年のアメリカ生活を終え、イギリス、フランスを視察して1880（明治13）年11月に帰国しています。小村の英語の才能は日本にいる時から図抜けていましたが、この留学でさらに磨きがかかったのでした。

学生時代に英文で綴った自叙伝には既にこの時、「愛国心が強かったので」と記述しています。そして、維新の大業を、欧米に比べ、流した血が格段に少ないと賞讃していて、この頃から国粋主義者の片鱗が窺えます。

帰国した小村は真っ直ぐに恩師の小倉の墓参りに行きました。小倉は西南戦争で薩摩と共に起ち、戦死していたのです。小村は墓前で号泣したと言います。

１８８０（明治13）年12月6日、司法省に入省しました。今の法務省です。不平等条約改正のために法典の編纂を急がねばならず、外国の法律と語学に秀でた人材が求められていたからです。同期には目賀田種太郎《めがたたねたろう》がいました。後に韓国の財政顧問として着任した人です。その後、判事になりますが、本人は気に入らないようでした。それで杉浦の伝手で外務省に移ったのです。

１８８４（明治17）年6月のことでした。初めは公信局、次は翻訳局です。１８８６（明治19）年、次長となりますが、局長は開成で同級生だった鳩山和夫でした。１８８８（明治21）年10月、局長に昇進します。１８９３（明治26）年10月の廃局まで、その任にありました。この間、小村は国粋主義者たる愛国心を発揮しています。

時の外相は井上馨で、条約改正のため、極度の欧化主義をとっていました。俗に鹿鳴館外交とも称されていますが、外国人を裁判所判事として雇うこと、西洋式法典の制定をして欧米諸国の承認を得ること、外国人が日本国内で自由に居住できることを方針として、交渉では各国の同意を受けていたのです。

それに対し、屈辱的だと考える人々が反対運動を起こし始めていました。開成の同級生、杉浦が改正反対運動のために乾坤社《けんこんしゃ》同盟を結成すると小村は加わっています。この集まりで、「今度、謀反するかもしれん」と小村は言及しています。

この時は閣内でも反対があって流れたものの、次の大隈重信外相が改正に動くと、内容が『ロンドン・タイムズ』紙に暴露され、世論が沸騰して挫折となりました。外国人法官の採用条項が嫌悪されたからですが、『ロンドン・タイムズ』紙にリークしたのは小村だと言われています。

この時、右翼団体の玄洋社の来島恒喜《くるしまつねき》が大隈に爆弾をなげ、大隈は片足を失う重傷を負って辞職しました。1889(明治22)年10月のことです。この頃の右翼は今と違って国や国益のために命も投げ出す国士が多かったのでした。今のように金儲けばかりでヤクザまがいのエセ右翼とは違いました。

小村は、司法省から外務省に移る前、父が事業で失敗して作った大借金を払うため、悲惨な貧乏暮らしになりました。その上、小村自身、結婚して三人の子がいる他、恩師の小倉の二人の遺児の養育費も出していたのです。借金取りが、自宅、役所を構わず押しかけ、家具は長火鉢一つ、座布団二枚、動かない柱時計のみで、一着きりのボロボロのフロックコートを着て徒歩で役所に通っています。

雨が降っても傘はなく、濡れネズミのようになって職場に出ました。食事もままならず、長男の欣一《きんいち》は夜盲症にかかり、夜は見えなかったと言われています。他人に同情されると、「苦しいのを通り越して平気です」「なーに、借金と喧嘩して負けなければ良い」と平然としていたそうです。役所での昼食はなく、お茶だけで過ごしていました。

北京に代理公使で行く時は、駅で見送りに来た人から時計を渡されますが、高利貸しが来ていて取られるので、次の駅で、と言い、陸奥宗光が買ってやった金時計も北京到着の時は持っていなかったそうです。

外務省では、毎月、仲間内の宴会を割り勘で開いていましたが、小村は一度も会費を払わないので、宴会の日を通知しないようにしたところ、いつも時間通りに来て床柱を背に上座に座り、人並み以上に飲み喰いし、論じ、楽しんだのでとうとう小村だけは特別扱いとしました。

全く卑屈にならないところは、尋常な肚と信念の証です。小村という人は、これから叙述していきますが、信念の人、そのためにどうなろうといい、どう思われようといい、という「知行合一」、陽明学の人、本物のサムライ。本物の「もののふ」でした。

こうした苦境を乗り越えられたのは、杉浦をはじめ、開成の同級生たちが有志で金を集め、高利貸しに返済し、あとは無利子で返済できるようにしたからです。給料の三分の一は家計に入れ、残りの三分の二を返済にまわし、生活の目途がつきました。小村自身、外務省の仕事の他に英吉利（イギリス）法律学校（中央大学の前身）で講師をして稼いでいます。翻訳局は閑職でしたが、小村は英語のみならず、日本語、特に漢文にも磨きをかけました。

小村は頭も良かったのですが、刻苦勉励の人でした。アルバイトとして、さまざまな英語の文献・書を翻訳しましたが、この広範な知識が役に立つことになります。どんな境遇であろうと本人次第なのです！

【小村の転機】

小村が出世する機縁となったのは、この知識でした。機縁とは、もともと仏教用語で、末長く続く事の起こるきっかけという意味です。

同僚のイギリス赴任の送別会の時、イギリス繊維産業の話題となり、小村は原綿の生産額、輸出入の状態、綿花の種類まで詳述し、居並ぶ人々を驚かせましたが、その関係の洋書を翻訳していたからでした。この時、「カミソリ陸奥」と異名を取る、陸奥宗光外相が同席していたので、カミソリの目に止まったのです。努力する人にはチャンスが訪れる、でした。

陸奥は幕末から維新にかけて政治の重要な職を担った異能の人、英才です。この人の外交も切れ味鋭い外交でした。以降、小村はカミソリの厳しい要求水準をクリアし、頭角を現していきます。

陸奥は、1844（天保15）年、紀州藩で生まれました。小村より11歳年上です。幕末に坂本龍馬の弟分として海援隊《かいえんたい》で活躍します。龍馬はたくさんの海援隊メンバーの中で、どんな時でも自立してやっていけるのは僕と陸奥だけ、という趣旨の発言をしたほど、優秀な青年でした。西南戦争時、西郷に呼応して挙兵する計画に参加し、約四年半を監獄ですごしています。と言っても、かなり自由な特別扱いで、読書、執筆、面会も自由でした。獄中において『左氏《さし》辞令一班』などを書いています。釈放後、伊藤博文に見出され、イギリス、オーストリアで二年半学び、帰国後は駐米公使、農商相として政界復帰しています。

陸奥が育てた政治家には、原敬《はらたかし》、星亨《ほしとおる》と猛者がいました。1892（明治25）年8月に成立した第二次伊藤内閣で念願の外相となり、大きな功績を残しています。

陸奥と小村は人柄も思想も正反対でした。陸奥は議会制民主主義の理解者で、実現しようとした希少な人であり、欧化主義、多弁、モダンで自由な人です。小村は国粋主義、官僚からなる超党派が国益を守るという思いを持つ人、無口、禁欲的、武士的な人でした。

にもかかわらず、陸奥が小村を重用したのは、能力の高さ、剛毅さ、筋の通った性分と、「日本が第一」に、徹底していたからです。日頃は寡黙であるものの、必要な時は雄弁であり、伊藤のような元老、政界のボスを相手にしても堂々と主張します。

小村は政党が嫌いでした。1898（明治31）年に日本初の政党内閣である隈板《わいはん》内閣が誕生しました。その時、外務次官だった小村に進歩党への入党の勧誘があったのですが、夏だったので、「暑いから入湯《にゅうとう》など真っ平だ」と拒否しています。

その時、「日本のいわゆる政党なるものは、私利私欲のために集まった徒党であり、主義も理想もない。利益のために節操を売り、権威に近づかんとして党を犠牲にすることさえ顧みないありさまである。私は私自身のために次官の地位を守る気はない。ただ私は国家の外交をかかる党派に任せるのは危険と信ずるゆえに、この地位を去らないのだ」と語っていますが、今の野党、特に立憲民主党、れいわ新選組に聞かせてやりたい言葉です。

この時代、官僚が自分の地位を守るためには、藩閥か、政党に頼るのが普通でしたが、小村は全く気にしていません。小村は陸奥に抜擢されますが、その前に小村らしさを示した逸話があります。

1891(明治24)年5月、ロシアの皇太子ニコライが親善で訪日した際、滋賀県大津で、巡査の津田三蔵《つださんぞう》がいきなり斬りつけ、怪我を負わせる事件が起こりました。ロシアは強大国で、弱小日本の政界、世間は恐怖に陥ったのです。ロシアの機嫌を取るため、政界と世間では津田を死刑にせよ、の大合唱となりました。

ですが、刑法には皇族に危害を加えると死刑にできるものの、ニコライは皇族ではなく、法を厳守するなら通常の誅殺《ちゅうさつ》未遂罪(計画殺人未遂)を適用するしかなく、死刑にはできません。最高刑は無期です。法務相まで死刑にせよ、と大審院《たいしんいん》、今の最高裁に強烈な圧力がかかりましたが、大審院長の児島惟謙《こじまこれかた》(いけん、とも読む)は断固として超法規的処置を拒否して無期の判決を言い渡しました。

立派な人がいました、明治の世には。

当然、外務省でも委員会を作って議論しますが、小村は、「ロシアを恐れて法を曲げて死刑にする必要はない。びくびくするな」と主張しています。小村も骨のある漢《おとこ》でした。この時は、明治天皇自ら、ロシアの軍艦に乗り込み、ニコライに謝罪しましたが、明治天皇がそのまま拉致されてロシアに連れていかれるのではないかと、政府は議論したのです。結局、天皇自ら「わしは行く」と乗り込みました。皇后も自ら手製の包帯を作って渡しています。

この事件があり、ニコライは皇帝ニコライ2世になった後も日本嫌いなままで、日露戦争に向かいました。ニコライ、ロシア革命によって処刑されています。この人、日本古来の刺青に憧れ、横浜で彫っていました。

津田は監獄へ送られた後、数カ月後に病気で死んでいます。斬りつけた理由は、西南戦争で死んだはずの西郷がニコライと共に帰って来るという噂を信じたからでした。自分のような警官は、あの戦争での仕返しをされると妄想したのです。実際、西郷は生きている、ロシアの軍艦で戻ってくるという風評が流れていました。小村は法に詳しい他、国家、日本の体面を第一としたので、法を守るべきと主張をしたのです。

陸奥に抜擢されて挑んだ最初の仕事は外交官試験制度の改革でした。本当に有能な人材を集めるために１８９３（明治26）年11月、新しい制度がスタートしました。

【外交官としての門出】

その前月、小村は公使館参事官として清国勤務を命じられます。清国での外交官は、非英語圏でしたので、陸奥は心配して、「しばらく北京で辛抱してくれたまえ。そのうち君の得意な方面に転勤できるようにするから」と配慮しました。ところが小村は、「欧米のことはよくわかっていますが、清国のことは知りませんので、大いに研究したいと思いますから、とても満足です」と答えています。こういう心構えがいいですね。

陸奥も意外な返答で、こいつは使えるぞ、となったのでしょう。北京に着く前に一等書記官、11月20日、到着した日から臨時代理公使に任命しています。陸奥という人も、決断と実行が早い人でした。

小村は本物の猛勉強に入ります。西洋人の著書を読み漁り、日本の職員だけではなく、外国の公使など外交官ともどんどん交流し、情報を集めまくっています。小村のハイレベルの英語が存分に発揮されました。この時に身に付けた知識・情報が小村にとって長く役立つことになったのです。

当初は閑職のはずでしたが、1894（明治27）年2月に起こった朝鮮の「甲午《こうご》農民戦争」が、小村の状況を一変させました。これは朝鮮の悪政に対する蜂起で、全琫準《チョンボンジュン》がリーダーでした。各地で農民が次々に蜂起し、一大争乱となりました。

6月1日、国王の高宗《こじょん》が清国に派兵を要請し、日本にも通告します。これは1885（明治18）年に結ばれた天津《てんしん》条約で義務づけられていたからです。日本も派兵することを6月2日に閣議決定しています。素早い判断でした。

日本の通告に対し、清は、「朝鮮は清国の属国であるから介入するのだ。日本の派兵とは性格が異なる」と強調し、自国民保護が目的なら兵力は少数にすべきと主張してきました。

小村は、これに猛烈に反論します。日本は朝鮮を清の属国と認めたことはなく、日本の派兵は天津条約に基づく措置で、派遣する軍隊の人員は日本が決めることで、他国から行動を制限されることはない、軍の規律が厳重なので外国人に害を与えることもないと断言したのです。あの愚劣な林前外相なんぞには、逆立ちしても言えぬ言葉です！　おまけに小村は強国イギリスとロシアの公使の思惑まで報告して、日本が動きやすくしています。

初回から外交官として卓越した手腕を見せたのです。この事変が後に日清戦争につながりますが、戦争になるように主導したのが陸奥で、小村は、それを十二分にサポートしています。

小村は仮に大国の清と戦争になれば、清国軍の規律、士気を観察し、日本の勝ちだと断定しました。この時まで清は「眠れる獅子」と恐れられていたのです。

いよいよ、交渉がデッドロックに近づくと、小村は東京から訓令が来る前に国交断絶を通告して、公使館の旗を降ろして北京を引き揚げました。「だらだら交渉していては戦機を逃す、この戦争は俺が始めてやろう」と語っています。東京に帰った小村を、陸奥は新橋まで出迎えに行きました。小村が、「叱責を覚悟して帰ってきました」と告げると、陸奥は「あれでよろしい。時局は足下の説のごとくなった」と満足そうに、言ったそうです。

この後、陸奥は小村を重用するようになります。この上司にして、この部下あり、明治の人は保身より国益を第一に考えて行動する見本の一つでした。

開戦後、占領した満洲の民政長官に命じられています。ここで日本軍に厳正な規律の遵守を促し、外国人からも高い評価を得ました。

小村が帰国すると明治天皇に召されています。この時、陸奥は小村に満洲の重要性を強調するな、と含めています。遼東《りょうとう》半島を、いずれは捨てなければならないかも、という達見からでした。この達見は的中しています。しかし小村は、将来有望と熱弁しました。陸奥が後ろから服の裾を引っ張ってもやめず、拝謁後、「陛下の前で緊張して、つい、ご注意を忘れました」としれっと言ったのです。陸奥は笑って咎めませんでした。その心意気を気に入ったのでしょう。この後、政務局長となります。

政務局長の使命は、日清戦争後の講和における外交全般ですが、小村は腸チフスで入院しました。この時、容貌がすっかり変わってしまったのです。それでも休むことは許されず、駐朝鮮日本公使として赴任します。この時、朝鮮王室の妃の閔妃《みんび》暗殺に日本人が関与していたのではないかという時で、事態収拾のために敏腕の小村が派遣されたのです。収拾後、外務省トップの次官となります。

この間、まずイギリスと「日英通商航海条約」が調印され、5年後の1899（明治32）年に領事裁判権の廃止となりました。これは治外法権のことで、外国人を日本の法で裁けなかったということです。廃止により、日本の法で裁けるようになった他、関税の一部の自主権が認められるようになります。完全回復となるのは、日露戦争の数年後です。

また1897（明治30）年8月24日には陸奥が永眠しました。享年53歳でした。翌年、9月13日、小村は駐米公使となります。18年ぶりのアメリカでした。

小村は日米間に大きな問題もなかったので読書とフランス語習得に励んでいます。1900（明治33）年2月22日、今度は駐露公使（スウェーデン公使兼任）でロシアに赴任しました。この時、清では前年から義和団と呼ばれる武術集団が、「扶清滅洋《ふしんめつよう》」、清を扶《たす》けて西洋を滅ぼすというスローガンを掲げて、外国人宣教師を殺害・襲撃、教会を破壊し始めていたのです。

各地で蜂起となり、清国政府も1900（明治33）年6月21日、列強に宣戦布告します。政府の真の実力者の西太后《せいたいこう》（1835～1908）が調子に乗って布告したものの、本人は、さっさと西安に脱出しています。西太后は、もともと皇帝の咸豊《かんぽう》帝の第二夫人でしたが、次の同治《どうち》帝を生んだこともあり、実権を握ったエゴイストです。

この人の目的は、ただただ贅沢に暮らしたいというだけで、為政者としては失格ですが、気に入らない高官をすぐに処刑してしまうので、わがままが通っていたのです。

同治帝の死後、甥っ子の光緒《こうしょ》帝を即位させましたが、開明的政治を始めると即刻、幽閉し、最後は殺しています。光緒帝は、日本に留学経験のある康有為《こうゆうい》ら若手の官僚をどしどし抜擢し、近代的政治を目指したものの、西太后に嫌われ、「戊戌《ぼじゅつ》の変法《へんぽう》」は約100日で潰されたのでした。

西太后は古来からの医学・漢方を総動員し、70歳近くになっても白髪がなかった女性とされています。汽車など文明的な物が大嫌いで、誕生祝に蒸気機関車をプレゼントされると、即、穴を掘って埋めてしまいました！　ずっと後には、そのスピードに喜ぶようになりますが。

義和団事件では日本軍が大活躍して、国際的地位を高めています。この時の規律の厳正さ、勇敢さ、強さが1902（明治35）年1月の日英同盟につながりました。会津出身の柴五郎《しばごろう》中佐は、各国の兵、マスコミ、外交官たちの絶賛の的でした。後年、陸軍大将にもなった傑物ですが、大東亜戦争敗戦後、割腹で自裁を図るも、80歳以上と高齢で斬り裂く力が足りず、苦労して死んでいます。

気骨は変わらず武士、武人でした。柴大将については、『守城の人』(光人社)、『ある明治人の記録』(中公新書)があります。こうした人の生き方、何より覚悟を学び、身に付けて欲しいものです。

日本兵だけは負傷した後、治療・手術の時も「痛い」とは言わず、笑っていたというので、各国の看護婦たちに、大いにモテたそうで、今の日本の男とは、心意気も身体の強さも段違いでした。この忍耐強さも武士道の一つです。

1900(明治33)年10月23日、小村は駐清公使になります。義和団事件後の講和会議においてタフネゴシエーターが必要だったからです。

会議は、連合軍を組織した日本、ロシア、イギリス、フランス、ドイツ、オーストリア、ハンガリー、アメリカ、イタリアに、ベルギー、オランダ、スペインを加えた国際会議となり、最大の山場は賠償金問題でした。

小村は委員会の4人のうちの1人となり、清国の関税収入を精査し、覚書を提出しました。各国はこの覚書を土台として賠償額を決めたのです。さらに小村はアメリカ全権のロックヒルと共に、清の外交改革にも尽力しました。従来の総理衙門《がもん》を外務部と改称し、権限を強化して、外国語に精通した人物を幹部に登用します。

賠償金額決定や外交改革で、小村は一躍、注目の人となり、「ねずみ公使(Rat Minister)」と呼ばれるようになりました。

小村は対露強硬派でしたので、義和団事件後にロシアが満洲を占領することを認めた「露清秘密協定」の仮調印に強烈な圧力をかけています。ロシア全権のラムズドルフ外相にも満洲撤兵を強く主張し、調印を断念させました。ロシアは超大国なので、政府の高官は恐れていた中での壮挙でした。

講和会議の結果、「北京議定書」が締結され、日本はフランス、イギリスに次ぎ、アメリカと同じ約7％の額を得ましたが、日本の大活躍からすると多いとは言えません。それでも、この時の日本はまだ強大国とは認められる以前のことで、小村だったから、これくらいになりました。ロシアとドイツは4分の1ずつ得ています。

当時のロシアの状況は、シベリア鉄道を満洲の地に通し、加えて満洲の豊かな物産を手に入れたいという野心を持っていました。1896（明治29）年にニコライ2世の戴冠式があり、清からは李鴻章が出席します。清の大政治家で、自分個人の軍を持つ、プレジデント・リーです。

ロシア側は満洲の権益を得るため、賄賂を贈ります。受け取って国を売るのが中国人です。中国の父とされる孫文《そんぶん》も、自らの革命への軍資金と引き換えに満洲を進呈すると日本に言ってきています。この孫文、偉人と持ち上げられていますが、ただの「革命失敗ばかり詐欺師」です。たしかに10回蜂起しましたが、どれも失敗ばかりで、妄想家に等しい人物でした。

李は、3回に分けて300万ルーブルを貰い、ロシアの鉄道会社の設立を許可し、その敷地と付属地をロシアの支配地として、ロシア兵の駐留を認めました。その上、両国は日本に対して攻守同盟、軍事同盟を結んだのです。

この交渉で李の相手となったのが、大蔵相のウイッテでした。蔵相といっても外務省をも傘下に置く権力者として、ニコライ2世に重用されています。後に小村とやり合う人物です。

【小村、いよいよ頭角を顕わす】

1901（明治34）年6月2日、桂太郎《かつらたろう》内閣が発足します。小村は講和会議を終えた際、外相に就任しました。46歳です。

講和会議の時、外務省から小村に送られた電報には、「政府は貴官がわが国の権利、利益を守るために全力を尽くさるるを知るがゆえに、本件を一（いっ）に貴官の裁量に委（い）す」とまでありました。

大変な期待と信頼を得ていたのです。

就任の祝賀の宴で小村は、「現在は、まだ私の業績や人格を評価すべきときではありません。私はそれを何人にも許しません。その評価を行うのは時期尚早です。私の苦労はこれからです。今までのところは、その準備期間にすぎません」と語っています。

この時代、不平等条約改正や欧米列強に対する安全保障強化などを模索する「国民同盟会」がありました。五摂家筆頭の近衛篤麿《このえあつまろ》（後の首相となる文麿《ふみまろ》の父）、陸軍の重鎮だった鳥尾小弥太《とりおこやた》、杉浦重剛、右翼のボスの頭山満《とうやまみつる》、政治家の犬養毅《いぬかいつよし》という錚々たるメンバーでしたが、小村が外相になったので、もう心配はない、と解散までしています。

桂内閣は、山県有朋の子分だった同じ長州出身の桂太郎が、第四次伊藤博文の次の首相となって成立しました。閣僚も小村を含めた3人以外は、全て山県の子分たちでしたので、「小山県内閣」「二流内閣」と悪評を浴びています。

桂は欧州への留学経験が多い、陸軍のエリートで、山県と共に参謀本部を作るなど、軍政畑での中心人物でした。明治陸軍は、桂に軍政を、作戦の鬼才と呼ばれた川上操六に軍令を任せて発展することを企図していました。残念ながら、日清戦争で活躍した川上は早逝しています。

桂内閣は、1902（明治35）年1月に日英同盟締結、日韓議定書調印、日露戦争勝利を経て、最長の4年7カ月も続きました。その後、桂は2度首相となり、大宰相の安倍さんに破られるまで、首相在任の最長記録保持者でした。最高位の公爵、従一位となり、位人臣《くらいじんしん》も極めています。が、これは全て小村の手腕によるものと言っても過言ではありません。

日英同盟は、それまで「栄光ある孤立」を誇っていたイギリスの初の軍事同盟でした。この頃のイギリスは、アフリカでのボーア戦争を抱えていたこともあり、インドをはじめアジアの植民地に十分に軍を送ることもできず、軍紀厳しく、精強な日本との同盟を望んでいたのです。

この同盟は、貧乏人の日本が、王侯のイギリスと縁組みをしたとまで言われ、メディアも国民も挙って大喜びしていました。日清戦争後、三国干渉で遼東半島を放棄させられた日本は、「おのれ、ロシア、フランス、ドイツめっ！」と臥薪嘗胆期に入り、猛然と軍拡をします。

１８９５（明治28）年の海軍費１３００万円が、年々、３８００万円、７６００万円になったのです。日清戦争では、日本の国家予算の約4年分弱を得ましたが、9割を軍事費に回しています。本当は、今もこのくらいやらねば、自衛隊は10日以上は戦えないのですが。弾薬、燃料、食糧すら満足ではありません。仮に米軍が助けに来るとしても、それまで持たないのは明白なのです。これを知っても国民の大半は政府や自民党に働きかけようとはせず、誰かがやるさ、何とかなるさと考えているようですが、亡国への道をたどっています。

せめて読者の皆さんが、「本気」になって声を上げてくれることを期待していますが、皆さん、何もしなければ本当に後悔する日が来るのです。

日英同盟では、日本がイギリスの勢力圏内にある植民地・国々との通商が容易となる経済上の利益も見逃せませんでした。開国以後の日本の歴史を遡れば、イギリス、アメリカと、アングロサクソンと組むのが最も優れた安保政策になっています。

この後、日本が最も頭を悩ませたのが、対ロシア政策です。満洲に根を下ろしたロシアは、冬でも凍らない不凍港を得るため、朝鮮半島を狙います。この時の朝鮮は、日清戦争の講和条約の「下関条約」第1条で、清からの独立国と謳ってやったのに、相変わらず、腰の定まらない国で、ロシアに従属しようという動きもあり、日本は安全保障上で懸念を残していました。

ロシア軍が朝鮮半島まで南下してくれれば、日本はすぐ近くです。イギリス、ロシアは二大強国なので、ロシアの接近は危機でもありました。

そこで日本は、満洲でのロシアの存在を認める代わりに、朝鮮半島での日本の自由を認めてくれと持ちかけます。実際はもっと複雑ですが、大ざっぱに述べます。

ロシアは、当然、ノーとなり、全く腰の定まらない朝鮮が安全保障上のリスクとなるため、ここで日本は他に選択肢がないので戦争を止むなく選んだのです。戦争をしなければ、ロシアは朝鮮半島のみならず、北海道や対馬を要求してくるのは必至でした。第2次世界大戦後、スターリンが北海道を半分にして、ソ連とアメリカで領有しようという提案を、トルーマンが蹴ったのは有名です。

日本の歳入は2億5千万円、ロシアは約20億7千万円、陸軍にしても日本は常備20万人、ロシアは200万人でした。世界最大の陸軍国がロシアです。海軍も極東艦隊とバルチック艦隊を持っています。現在の日本と中国の比どころではありません。

鉄鋼生産は日本は数万トン、ロシアは150万トン、銑鉄も日本の数万トン、ロシアは220万トン、日本は156個大隊、ロシアは1740個大隊、海軍艦隊は日本が約26万トン、ロシアは約80万トンでした。

明治天皇は、負けたら皇祖皇宗に顔向けできん、と最後まで反対しましたが、押し切られて止《や》むなく開戦詔書を出しています。

これまでの経緯で小村が実行したのは、ロシアとの交渉経過を新聞に発表させ、国民の戦争協力を促したことでした。大義は日本にある、無理を押してきているのはロシアの方だ、と素直に公表し、マスコミもその通り、正しく伝えました。もともと国民には遼東半島をロシアに奪われたという怨念があり、ロシア憎しでしたから、世論の大勢は開戦せよ！でした。

むろん国力が段違いなので、自重せよという意見もありましたが、少数派かつ非国民呼ばわりされたので、さほどの抵抗にはなっていません。

伊藤博文、山県有朋という政界の二大ボスも消極的でした。逆に、やるべし！派は首相の桂と小村です。桂、評価に差はありますが、なかなかの人で、小村の超人的活躍には、この人の引き立てがあったことは否定できません

まさに国の存亡をかけた日露戦争でしたが、明治人の気骨と、政治家の大局観、軍人とのコンビネーションの賜物でした。

【明治人の秀逸さ】

政治家の大局観では、始める前から、落とし所、やめ時を図っていたことが第一です。

伊藤は開戦と同時に、アメリカに金子堅太郎を、イギリスに末松謙澄《すえまつけんちょう》を派遣します。この2人に、明治憲法を作った井上毅と伊東巳代治《いとうみよじ》を加えたのが「伊藤門下の四天王」です。末松は伊藤の女婿《じょせい》でもあります。

小村は金子と末松に2点を強調します。ロシアの非妥協的な主張で、日本は致し方なく開戦すること、黄禍論《おうか》の再燃を防ぐことです。

黄禍論とは、黄色人種が白人を凌ぐようになり、世界の覇権を獲るという、ドイツのウイルヘルム2世の自論でした。このウイルヘルム2世は、タカ派で超の付く優秀なビスマルク宰相をクビにし、第1次世界大戦を起こし、ドイツ帝国を滅ぼした愚か者でした。ロシアのニコライ2世とは、イギリスのヴィクトリア女王を祖母に持つ従兄弟同士で、互いをウイリー、ニッキーと呼び合う仲で、日本をやっつけろと、そそのかしてもいました。

また、ロシアの宮廷においても、日本やアジアに対して「宥《ゆう》和《わ》派」と「強硬派」の権力闘争があり、従来の「宥和派」が敗れ、好戦的になったことも見逃せません。「宥和派」は、ウイッテ蔵相、クロパトキン陸相、ラムズドルフ外相、シピャーギン内相で、「強硬派」は、ベゾブラゾフ退役大尉、太平洋艦隊司令長官のアレクセーエフのグループでした。

ニコライ2世の側近となったベゾブラゾフが権力を握り、ウイッテとクロパトキンをクビにし、シピャーギンは暗殺されています。クロパトキンは陸相の時、来日しましたが、日本の軍隊を見て、「(日本軍を破るのは)わがロシア軍にとって散歩のようなものだ」と、日本軍を侮っています。

アメリカとイギリスに派遣された金子と末松は、各地を回って、日本の正当性、ロシアの横暴さを講演しました。両国は開戦までは中立の態度を崩しませんでしたが、日本が緒戦で勝つと、すっかり日本支持となっています。

ルーズベルトは、息子への手紙で、「私は日本の勝利にすっかり喜んでいる。なぜなら、日本は我々のゲームをやっているからだ」と書いたほどです。金子に対しても、「いまや日本は文明のために戦っているのであるから、私の同情は全く日本の側にある」と語り、「日本が偉大な文明国の仲間に入ることは世界全体にとって吉兆であると以前から感じていた」と書簡を送っています。

金子と末松の各地での講演は大好評で、両国の世論は圧倒的に日本支持となりました。今のヘボへボ外務省とは天と地の差です！　小村は各国に対して、日本の正義を説き、中立を守るように促しています。

巨額の戦費についても、アメリカ、イギリスの金融界が協力して、外債を買ってくれました。当時の国家予算の10倍近い20億円がかかっています。

戦争は日本が勝ちました。

世界では奇跡とさえ言われましたが、正確に言えば、「日本が勝ってるうちに講和に持ち込めた」というもので、日本は兵も弾薬も底を尽き、継戦能力はありませんでした。そんなことを公言すれば、マスコミが書き立て、ロシアの知るところとなるので極秘です。

今もバカな左派メディアが、日本の安全保障上の事項につき、その装備・武器はどうなのか、などと報じ、中国・北朝鮮に情報を与えていますが、常識ある国なら利敵行為です。

もし、これがまともな「リベラル」なら、国防・安全保障はしっかり！と語った上で、弱者を守る主義主張をしますが、この国にまともなリベラルは、ごくごくわずかで、他は、ひたすら「反日」「日本嫌い」の愚劣な左派しかいません。

間違っても寛容で良識のあるリベラルと左派を一緒にしないで下さい。人の情も知らず、魔女狩りに奔走する愚かな左派の醜い生き方にほとほと呆れます。

幸い私の身近には寛容の精神と良識をもたれる真のリベラル派がいますが。

明治の指導者が優れていたのは、政治家と軍人のコンビネーションが良好だったこと、国力を知り、継戦不能の前に勝っておいて講和に持ち込んだ点にありました。

また、日本の軍人の強さは、神がかり的で、『ロンドン・タイムズ』は、「日本軍の指揮と勇気と、その完全な組織に至っては賞賛の言辞もない。日本の参謀が最高の軍事能力を有することが証明された。軍隊もまた精良で機械のごとく動いた」と賞賛しています。

この時代は第三者の国の将校が、戦争を観戦する、「観戦武官」の制度があり、この戦争でも各国の武官が双眼鏡やノートを手に観戦していました。その中でイギリスのハミルトン中将は、後に著した自著の中で、日本軍について「私は少なくとも十回は日本兵が素晴らしい素質の持ち主であることを記述したい。赤子のように純粋で、ライオンのように勇敢で、祖先と天皇に対する義務を果たすことだけを考えている」「生まれながらの軍人」であり、「愛国心の乳」を持って育まれているとし、さらに、「英国の女性は、日本女性の十分の一も民族の伝統精神を子どもに教えていない」とイギリスの将来を憂いていました。

中国の女性革命家の秋瑾《しゅうきん》（１８７７〜１９０７）は、日本に留学中に日露戦争を目のあたりにし、「皆さん、日本人がかくも団結し、軍人を大切にするからこそ、軍人は生を忘れ、命を捨てて戦場に赴くのです」と日本を賞揚していました。今の日本人、特に左派に聞かせてやりたい言葉です。

日露戦争での日本の勝利は、世界的にも一大センセーションでした。それは有色人種が初めて白色人種に勝ったからです。厳密に言うと、少し前にエチオピアに侵攻したイタリア軍が初期に撃退された例がありますが、局地的な小戦闘かつ、あの弱いイタリア軍というので、ほとんどの歴史書では無視されています。

ロシアは今の中国以上に嫌われていたので、各国の国民が喜んでいました。ロシアにいじめられっ放しのトルコやフィンランドでは、海軍の東郷平八郎連合艦隊司令長官にあやかって、「トーゴー通り」「トーゴービール」ができ、我が子にトーゴーと命名する親が激増しています。

トルコの指導者のアタチュルクは、明治天皇の肖像を机上に飾りました。メキシコでも日本の黒木司令官の名を付けた鉱山、街道が生まれています。

インドの初代首相のネルー（１８８９〜１９６４）は自伝で、「日本の戦勝は私の熱狂をわき立たせ、新しいニュースを見るために、毎日、新聞を待ち焦がれた。私の頭はナショナリスティックな意識でいっぱいになった。インドをヨーロッパの隷属から、アジアをヨーロッパの隷属から救い出すことに思いを馳せた」と叙述しています。

孫文は、「日本の勃興以降、白人はアジア人を見下さなくなった。日本の力は日本人自身に一等国の特権を享受させただけでなく、他のアジアの人たちの国際的地位も向上させた」と述べました。

戦後、１９０６年のペルシャ（イラン）革命、１９０８年のトルコ革命、１９１１年の辛亥《しんがい》革命の背景には、日本の勝利があったのです。

講和条約では、賠償金が獲れず、日本が戦争を続けられないことなど何も知らない国民は暴動を起こします。「日比谷《ひびや》焼き討ち事件」です。

政府は真相を言うこともできず、戒厳令を出すだけでした。戦争は約20億円と8万4000人の戦死者のおかげで勝利したのに、賠償金なしとは何事かと、講和条約に臨んだ小村と、首相の桂が猛批判の的となりました。領土の割譲にしても「一度ロシアの国旗が掲げられた土地においては、決してそれが降ろされてはならない」というニコライ1世の言葉があります。

条約では、日本の韓国支配権をロシアが認め、遼東半島の旅順、大連、北緯50度以南の南樺太が日本に割譲され、長春と旅順間の鉄道と、沿海州の漁業権も日本のものになっています。

講和の交渉相手はウイッテですが、この時の小村は生来の社交嫌いのため、アメリカのメディアと世論を敵にし、日本が交渉で強欲過ぎると批判されています。他方、ウイッテはロシア貴族らしからぬ愛想を振りまき、世論とメディアを味方にしました。

当初、ニコライ2世は講和に乗り気ではありませんでした。それをセオドア・ルーズベルト大統領が説得して了承させたのです。日本が勝ったことで、ロシア宮廷の『強硬派』らは失脚し、「宥和派」らが講和を望んでいたのもプラスでした。

ここでも小村、滅茶苦茶、強気で決裂上等で臨んでいます。軍人たちも大半の政治家たちも、継戦は無理と言ってるのに、賠償金を獲らねば拒絶だ、と粘っていました。尚、桂も強気でしたから、小村はルーズベルトの助言も聞き入れません。交渉の最終日、これでダメという日、政府より賠償金は放棄せよと訓令が届き、一気に妥結したのです。

この内幕は、ルーズベルトが、金子に賠償金の件は諦めるようにと、日本政府を説得させ、政府から小村に訓令となったのでした。日清戦争では3億6000万円もの巨費を賠償金として得ていますが、国家予算約8600万円の約4倍強です。黒字決算となったこと、これで軍拡に成功したことで、また賠償金となったのでした。

小村自身の胸算用では12億円を獲りたい、としていました。現在の感覚ならば、国家予算が110兆円、約5倍として550兆円！を獲るぞ、となります。当時の日本は予算的に弱小国だったので、相手国からすると、とんでもないほどの巨額ではありませんが、受け取る側としては大金です。

賠償金についてはニコライ2世が、1コペイカたりとも渡さん！　という他に、ルーズベルトの思惑がありました。この卓越した政治家は、日本の異常な強さ、その将来のリスクに気付いたのです。これ以上、日本が強くなれば、ジュニアパートナー、弟分ではなくなり、アメリカに対抗するかもしれぬ、折角、手に入れたフィリピン、ハワイも危ない、と。さすがに秀でた人だけあります。それで金は得られないようにしたのです。

この後、1907年に初めての対日戦争計画、「オレンジプラン」の策定をしています。慧眼の人でした！

また、日本の戦い方も壮烈、鮮やかなもので、各国を驚かせたのです。それでも伊藤、山県が存命中は自重し、謙虚にしていました。

【その後の小村】

帰国後の小村が最初にしたことは、渡米中に桂、伊藤、山県らが了承して仮協定とした「桂・ハリマン協定（予備協定覚書）」を破棄したことでした。ハリマンはアメリカの鉄道王で、韓国と満洲の鉄道を接続させる他、鉄道や炭鉱への共同出資・経営参加を行うことを要望していたのです。

満洲の鉄道経営に消極的な元老の井上馨をはじめ、前出の人たちは、満洲に再びロシアが南下してくることを防ぐため、アメリカを引き入れることに加え、日本に金のないこともあって賛成しています。それを小村が断固ノーと押し切り、破棄したのです。

韓国での鉄道敷設に骨を折った小村は、満洲の利益と考え合わせて拒否しましたが、アメリカ資本が韓国に出てくることを危惧していました。また、資金として、モルガン財閥からの出資も取り付けていたことがあります。念のために書きますが、旅順、大連、長春、これらも満洲です。現在の中国の東北地方、地図を検索してみて下さい。

このハリマン協定拒否の件につき、歴史家の間では賛否が分かれています。この時、ハリマンのアメリカ資本を導入していれば、日米戦争はなかったというのが一つです。

日米戦争の原因は複合的なものですが、アメリカが満洲に進出、利権を欲しがったことは事実です。公式には、「門戸開放宣言」をヘイ国務長官が出していますが、これは建前で、真意はアメリカが満洲に進出したいがための真っ赤な虚言です。

もう一方の説は、アメリカを入れると、日本の利益はどっちみち取られるから小村が正しいというものです。外務省編の『小村外交史』（原書房）では、後者を述べています。小村は、満洲も日本の権益と強固な信念があったので、拒否したのです。

清と満洲について、諸条件を決めた『北京議定書』には、日本と清以外の介入は認めない、の一項を自ら入れています。交渉に行こうとした伊藤を阻止して、自ら出向いた上でのことでした。この人の意志の強さ、自己保身のなさは「天晴（あっぱれ）！」です。私は、後者を支持します。

アメリカと共同でやったところで、後にフランクリン・デラノ・ルーズベルト（ＦＤＲ）という、日本嫌い、親中の大統領が現われ、同じこと、つまり排除されるのは目に見えています。

やり方は、大東亜戦争と同じく、日本挑発で、暴発させるでしょう。それ以前に、思い上がっていた日本軍が何かアメリカに仕掛けることも十分に考えられます。どっちみちダメになるなら、それまで日本単独の方がましです。

ただし、歴史にＩＦ（イフ）はなく、あくまで予想ですが。

以後、１９０６（明治39）年1月、桂内閣総辞職で小村も外相辞任、同年6月に駐イギリス日本大使として赴任します。公使館から大使館に昇格し、いよいよ日本も大国の仲間入りです。

戦勝後、イギリス、アメリカ、ドイツ、フランス、ロシアとの間で大使館昇格となっています。

大使は、大国だけが交換できる外交官です。これも小村の功績でした。

１９０７（明治40）年9月、これまでの功績で伯爵という高位に叙されます。子爵、男爵の上で、貴族、華族になったのです。

１９０８（明治41）年8月、第2次桂内閣の外相になり、日英同盟を2回延長、補強、１９１０（明治43）年8月22日に韓国を併合しました。１９１１（明治44）年には悲願の不平等条約改正で、江戸幕府が結んだ１８５８年以来の関税自主権を回復しています。

また、今後の外交政策の大枠を定めた「帝国の対外政策方針決定に関する件」、満洲の方針についての「満洲に関する対清の重要問題」という二通の重要文書を閣議決定させています。

前者では、日英同盟を帝国外交の骨髄として厳守、一層イギリスとの関係を緊密にする必要性を述べています。現代の日米同盟と同じです。前年には日露協約、日仏協約締結でヨーロッパとの関係は良好でしたが、アメリカとは日本人移民排斥問題、移民制限の日米紳士協定と怪しくなっていました。

同時に清との友好にも注意を払っています。後者の文章は、満洲での日本の特殊権益を列強に認めさせること、清や列強から反発を招かないことを要するとして、具体的にどのようにするかというために作成されたものでした。

懸案のアメリカとの関係では、１９０８（明治41）年11月30日に「日米協商」締結に成功しています。協約により、通商貿易の自由な発展、太平洋上で互いに所有している島々への不可侵、清における機会均等主義の保持が約束されました。別名、「高平（たかひら）・ルート協定」とも言いますが、駐米日本大使の高平小五郎と、ルート国務長官に由来します。国務長官とは、日本なら外相で、このような点を覚えておいて下さい。

韓国併合も小村と桂首相の意図でしたが、列強はあっさり承認しています。それどころか、ルーズベルトなどは、「韓国は絶対に日本のものである。韓国は条約の実行に無能である」とし、それゆえに日本が併合すべし、と語っていました。在韓アメリカ公使のアレンも、「韓国の腐敗と陰謀による幻滅」を経験し、「韓国は日本に所属すべきものと考える」とワシントンに書き送っています。

1909（明治42）年11月には、アメリカのノックス新・国務長官が、「満洲鉄道中立化案」を提起しましたが、小村は猛反対しています。日露戦争で膨大な戦費と尊い国民の命を犠牲にして獲得した権益を奪おうなんて、とんでもないということです。この時は、同じく満洲に鉄道を持っていたロシアと共同歩調を取って拒否しました。この件でロシアと親密になっています。

これが満洲内で互いの勢力範囲の確定、自由行動、特殊権益防衛のための相互援助・共同措置を旨とする、「第2次日露協約」締結につながりました。特殊権益とは、遼東半島の租借権、満洲の鉄道敷設権と営業、付随地の鉱山開発、鉄道線路について駐兵できる権利、満洲内での商工業営業権利、日本人の居住権利などのことです。

タフネゴシエーターの小村が難儀したのが、イギリスとの「日英同盟」継続と、同国との条約改正でした。イギリスはロシアとの関係も改善され、植民地インドの統治も安定してきたので、以前の孤立主義に回帰したがっていたのです。それでも、なんとか同盟をまとめ、期間を5年から10年に延ばしています。

条約改正の主眼は、関税自主権の回復です。1858(安政5)年に幕府が結んだ条約では、まだ貿易条約について知識不足だった点を突かれ、日本に関税を決める権利がない不平等条約でした。イギリスは日本からの多大な利益を失いたくないので強硬に反対しました。小村も断固として改正する肚《はら》です。そこで小村は作戦を練り、まずアメリカと改正に成功します。次にイギリスが重視する輸出品にのみ協定関税を残し、日本からの輸出品のいくつかを無税とすることで改正に成功したのです。

外交上、最大の悲願が成就されたのでした。1911(明治44)年2月21日です。

2カ月後、勲功によって侯爵に叙せられます。侯爵は公爵の次の爵位であり、滅多にいません。外務省の閑職から陸奥に見出された後は、その類稀なる能力と剛直さ、ひたすら日本の国益を追求する姿勢で登りつめたと言えます。

8月25日に桂内閣総辞職によって退任しますが、桂は次の第二次西園寺内閣においても小村を外相として残すように動きました。しかし、原敬率いる立憲政友会がそれを嫌って辞めることになっています。代わって外相になったのは、対中国強硬派の内田康哉《うちだやすや》でしたが、無能な部類の人物でした。

小村は神奈川県葉山に越し、好きな酒と、これまた好きな読書三昧の日々を悠々とおくります。しかし、生来病弱だったことに加え、ハードワーカーだったので、健康を著しく害していました。

第2次外相時代にも肋膜《ろくまく》肺炎、肛囲炎での2度の手術をしています。満身創痍でした。

その年の11月に急激に体調を崩し、同月26日、黄泉《こうせん》の客となりました。享年56歳でした。

外務省葬が12月に行われ、多くの人に悼《いた》まれています。外相期間は通算7年3カ月でした。小村が外務省に入省したのが1884（明治17）年6月でしたので、27年の外務省勤務になります。その間、日本は弱小国から大国に躍進しましたが、陸奥と共に、小村の果たした役割は多大なものでした。

小村が卓越していたのは、日本の国益が何なのかを常に把握し、いかなる困難な状況の中でも不屈の精神で、ことにあたったことです。その意志と志操堅固さは、武士道にも通じるもので、「知行合一」を実践するものでした。日本のためならば、上司の言葉も無視し、己の出世や欲など一顧だにせず邁進します。保身がないことに気付いて下さい。

名誉もいらず、国益唯一の外交官、兵《つわもの》でした。特定の国への思い入れ、贔屓《ひいき》もなく、思考もぶれず、貫く姿は見事です。

当時は帝国主義の世で、弱い国は呑み込まれることが、悪ではありませんでした。また、官僚は政党の庇護を受けるのが当たり前の時代に、まっぴらと自主自立の主体性を貫くのも天晴です。

小村は絶大な権力を持っていた藩閥政治にも無縁で、自ら立身出世を求めることはありませんでした。超然としていたのです。

外交については、外務省と内閣にのみ権限があるとし、譲りませんでしたが、現在の弱腰外交、その愚かな発言で欧米から嘲笑されていた林前外相に、小村の爪の垢でも煎じて飲ませたいところです。

小村外交への批判としては、後世を考えれば、もっと国際協調型にすべきであった、あまりにも自国優先主義が、その後の日本の孤立を招いたという意見があります。正論のように聞こえますが、国際協調とは白人による欧米優先主義だったことを把握しておかねばなりません。

小村の時代を鑑みれば、あのようにすることが正義だと考えていたことは否定できず、非難はあとづけの理由の要素が強いでしょう。

現代では、日本だけが優れている、日本のことのみ考える国粋主義の時代ではなくなりましたが、日本の国益を真剣に考え、相手国とのバランスを図った優秀な外交官の登場を願うばかりです。

その昔、外交官は軍人でした。軍事力を背景として交渉するのが常識だったからで、今も変わりません。もし、昔の軍事力があったなら、北朝鮮の拉致問題、韓国の竹島強奪、中国の尖閣諸島侵犯などなく、北方領土もとっくに戻ってきています。

しかし、今は国民自体が弱腰の口先だけの国となったのが無念です。小村も、あの世から歯がゆく思っていることでしょう。

外交とは2国間だけの「線」ではなく、他国間の思惑を考慮した「面」で展開しなければなりません。それができた日本の為政者は、唯一、安倍元総理だけでした。

小村寿太郎、小さいけれど、偉大な外交官でした！

【天晴！な日本人】

忠義に殉じた、聖将《乃《の》木《ぎ》希《まれ》典《すけ》》のストイシズム

【「乃木大将無能説」の真偽を解く】

近現代史にかかわらず、我が国の歴史において、不当に貶められている人物は枚挙に遑がありませんが、「聖将」乃木希典大将も、その筆頭格と言える人物です。

人口に膾炙《じんこうかいしゃ》する中で、もっとも有名な説は、司馬遼太郎による無能説です。『坂の上の雲』や『殉死』という作品において、口を極めて乃木大将を無能と、批判を通り越して罵倒を繰り返すさまは、巷間では人格者・好人物と表面上にすぎない評価を得ている司馬の精神の未熟さ、資料に対する調査・研究の稚拙さを表していると共に、自ら史実を調査・研究しようとせず、権威的なものに即座に従う日本社会の短絡さを示すものでもあります。

対談相手や接した人々に、博覧強記、温かい人柄を感じさせる司馬ですが、作家の古川薫《ふるかわかおる》氏にたいし、明確に乃木大将の出身である「長州人（山口県人）は嫌い」（『斜陽に立つ』文春文庫25ページ）と言及し、そのために乃木大将の事績を歪曲、ことさらに軍人・指揮官として無能のレッテルを貼り付けています、司馬作品が広く日本人に読まれているがゆえに、「乃木大将無能説」が瀰漫《びまん》していることは、事実と異なるだけに黙し難いことです。

本章では、その誤りを糺《ただ》し、極力正確な乃木大将像を描きます。

「乃木大将無能説」は日露戦争時、第3軍司令官として旅順、難攻不落の金城鉄壁の要塞を攻めた際、多数の死傷者を出し、陥落まで155日間もかかったことや、乃木大将では埒が明かないと、満洲軍総参謀長の児玉源太郎《こだまげんたろう》大将が指揮を代わったことに由来します。

児玉大将は乃木大将と同じ長州出身の叩き上げの軍人で、知謀あふれる英傑でした。乃木大将とは若い頃から親しく交友している間柄でもあり、内務相・台湾総督兼任の立場から降格になることも厭わず、陸軍の参謀次長の役を買って出た偉才です。

【軍人としての軌跡】

ここで乃木大将の軌跡を駆け足で追ってみます。

生まれたのは１８４９（嘉永２）年11月11日、毛利藩の支藩である長府藩の江戸麻布にある藩邸です。長府藩は藩祖が、毛利元就の孫の秀元《ひでもと》で、碁盤の上に人を立たせ、それを両腕で持ち上げて座敷を歩き回れる巨漢の猛将でした。

その長府藩の馬廻《うままわり》士、乃木十郎希次《まれつぐ》の三男として生まれています。希次は藩主への諫言《かんげん》も厭わぬ硬骨漢で、そのために一時は処罰されるも、その後１５０石に加増された人物です。

長男と次男が夭逝したこともあり、希典は長子として育てられます。幼名は無人《なきと》でした。生まれつき虚弱で、よく泣く子の無人を、父の希次は容赦のない厳しさで、武士として躾《しつけ》ました。

父が厳しければ、寛厳《かんげん》よろしく母が慈母になるところ、後妻として嫁いで無人を産んだ寿子《ひさこ》は武士の娘ゆえ、これまた厳しい母でした。

乃木家は宇多《うだ》源氏の佐々木高綱《ささきたかつな》を先祖とする名家の流れをくんでいます。高綱は鎌倉時代の武将で、宇治川の戦いで梶原景季《かじわらかげすえ》と先陣争いをしたことでも有名です。高綱の家系に連なる中には、満洲軍総司令官の大山巌元帥もいます。そのような家系ということもあり、無人は武家礼法、西洋流砲術、宝蔵院《ほうぞういん》流槍術、田宮流剣術と武道に明け暮れました。

幼少の無人は、漢書や詩文は好きでしたが、武道は苦手で閉口していたのです。冬には、雪の上に裸足で立たせて稽古をつけ、その後は冷水で足を洗い、寒いなどと口にするものなら、全身に水を掛けられるのが常でした。無人は、度々泣くことから泣人《なきと》とも呼ばれています。

この頃、寿子の過失で蚊帳を吊る金具で傷つけられ、無人は左目を失明しましたが、これは己の胸に仕舞ったまま、成人になっています。寿子が希次に怒られることを懸念したから、とされています。

無人のあとに男二人、女二人が生まれましたが、妹のキネは、後年、無人が自分たちを可愛がってくれたこと、よく遊んでくれたことを、厳しさの中で痛々しかったことと共に述懐しています。

1863（文久3）年12月、無人は数え15歳で元服、源三と名を改めました。学問で名を立てたいと希次に申し出て叱責され、萩の玉木文之進《たまきぶんのしん》宅に出奔《しゅっぽん》しています。文之進は吉田松陰の父、杉百合之助《すぎゆりのすけ》の弟です。玉木家の養子になり、学識の高さから代官にも任じられていました。松陰に軍学などを教えたのは、もう一人の叔父の大助《だいすけ》ですが、大助急死後は、文之進が厳格な教育をしたのでした。

源三は玉木家に暮らすことになりますが、朝は農作業からの日々を送ります。この間、文之進より、山鹿素行《やまがそこう》の『中朝事実《ちゅうちょうじじつ》』や松陰の『士規七則《しきしちそく》』を授かり座右の書、訓戒としたのです。この頃、長州の毛利藩（厳密には「藩」というのは明治になってからの呼称ですが、便宜上、使います）は、江戸幕府の敵として、「四境戦争」を戦っています。

源三は文之進に勧められ藩校の明倫館《めいりんかん》に通う一方、四境戦争の際には「報国隊」の一員に加わり、文蔵と改名しました。18歳の初陣でした。文蔵は足を負傷しましたが、長府に凱旋し、明倫館に復学しています。ここで成績優秀というので寮生に抜擢されました。そして、明治になると、文蔵は戦地から戻った隊員らに、漢字を教える教授「読書掛」を命じられます。翌年7月、藩の命令で洋式軍隊の教練をする、京都河東《かわひがし》操練所の伝習生となり、ここで児玉と知己を得ることになりました。

その後１８７１（明治４）年5月、文蔵は従兄弟の御堀耕助《みほりこうすけ》の紹介で、薩摩藩士族出身の黒田清隆を知ることになります。御堀は長州藩の「御楯隊《みたてたい》」総督として四境戦争で武勲を立てた逸材でした。父の希次の弟の長男という関係ですが、肺結核で再起の叶わぬ身になっていました。そんな折に、文蔵の行く末を案じて黒田と引き合わせたのでした。これが文蔵にとっての一大転機となったのです。

黒田は薩長連合を結んだ際も、再々、桐野利秋と同じく長州を訪れた人物です。戊辰戦争では榎本武揚《たけあき》指揮の幕府軍を追って五稜郭の攻撃を指揮しています。榎本は自害の覚悟を前にオルトランの『万国海律全書』2巻を黒田に献呈しましたが、黒田は返礼として酒5樽と鶏卵５００個を贈り、降伏後は木戸孝允の強硬な榎本死刑論を退け、助命に成功しています。その後の榎本の活躍につき、知る人も多いことでしょう。

【軍人としての道を歩む】

1871（明治4）年5月に御堀は31歳で他界しますが、約半年後の11月、中将だった黒田から文蔵に「上京せよ」の報が来ます。東京永田町の兵部省に出頭した文蔵は23歳で「陸軍少佐に任命」との内示を受けたのです。

いきなり少佐の人事には、多くの軍人たちが瞠目《どうもく》しました。児玉に至っては、准少尉でしかなく、後年、日露戦争で文蔵の同僚として第1軍、第2軍、第4軍の司令官を務めた卓越した将器を持った各大将たちでさえ、少佐になったのは31歳の野津道貫《のづみちつら》のみ、27歳の黒木為楨は大尉、26歳の奥保鞏《おくやすかた》は大尉心得でしかなかったのです。

尚、この黒木、奥、野津の各大将たちも、紙数があれば、是非知って欲しいほどの優秀・剛健な将軍たちでした。日露戦争は、それまでマイナー、二流三流国の日本が、一躍メジャーとなった戦役ですが、こうした士族出身で幕末から数多の戦乱をくぐり抜けてきた明治人の気骨、武士道精神が飛躍の土台となっていました。

文蔵は、こうして軍人として生きる道への大きな一歩を踏み出したのですが、正式に辞令が出た日、「わしの生涯で何よりも愉快じゃったのは、この日じゃ。明治4年11月23日は今でも暗記している」と後年、人に語るほどの喜びでした。

この時、写真好きゆえに、軍服の写真を撮って、親族・友人らに配っています。そうして、乃木希典と改名したのです。翌年、兵部省は陸軍省と海軍省に分かれていますが、希典は東京鎮台第2分営に配属されました。

尚、この人事につき、乃木擁護に熱の入った一部の人々は、乃木希典が特に優秀だったからとしていますが、公平公正を重んじる身としては、それは過大評価、誤りと指摘しておきます。少佐への抜擢はあくまでも黒田との縁故、ネポティズムによるものです。

以後、東京鎮台第3分営、新設の名古屋鎮台大弐《だいに》心得を命じられています。大弐とは連隊長程度です。師団の高級幹部でしたが、希典に一大変化が訪れたのも、この時でした。

【遊興放蕩軍人、希典】

後年、「聖将」「人徳の塊」「有徳の軍人」と、あたかも軍人の鑑のごとく祀《まつ》られる希典ですが、少佐となった後は、箍《たが》が外れたように、狭斜《きょうしゃ》の巷《ちまた》、現代のネオン街での遊びを常とするようになったのでした。

乃木希典の評価を守るあまり、酒色に心を奪われることはなかった、とする書も少なくありませんが虚言です。名古屋時代は同時に二人の芸妓を愛し、その一人に子まで産ませています。

希典の女性に対する態度は乱倫に近いもので、連日、芸妓をはべらせて酒を鯨飲していました。そのうち、二人の芸妓が自宅に押しかけるようになり、ある日、かち合って家の前で罵倒しあっていることもあったくらいです。

それを浅ましいと感じつつ、希典は眺めていたこともあります。そんな己に自己嫌悪を覚えて、1874（明治7）年5月、辞表を出しましたが、休職となっています。その一人が希典の子を宿したのですが、希典には内緒でした。産まれた子は、間もなく亡くなりました。

4カ月後、陸軍卿の山県有朋から呼び出され、山県の伝令使に任じられます。山県は同じ長州の先輩で、陸軍のドンです。伝令使とは副官のことでした。

それでも希典の紅灯《こうとう》の巷通いは続きます。当時の日記には、「小酌」「満酔」「酔臥《すいが》」「酔余」の文字が頻出、朝帰り、芸妓との遊びも絶えることなく続いていたのです。書くことに戸惑いを覚えますが、公正を旨としているので書きましょう。

希典は、飲むと芸妓とことに及び、誰かが誤って襖を開けても「乗りうち御免」と平然と続けるのも常でした。いやはや、「聖将」ならぬ『性将』の希典です。酒席では、初めは寡黙ですが、飲酒が一定量になると陽気に騒いだそうです。

時には山県から、やんわりと諭されることもある中、1875（明治8）年12月4日、伝令使の任を解かれ、熊本鎮台歩兵第14連隊の連隊長心得を命じられました。

第14連隊は九州小倉にあり、連隊長は、少し後に蜂起する長州の前原一誠《まえばらいっせい》の実弟の山田穎太郎《やまだえいたろう》でした。前原は長州の大物ですが、この時は「反政府」を鮮明にし、長州で新政府に不満を持つ元・士族の旗頭と仰がれていました。蜂起するのは必至で、実弟が近くの小倉の連隊長ではまずい、というので同じ長州出身者の希典に代えようとなったのでした。

第14連隊は1500名ですが、支障なく引継ぎを終え、年を越しています。女性は遠のいたものの、飲酒は続き、日記には「小酌」「大酔」の文字が並んでいました。それと並行して、司馬も第一級と賞賛した漢詩、他に和歌も詠んでいます。

そうして秋からは、各地で元・士族らの反乱が起きるのです。1876（明治9）年10月24日、敬神党が蜂起し、熊本鎮台司令長官の種田政明《たねだまさあき》少将が襲撃されて斬殺されました。この時、共に寝ていた愛人が、電報で「ダンナハイケナイ、アタシハテキズ」と打ったのですが、当時、誕生したばかりの電報の普及につながっています。簡略にして要点を表した文章でした。

続いて今村百八郎を首領とする秋月党が蜂起、前原率いる前原党も萩で蜂起しますが、ことごとく鎮圧されています。前原党には、玉木家の養子に入った希典の弟もいましたが戦死、文之進は一族の墓前で自裁しました。

元・士族の反乱は、翌1877（明治10）年2月にクライマックスを迎えます。大西郷を盟主と仰ぐ、薩摩の蜂起です。蜂起と言っても、政府が送り込んだ警視庁の密偵の不穏な動きに対し、政府に尋問する、という形でした。

残念なのは、それ以前に西郷・桐野が設立した「私学校」の生徒らが、鹿児島の草牟田《そうむた》にある陸軍の火薬庫を襲ったことで、西郷・桐野は生徒らの非を認めながらも、こと、ここに至っては彼らに縄目の恥辱を受けさせたくないという、義によって命を捨てる行動を起こすに至ったのです。

歴史では、政府の事実上のドンである大久保利通の腹心の警視庁大警視の薩摩出身者の川路利良を使って西郷に謀略を仕掛けたとされていますが、違います。

大久保は西郷以外の桐野たちの蜂起を予測していたのです。大久保にとっては痛恨の惨事でした。政府軍は有栖川宮熾仁《ありすがわのみやたるひと》親王を征討総督、陸軍中将の山県、海軍中将の川村純義を征討参軍（参謀）に任命し、2月19日、賊徒征討の勅が発せられました。

希典は第14連隊長として熊本鎮台に呼ばれます。この時の熊本鎮台は、新しい司令長官が谷干城《たてき》少将、参謀として樺山資紀《かばやますけのり》、参謀副長が児玉でした。希典も1500名あまりの兵を率いて第一線に参加することになりました。

【希典、生涯の不覚と、その後】

希典の連隊は、新しく配布となったイギリス製スナイドル銃の到着が遅れ、数百名ずつ分かれて五月雨《さみだれ》式に熊本鎮台に入りました。旧式銃は、エンフィールド銃で先込めでしたが、スナイドル銃は元込め式ライフルです。エンフィールド銃を1発撃つ間に、5発は撃て、射撃距離も倍以上の1

200メートルありました。1871（明治4）年に採用となったものの、全軍に配布されたのは、この西南戦役の時でした。悪天候のため、銃の到着が遅れたことから希典の第14連隊は分かれての参軍となりました。

戦闘は2月22日に始まっています。希典が率いていたのは第3大隊第1中隊と第2中隊の一部を合わせた200名強でした。22日夕刻、激戦地として有史に名を残した「田原坂《たばるざか》」の東の植木に到着した刹那、同じく200名ばかりの薩摩兵と遭遇、戦闘となったのです。薩摩兵は弾丸を撃ち尽くした後、抜刀して白刃をきらめかせて斬り込んできます。日本一、剽悍《ひょうかん》、勇敢とされた薩摩兵の切り込みに、希典の兵らは恐怖にかられて逃げ出すところ、希典は「怯むな、戦え」と檄を飛ばします。

戦いの途中、他の第14連隊の部隊が加わり始めるも、薩摩兵にも援兵が来て、互いに500名ほどの兵が肉弾戦を展開することになりました。希典は一度退却して布陣を整えて戦闘を再開しようとした折、連隊旗手の河原林雄太《かわらばやしゆうた》少尉がいないことに気付いたのです。軍旗を奪ったのは薩摩4番大隊の岩切正九郎で、旗は隊長の村田三介に渡され、村田家に保管されていました。

軍旗がないことを知った希典は呆然としますが、軍旗を奪い返すため、戦陣の中に戻っていきました。希典は司令部から撤退の命令が来ても、敵を求めて戦場を駆け巡ったのでした。

最後は三好重臣《みよししげおみ》旅団長直々の命令で撤退しましたが、以後、希典は自殺志願のように、弾雨を求めて陣頭指揮を続けたのでした。夜、鎮台に戻ってきた希典が自裁するのではと危惧した谷司令長官は、防止のために隣室に児玉を配したほどでした。

軍旗の起源をたどると、足利八代将軍義政の時世１４４９（宝徳元）年～１４７３（文明５）年、管領の畠山政長《はたけやままさなが》が家督争いのために同族の義就《よしなり》と戦った際、同士討ちを避ける目的で幟を作らせたことに由来します。

明治になり、軍旗が天皇から親授されたのは１８７４（明治7）年のことで、「軍旗一旒を授ク。汝軍人等同心シテ益々威武ヲ宣揚シ我帝国ヲ保護セヨ」という詔勅《しょうちょく》と共に授与されました。当初は軍旗が至上の物という捉え方は希薄でしたが、天皇の権威が強まると共に、軍旗は神格化され、希典のように軍旗喪失は、軍人としての最大の恥辱、不名誉とする思潮につながったのでした。

谷司令官は希典に「死ぬな」と戒告します。4月17日、希典は軍旗を失ったことにつき、進退伺のための「待罪《たいざい》書」を参軍の山県に提出しました。末尾を紹介すると「これは要するに希典の不注意によることであり、恐懼《きょうく》に耐えず。よって進退を伺いたい」となっています。

谷は寛大な処分を、という上申書を山県に出しました。山県からは5月9日に処分はなし、という裁定が届きましたが、以後、この事件は希典の軍人、一個人として生涯付きまとう痛恨事であり、明治大帝の大喪の礼の際の自裁の原因の一つとなったのでした。

待罪《たいざい》書を出した後の4月22日、希典は中佐に昇進、熊本鎮台参謀を命じられます。9月24日、西南戦争は西郷の自刃、桐野の戦死を以って幕を閉じました。以降、弱卒と言われていた政府軍の実力を知らしめたこともあり、元・士族の反乱はなくなったのでした。

従軍した政府軍の兵は6万名余、死傷者1万6095名（戦死6200名）、薩摩軍は約4万名の参軍、死傷者約2万名、処罰2700名（斬首22名）という、戊辰戦争の戦死者が3000名に満たないことから比べると、多大な犠牲を出した内戦となりました。

『国民新聞』を創刊したジャーナリスト・評論家・歴史家の徳富蘇峰は西南の役について「明治維新の大業は、十年の後に至ってはじめて完成したということができる」（『近世日本国民史』）と評価しています。

希典は、翌年4月熊本鎮台参謀から東京の歩兵第1連隊長への異動となり4月30日、「鹿児島逆徒征討の功」によって、勲4等に叙せられ、年金180円を下賜されました。希典の連隊が、薩摩兵の福岡・久留米の進撃を阻んだ殊勲が認められたのでした。この180円は、何を基準にするかで異なりますが、現在価値の1800万円、高く見積もって3600万円という水準です。

この間、1877（明治10）年10月31日に、父の希次が冥界に旅立っています。享年75歳でしたから、当時としては長寿です。

【東京での希典】

歩兵第1連隊は、「頭号《とうごう》連隊」と呼称され、第一号の意味を持つ名誉ある連隊でした。頭号の話は『水滸伝』に由来します。通称歩一《ほいっ》は大東亜戦争の頃も栄誉ある連隊として重視されています。

東京での希典は、軍旗喪失の悔恨を忘れるごとく、花柳界での遊びに拍車がかかりました。日夜、新橋、深川、柳橋、築地、両国の料亭を彷徨《ほうこう》し、家に戻らず、料亭から隊に出勤ということも珍しくありません。座興で踊る「乃木の芋踊り」が、つとに有名になったほどでした。

日記には「酩酊」「酔倒」「盛宴」「大酔」「小酌」の文字が並び、「小万」「愛子」「駒吉」など芸妓の名前も列挙されるありさまでした。ただし、この時代の風潮を説明すると、これは一方的に非難に値することではなく、陸軍将校の間に流布していた、一種のバンカラ気質でもありました。放《ほう》蕩《とう》し、借金を作ることも、「勇敢さ、気前のよさ、欲のなさの発露」とみなされ、美徳ですらあったのです。希典は栄えある頭号連隊の隊長であり、部下を引き連れ、遊興することは半ば、職務に近いものがありました。

ヨーロッパの士官は貴族階級が独占していましたが、彼らとて遊興・散財は義務のようなものと捉えられていたのです。それが出世の道にもつながっていました。第一次世界大戦でドイツ帝国がロシアとフランスの両大国を同時に制圧する「シェリーフェン・プラン」の発案者のアルフレート・フォン・シェリーフェン参謀総長は資産がないのに息子の3人を近衛の士官にしたためにできた負債で、一生困苦したくらいでした。

希典の遊びは、どんどんエスカレートし、酔余で喧嘩沙汰も増えていきます。遊びの達人、伊藤博文の座敷にも、その「勇名」が届くほど派手になっていったのです。酒の匂いと脂粉にどっぷりと染まった希典に、厳母の寿子は思案の末、嫁とりを持ち掛けます。

1878（明治11）年6月頃、30歳を過ぎたのだから、という名目です。希典は数えで30歳になっていました。希典は過去に松陰先生にならって30まで妻帯いたしませぬ、と寿子に言ったこともあり、仕方なく、「薩摩の女ならもらいましょう」と返答します。

長州には薩摩を嫌う空気が濃厚だったので、これなら相手は見つからないだろうという思惑からでした。しかし、寿子は気の強い女性で、間もなく薩摩出身の女性を探しあててきたのです。元薩摩藩藩医の湯地《ゆち》家の四女阿七《おしち》でした。二人の兄は後に官界・軍人の世界で栄達を遂げ、貴族院議員にもなっている家柄で、阿七自身も女学校卒業と、当時としては高学歴女性です。

希典、致し方なく、ここに年貢を納めることになりますが、最後の抵抗なのか、婚礼当日、式には酔った上、乱れた衣服姿で6時間も遅れ、「我が家は武人の家、厳しさも御家とはだいぶ違うだろう。いかなる苦労も厭わない覚悟がないのなら、その盃を置いてお帰りなさい」と大声を張り上げたのでした。

20歳の阿七は否と口にすることもできず、妻となり、家風に合うというので、静子《しずこ》と改名させられました。明治のご時世とはいえ、希典の傍若無人ぶりが窺えます。この日の日記には「本日婚儀」の文字だけが記されています。

結婚後も希典の花柳界通いは止むことなく、1879（明治12）年5月、6月には64回も飲酒、22回料亭に行っていました。芸妓との付き合いも多く、「小徳」「常吉」など、日記の常連になっています。時には泥酔して転び、頭を怪我することもありました。あるいは大酔して、軍帽をどこかに落とす、大酪酊、暴言不覚の文字も見えます。

当時の希典について、後に大将、首相にもなった同郷の後輩の田中義一《たなかぎいち》は、「乃木将軍は若い時代は陸軍きってのハイカラであった。着物でも紬《つむぎ》のそろいで、角帯をしめ、ゾロリとした風をして「あれでも軍人か」と言われたものだ」(『東京朝日新聞』1928(昭和3)年4月9日)と回想していました。田中義一も世間での評価が不当に低い一人ですが、若かりし頃から長州の「期待の星」として陸軍士官を務め、風貌と「おらが」という一人称に似合わぬ、その明晰な頭脳と、相手が誰であれ率直に言上する一本気さを持つ、優れた軍人でした。

日露戦争前には、ロシアの軍事情報を探るため、志願してロシア駐在となり、戦争回避の目的でモスクワに訪れた政界の重鎮であり、郷土の大先輩の伊藤博文に向かって、今こそ戦端を開くべきと主張を重ねて譲らず、業を煮やした伊藤から「黙れ、この青二才めっ」と叱責されると、怯むことなく、「閣下もご維新の時は青二才だったじゃないですか」と切り返しています。

左遷上等、筋は曲げん、という明治人、武士道の体現者で、自己保身など、さらさらないのは見事です。田中の凄さは、ロシア風に変名を使ってロシア陸軍に入隊し、直に軍事力、制度、ロシア兵の質を研究したことにもあります。

軍事機密の兵員輸送では、当該列車に乗り込み、ゴトンゴトンというレールの継ぎ目の数をカウントし、総延長を割り出していました。愉快なのは、後に戦死して軍神第一号となる海軍の広瀬武夫と、ロシアの上層将校と交友するため、社交ダンスを習いに行ったことです。両人共、武士道の塊だったせいか、ダンスの講師が頭を抱えたとされています。

また、田中は日露戦争前、台湾総督兼内務相となった、これまた郷里の大先輩の児玉に、閣下は、すっかり軍人らしさを忘れ、と直言居士《ちょくげんこじ》の本領を発揮し、児玉が降格してまで参謀次長になるきっかけを作ったとも言われています。

首相になった後、1928（昭和3）年6月の張作霖《ちょうさくりん》爆殺事件に対する措置が緩慢で、昭和天皇に辞職しては、と慫慂《しょうよう》され、傷心の辞任後、間もなく旅立ちましたが、後世、昭和天皇は、この件と、二・二六事件時、自ら近衛兵を率いて討伐すると言及した件を深く悔いています。

閑話休題。そんなハイカラな希典ですが、1880（明治13）年4月28日、大佐に昇進しました。前年に長男の勝典《かつすけ》、1881（明治14）年に次男の保典《やすすけ》が誕生しています。希典を困惑させたのは姑の寿子と妻の静子の仲の悪さでした。薩摩の女の静子は滅法、気が強いのですが、姑の寿子の強情さも輪をかけたもので、両人の確執は激化の一途をたどります。

軍務の方では1878（明治11）年8月23日に、西南戦争での論功行賞に不満を持つ、近衛砲兵第1大隊の兵卒による反乱である竹橋《たけばし》事件が発生、263人が処罰、うち53人は銃殺となり、後代の二・二六事件以上の処分として歴史に残ることになっています。

他にも陸軍を揺るがした大きな事案として、軍制を従来のフランス式でいくか、ドイツ式でいくかの暗闘がありました。1870年の普仏戦争でフランスがプロシアに完敗したことが契機となったのです。勝ったプロシアはドイツ連邦を統一して、ドイツ帝国を創りましたが、圧倒的勝利は日本の軍幹部たちを二分することになりました。

ドイツ式を再三にわたって山県に進言したのは自費でのドイツ留学から戻った桂太郎です。「十六方美人」「ニコポン」「サーベルを吊った幇間《ほうかん》」などの仇名《あだな》を持つ桂は、人たらしでもありますが、見識は高いものでした。後の桂政権時代、日英同盟締結、日露戦争勝利と、日本は世界の一等国になりましたが、桂も一元的な見方で公正に評価されてない一人です。愛妾《あいしょう》の「お鯉」の章でも述べるように狡猾さはなく、誠実な人物と言えます。

結局、陸軍はドイツ式を採用することになりました。1881（明治14）年4月30日、児玉源太郎が中佐に昇進、東京の第2連隊長に任じられています。この時、児玉は希典に連隊同士の対抗演習を申し込み、あっさりと下しました。半年後、今度は希典の部下らが対抗演習を申し込んだものの神算鬼謀《しんさんきぼう》の児玉に一蹴されています。

これは希典が無能ということではなく、児玉の突出した卓越さによるもので、陸軍大学校教官としてドイツ帝国から来日した、メッケル少佐が「日本に児玉がいればロシアには負けない」と言ったほどの才能でした。

【希典、人生の大転機】

1885（明治18）年、希典は陸軍少将に昇進します。翌年11月30日、希典にドイツ留学が命じられました。共に留学を命じられたのは、陸軍の作戦の神様、至宝と称された川上操六少将です。

陸軍では、予算・編制・兵制などの行政一般、軍政を桂に、命令・指揮・規則などの軍令を川上に託していました。希典たちへの指示はドイツ兵制の研究と、教育方法の調査でした。希典は随員の楠瀬幸彦《くすのせさちひこ》大尉と1887（明治20）年1月、1年半の予定でドイツに渡っています。

希典はベルリンの街並みに圧倒されました。ベルリンでは真っ先に、ヘルムート・カール・モルトケ参謀総長に会いに行きます。モルトケは、近代的参謀制度のパイオニアで、権威であり、87歳にして、現役でした。デンマーク出身の貴族で、プロシア軍に入隊、1858年から参謀総長を任じられています。1860年代からの対デンマーク戦、対オーストリア戦、対フランス戦に完勝し、戦略の天才と呼ばれていました。希典は巨大で眼光鋭いモルトケと握手した時の力強さを含め、生涯心に残る人物としています。

モルトケは、希典らの希望にそうよう助言し、参謀本部のデュフェー大尉を付属教官として同行させてくれました。以後、初等戦術、図上演習、実際の演習、講義、兵舎、学校、各兵科の視察にも参加し、ドイツの軍制、軍令を学んでいます。

当地では、一等軍医の森林太郎（鴎外）とも知己を得ました。希典39歳、森26歳、後に希典自裁に感銘を受けて小説を書くことになります。

希典は熱心にドイツ語を学び、秋にはデュフェー大尉と直に質疑応答できるまで上達、その後はドイツ語で日記を書けるまで習熟しました。モルトケの愛弟子のデュフェーと接することで、希典の精神に大変化が起きています。

デュフェーからは、兵舎では寝る時すら軍服を脱がないと聞かされて瞠目しました。希典は何かが決壊したかのように急激に軍人としての自己を改革していったのです。それはまさに転生、別の人間、人格に生まれ変わったと言っても過言ではないものでした。

【聖将、乃木将軍への道】

1888(明治21)年6月、希典は帰国しました。川上は病身のため、温泉での療養生活に入ったので、留学についての約1万字余にもなる報告書は希典が書いています。報告書と銘打っても、中身は希典の主張を列挙した大論稿です。

冒頭では、軍服について叙述しています。「軍人の制服は唯勤務、儀式の用のみに非ず。常にこの名誉の制服を着するを以て、その挙止、動作、礼節の如きも、一に軍紀の範囲を脱する事なし、また脱する得べからざるなり」(現代語に改めています)。制服は軍人であること、徳義、名誉の象徴と述べています。そのため軍服を着て賤業《せんぎょう》の家屋に出入りするなど、とんでもないと、従来の希典とは正反対のことを述べていました。

ドイツでは軍人が常に軍服着用でいることを見て、希典は己の徳をそこに求めます。乃木は寝る時も軍服を着ている、と言われるようになった所以《ゆえん》が、ここにありました。ただし、ドイツでは制服を愛好、崇拝する風潮があり、中でも軍服は崇敬の対象とされていました。

少なくない人が知るように、第二次世界大戦中においても、ドイツの軍服の際立った格好良さ、スタイリッシュさは一般人はもちろんのこと、制服マニアの中でも絶好の的となっています。

希典は家で客を迎える時は軍服着用を常とし、寝る時は上衣は脱いでも、ズボンは着用したまま、背広を着ることはあっても、二度と和服を着ることはありませんでした。その軍服は横浜のイギリス人のテイラーで普通の15倍もの費用をかけて特別に誂《あつら》えたものです。軍服といえば明治天皇も朝から就寝時まで着用し続けた人でした。ラシャ製の厚手の物で、真夏に侍従らが、「お暑いでしょうから上衣を脱がれましては」と言うと、「夏は暑いものでっしゃろ」と平然としていたそうです。

君主としての覚悟と忍耐強さ、克己の精神が結晶化した名君でした。

希典は普段の生活も、料亭、芸妓を遠避けた以外に質素を旨とし、食事は稗飯《ひえめし》、客への馳走は蕎麦、隊では兵と同じ物を食べ、宿では畳に直接軍服で寝て、自動車に乗らず、雨天でも馬、傘は使わず豪雨の中でも濡れ、夏でも蚊帳は使わず、身の回りのことは副官・従卒を使わず自分でやり、煙草は最も安い朝日とし、馬のいる厩舎だけは家より立派な煉瓦造りとしました。

年金のなかった馬丁には、毎年、年金と同額を送ってやっています。希典は芸妓のいる宴席も全て断り、1891（明治24）年4月には栃木県那須郡狩野村石林に約1万坪の農地と共に家を買いました。これは静子の死去した叔父の土地に引き取り手がなかったので、仕方なく買い取ったためでした。

軍務では、近衛歩兵第2旅団長、名古屋の歩兵第5旅団長、1894（明治27）年8月に日清戦争が勃発すると、第1師団第1旅団長として、清が誇る鉄壁の旅順要塞を攻略、たった1日で落としています。

この要塞は列強各国が落ちないであろうといった堅固なものでしたが、1日で陥落させたことに、世界は驚愕しました。この点からも「乃木大将無能説」には疑問符が付きますが、詳細については後述しましょう。

1895（明治28）年4月、「下関講和条約」調印の頃、希典は中将となり、仙台の第2師団長に任命、同年8月には男爵となって華族に列せられます。

その後、台湾遠征をし、台湾総督に任命されましたが、現地での日本人官吏、商人の贈収賄をはじめ、人間の汚さ、現地人の反抗に辟易して早々と辞職しています。この時、母の寿子は健康状態と台湾の衛生状態を考えて残そうとしましたが、本人が強硬に同行すると主張し、現地でマラリアで亡くなりました。本人の言葉通り、骨は台湾の地に埋葬しています。

妻の静子について、寿子は離婚を画策し、別の女性を家に引き入れたこともあったのですが、希典は追い帰してしまいます。そうして寿子に、「もし離別すれば静子は死ぬでありましょう。静子が乃木家を去るのは死骸となって出るときです」と告げたのです。

家政婦からこれを聞かされた静子は人目もはばからず号泣したそうです。希典が自裁する際、運命を共にした静子の思いは、この時に作られたと言っても過言ではないでしょう。

希典と静子の関係を象徴する逸話として「妻返しの松」もありました。1989（明治31）年10月、四国の第11師団長を命じられ、香川県の多度津の金倉寺《こんぞうじ》の宿舎に単身で赴任した希典を、大晦日に訪ねた静子ですが、希典に追い返されます。その時、静子は何としてでも会おうと、雪の中にたたずんでいたのです。

見かねた住職と副官のはからいで翌日に対面して、息子たちの士官学校受験について相談することになりましたが、「遠路、ご苦労」など労いもなく帰していたます。降りしきる雪の中、木の陰で希典との面会を待った静子のことを偲び、後に住職が「妻返しの碑」を建立したのでした。明治男の希典の剛直さと、静子の芯の強さが窺えます。

【日露戦争での乃木大将】

1902（明治35）年11月、九州で陸軍大演習があり、明治天皇も行幸《ぎょうこう》となりました。この時、休職中の希典も随行しています。お召列車が田原坂駅を通過する頃、希典は痛恨の軍旗喪失事件に思いを馳せますが、その夜、宿舎に明治天皇の側近の藤波言忠《ふじなみことただ》が訪ねてきました。明治天皇が、乃木に与えよと、御製《ぎょせい》を持たせたのです。藤波は合わせて明治天皇が度々、乃木のことを口にすると も伝えています。

「もののふの　せめたたかひし　田原坂
まつも老木《おしき》と　なりにけるかな」

希典は、その御製を読み、明治天皇と心が通じ合っているような衝撃を受けたのでした。この世で明治天皇だけは、あの時から抱えた鬱屈した思いを知ってくれているのだという熱い思いでした。

そうして、乃木を愚将とした端緒となる日露戦争が始まります。希典の出征は1904（明治37）年5月27日です。第3軍司令官としての出陣でした。出発時、先に出征していた長男の勝典中尉の戦死の報が届きます。希典は勝典に功五級の報あり、大満足と日記に記しました。静子には予め、父子3人、「父子三典の同葬をなすべし」と命じてあります。

静子には「カツスケノメイヨノシヲヨロコベ」と電報を打っていました。次男の保典少尉も従軍していますが、周囲の高官らが、安全な部署に配属しようとするのを制止し、最前線への配属を指示しています。

出征時、静子は、三典に資生堂の香水を持たせましたが、希典のは7円、息子たちへは8円の香水でした。昔の武士が戦陣に臨むにあたり、鎧や兜に香を薫き染《たし》めた故事、嗜みに由来します。

6月6日、希典は大将に昇進しました。この日、児玉も同時に大将になっています。この日露戦争での第1軍から第4軍までの司令官たちは、現在の世評とは比較にならぬほどの高い評価を受けてもいい大将たちでした。

英米で日本の外債を売るため、緒戦は万が一にも落とせないというので、薩摩出身の歴戦の雄、猛将の黒木為楨《ためもと》大将が第1軍としてロシア軍を撃破、イギリスの『ロンドン・タイムス』紙上で絶賛されました。後にアメリカに渡航した折には、熱狂的な歓迎を受けた人です。その他に「黒木は一躍英雄となった。メキシコでは彼にあやかろうと、同国一の鉱山を『黒木将軍鉱』と改名した。カナダでも黒木熱が上がり…」と紹介し、駅や郵便局に黒木の名を付けたといいます。(『日露戦争を演出した男モリソン』より)。

この勝利によって、200万円しかなかった日本の外債への応募が5000万円にもなったのでした。

続く第2軍の司令官、奥保鞏《やすかた》大将は薩長以外の小倉藩出身で後に元帥にまでなった傑物でした。西南戦争の折には頬を銃弾が貫通しましたが、手で押さえて突貫した人です。奥大将は智将でもあり、参謀を不要とする唯一の司令官とも言われています。

第4軍司令官の野津道貫《みちつら》大将は薩摩出身の驍将《ぎょうしょう》で、幕末から数々の戦いに出陣してきた兵《つわもの》でした。後に元帥になっていますが、黒木大将が元帥になれなかったのは長州閥の策謀とも言われるほど優秀な将軍たちで、このような将帥の活躍があったからこそ、日露戦争では勝てたのです。

乃木大将に与えられたのは旅順の攻略でした。日清戦争後、三国干渉によって清に還付した遼東半島は、ロシアが租借することになり、要塞設計の権威、ブリアルモンの設計によって、3000人もの清の苦力《くーりー》(労働者)と20万樽ものベトン(セメント)を注ぎ込み、通常の10サンチ(センチ)や15サンチの砲では破壊できない、厚さ1メートル30センチの外壁を持つ、深さ10メートルの壕、各所に銃眼を備えた窖室《こうしつ》を夥《おびただ》しく配置する鉄壁の要塞と化しました。

59カ所もの堡塁、砲台に大砲６４６門、機関銃62挺、サーチライト付きの要塞は、世界五大軍港の一つとして、フランスの海軍提督が、「10万人の兵と50隻の軍艦を以ってしても3年間は落ちない」と感嘆したほどの砦でした。これを作った３０００人の苦力は、ことごとく殺されています。要塞は開戦後、勇将のコンドラチェンコ少将の指揮下、１万人の苦力を使って、さらに強化されていました。

その要塞を落とし、旅順湾にいるロシアの艦隊を撃滅せよ、が大本営（現在の統合参謀本部）の命令でした。ただ、児玉を参謀長とする満洲軍は、当初は重要視せず、安易に捉えていたことも乃木大将苦戦の一因になっています。これにつき後述しますが、ほとんどの歴史書、著者は見落とし、結果として「乃木大将無能説」が定説かのようになった面も否めません。

【旅順の死闘と乃木大将の苦悩】

旅順攻略は計3回の攻撃によって決行されました。第1回は8月19日から6日間、第2回は9月19日から4日間、最後が11月26日です。旅順要塞の堡塁は分厚いベトンで覆われているので日本の15サンチ砲では、びくともしません。堡塁前の鉄条網を突破すると、幅6～9メートル、深さ3～10メートルの垂直の壕が巡らせてあり、そこに突入した日本兵は壕の中に造られた銃眼から背後から撃たれるようになっていました。

第1回目の攻撃では、死傷者が1万6000名（死者2300名）にもなっています。後に森鴎外が「つわものの 武勇なきにはあらねども 真鉄《まがね》なす ベトンに投ぐる 人の肉《しし》」と謳った惨状を生みました。

そこで日本軍も突撃路を掘って敵に迫る正攻法の攻城戦術にしたのです。第2回目も死傷者4874名（死者1092名）を出して失敗していますが、現地の様子も知らない、大本営の「強襲ヲモッテ一挙旅順城ヲ屠ル」という方針が最大の失敗の原因でした。

現地の状況を知らなかったことに加え、人為的な要因もありました。第3軍の参謀長は伊地知幸介《いじちこうすけ》少将で、満洲軍総司令官の大山巌元帥の姪の婿でした。伊地知はドイツで砲兵科を学んでいたことから、参謀の中心として、ほぼ独壇場という状態だったのですが、東京の大本営や満洲軍総司令部の参謀とは関係が良くなかったのです。

伊地知と士官学校同期（第2期生）には、大本営参謀次長の長岡外史《ながおかがいし》、満洲軍司令部参謀の井口《いぐち》省吾《しょうご》がいて、この二人とは犬猿の仲でした。

伊地知は両人に比べて早くに少将となったことと、本人の意固地さもあり嫌悪されていたことが、この時の旅順攻略においても災いしました。井口とは殴り合い寸前になった作戦上の対立もあり、長岡・井口はことあるごとに伊地知を無能呼ばわりして、戦後の戦史においても不当に貶めていました。

岳父の大山が心配していたように、たしかに伊地知には頑迷さもあったのですが、司馬が『坂の上の雲』で繰り返すほど無能だったのではありません。第2回目の攻撃ではロシアも死傷者5069名（死者616名）を出しています。

ここで日本は本州から28サンチ砲を旅順に送ることにしました。

この件は大本営で、技術将校の陸軍審査部長の有坂成章《ありさかなりあきら》少将の発案でした。現在の15サンチ砲では、到底、旅順は落ちないとの提案です。そこで強力無比の巨砲、28サンチ砲が登場します。これは1883（明治16）年に海岸要塞用にイタリアから輸入した物で、固定式の砲床に据え付け、360度回転して発射できる日本最大の火砲で、大阪砲兵工廠で模造に成功していました。砲身だけで10・5トンもある巨砲です。

大本営がこれを送ると電報を打つと、伊地知は送るに及ばず、と返電してきたと司馬は作品上で叙述し、これが巷間で定着して、伊地知の無能説を証明するものとされていますが、事実は逆でした。

戦後に作成された『機密日露戦史』では、正確な電文を記していて、「今後ノタメニ送ラレタシ」という伊地知から長岡あてに電報が打たれたことを示していました。司馬は膨大な資料の一つとして、この戦史も見ているはずですが、何を考えて真実を曲げたのか尋ねてみたいものです。『坂の上の雲』では、伊地知の返電を「送ルニ及バズ」として、「古今東西の戦史上、これほどおろかな、すくいがたいばかりに頑迷な作戦頭脳が存在しえたであろうか」とまで叙述しています。

また司馬の『殉死』においても、28サンチ砲拒否につき「もはやかれらはその無能と固陋《ころう》の性格によって露国を利しているだけの存在になる」「このあたらしい兵器に対してひどく冷淡で、乃木は首をかしげるのみであり、伊地知は砲兵科出身だけに専門的知識をもってこの砲が無用の長物であるとした」と描いているのです。

この他にも、「ただ一人の無能の軍人が、日本国家の命運を危殆におとし入れている」『坂の上の雲』5巻（23ページ2行目）という記述もあります。

小説である以上、創作ですが、司馬作品は作品中に著者としての司馬の語りが入ることでも人気を博している以上、事実を反対に描写することには大きな疑問と、歴史上の人物の名誉と事績を平気で毀損するというところに、人としての愚昧さを感じずにはいられません。

『殉死』のタイトルで合本になった中の『要塞』という中篇でも、乃木大将のことを10カ所以上、非難していますが、司馬のモンゴル人のツェベクマさんにたいする慈愛の情に比べると、ジキルとハイドばりの、別の暗い顔が浮かんできます。

そして、もう一点、攻略が成功しなかった要因として、第3軍への砲弾の極度の供給不足がありました。第3軍は、口径が10サンチから15サンチの野砲108門、山砲72門、攻城砲188門を保有していましたが、ある連隊では36門の砲に対しての砲弾の供給は1日にたったの5発でした。36門につき各5発ずつではなく、トータルで5発‼です。

なぜこんなことになったのか、といえば、満洲軍参謀長の児玉が、後の遼陽、奉天の大会戦に備えて砲弾を備蓄しておきたかったからで、重要視されていなかった第3軍には大きく供給を減らしていたのでした。

もともと、日本軍は銃弾・砲弾が致命的に少なく、あと一歩追撃を、という局面ではその不足からロシア軍を逃がすことが常態化していました。国内では24時間体制で増産しましたが、設備自体が追いつかず、継戦も危ぶまれたのが実情でした。

第3軍から砲弾を下さいと打電しても、「肉弾でやってくれ」という旨の返電があるのみだったのです。実際に「貴官は全滅を顧慮することなく、さらに前進して203高地を占領せよ」という恐ろしくも凄まじい命令が出ています。2回にわたる旅順攻略失敗で、大本営では乃木大将更迭論が出て、11月14日に明治天皇御臨席の御前会議が開かれました。提案は伊地知と犬猿の仲の長岡参謀本部次長とされています。

異議なしという空気で終わる寸前、明治天皇が「代わりに誰を」と口を開きましたが、更迭などすれば、乃木は死ぬぞという底意が込められていました。この一言で更迭はなくなったのです。ただし、最後の攻撃の前に「成功を望む」という異例の詔勅が下され、乃木大将は死ぬ覚悟で最前線に立つことを幕僚たちに伝えています。この攻撃前、児玉が乃木大将を訪ねてきて、指揮権の交代となりました。

11月26日、総攻撃が始まり、児玉が来ただけで雨霰《あられ》のように砲弾が使えるようになっています。この攻撃も成功とはならず、最後は両軍が血で血を洗う白兵戦となりました。

この旅順攻撃に連隊旗手として参戦した桜井忠温《さくらいただよし》中尉が復員後に実戦記として著わし、世界中の軍人たちの間で読まれた『肉弾』では「死屍は血を塞めて余らが足を立つべき空隙もない。これぞ、地獄の街道である。右へ避くれば、傷つける同胞を踏み、左に地を求むれば地には非ずして、闇中に色を弁識する能わざるカーキ色の戦友の屍である」と、その惨状を描いていました。

児玉は攻略目標を旅順から近くの203高地に変更します。この戦いでは一発200キロの28センチ砲の砲弾が大活躍しました。戦いは11月30日から12月6日まででしたが、28サンチ砲の移動を終えたのは12月4日の朝です。

その時から30時間で2300発、約460トンを撃ち込んでいます。この203高地では、奪取、逆襲、奪取が67回も繰り返された、世界の戦史上でも稀にみる熾烈な戦いとなりました。

ロシア軍の勇将コンドラチェンコ少将が、最も信頼していた有能なトレチャコフ大佐は「これほど残虐な戦闘は稀である。銃なき者は血みどろの手でもって互いに咽喉を絞め合い、凄惨見るに耐えず」と書き記したほどでした。最終的に日本は勝ちましたが、日本随一の名将児玉の指揮と、ふんだんに使った砲弾を以ってしても、日本の死傷者は約6200名を数えています。

旅順要塞が203高地とは比較にならないほど堅固だったこと、使える砲弾がほとんどゼロに等しいことなどを勘案しても、「乃木大将無能論」は破綻しているのです。この後、第3軍は再度、旅順要塞を攻め、翌年元日に降伏を受け入れています。旅順はロシアにとっても最も重要な地点で、これが戦争の帰趨《きすう》を決めたと言ってもいいくらいでした。

死闘ということでは、第一次次世界大戦での「ヴェルダンの戦い」においてのドイツとフランスの戦いがありますが、ドイツ軍34万名、フランス軍36万名の大勢力が、ヴェルダンの要塞を巡って200日間にわたって激闘し、とうとうドイツ軍は30万名の死傷者を出して攻略は失敗しました。

翻って旅順攻略は155日間かけて5万人の死傷者を出しながらも成功しています。『第一次世界大戦』の著者リデル・ハートは、ヴェルダン要塞を「肉ひき機」と称しましたが、旅順要塞も同じでした。

大本営が何度も死傷者の数が一桁か二桁違うのではないか?と、疑義を呈したほどの犠牲者が出ましたが、第3軍の兵士たちには、司令官の乃木大将に対し、「慈父」への思慕があったことは論を俟《ま》ちません。

この203高地はこの後に『爾霊山《にれいさん》』と命名されましたが、将官・幕僚たちの間で『鉄血山』『児玉山』『旅順富士』など、さまざまな案が出された中、乃木大将が口にした爾《なんじ》の霊の山、爾霊山を、観戦作家として第3軍に従軍していた志賀重昂《しがしげたか》が、これだ!と一決したのです。志賀は国粋主義者で、雑誌『日本人』を創刊した人物でした。

【慈父、聖将たる乃木大将】

戦場での乃木大将は、一平卒と全く同じ生活をしました。

自室の暖房のオンドルは決して使わない代わりに、他者の部屋では許し、食事も兵と同じ、胃を壊した際、副官が粥を作っても断り、兵食だけを口にしています。厳寒の中、裏に毛皮のついた外套が届けられると、送り返せと言い、折角の厚意ですと副官が言うと、病院に送って患者に使わせよと命じます。

毎日、大量の負傷者が出るので野戦病院に見舞いに行くと、起き上がれない兵士一人ひとりの口に、副官に持たせたバケツの中から砕いた氷片を兵らの口に入れてやるのです。

前述の桜井忠温も入れてもらった一人で、誰もが平生は対面すらできない大将という「雲上人」の慈愛に触れ、感激のあまり落涙したと桜井は語っていました。そうして、兵らは乃木大将のもとで死ぬことを名誉以上のものと思うに至ったとありますが、この乃木大将の司令官としての在り方、人としての在り方が、第3軍の兵士らが戦死を忌避することなく戦った大きな要因にもなったのです。

降伏したロシアのアナトール・ミハイロヴィッチ・ステッセル中将をはじめ、幕僚たちに、軍人としての名誉の象徴である帯剣を許し、外国メディアの写真撮影も屈辱を与えぬよう親睦的なシーンを1枚とし、世界が日本の「武士道」に感嘆、感動した逸話を残しました。

自分の方から乃木大将に会いたいと申し出ていたステッセルも、その扱いに感激し、自分の幕僚に対し、「半生のうちであった人の中で、将軍乃木ほど感激を与えられた人はいない」とまで語り、後日、会見の時に乗っていた見事な白馬を乃木大将に献上しています。この馬は、生来、馬に優しい乃木大将なので日本で大事に飼われました。

【凱旋後の乃木大将】

旅順攻略後、日本軍は奉天の大会戦に勝ち、海軍は世界四大海戦として歴史に残った『日本海海戦』で史上初めてというほどのパーフェクトな勝利をおさめ、講和条約を結び、国運をかけた日露戦争に勝ちました。公平と正確を期すならば「勝っているうちに講和に持ち込めた政治・外交の成功」でした。

仮に戦争が継続になっていたなら勝敗の行方は霧の中とも言われていました。この戦争には、日本兵延べ94万2000人余が動員され、死傷者は約22万3000人にもなっています。

靖国神社には、この戦役の戦没者として8万8429柱の御魂が祀られていますが、弱小国とされた日本が、国際社会に一躍メジャーとしてデビューした尊い戦役でした。日本人として、一度は靖国神社に足を運び、屍山血河《しざんけつが》の中、国のため、同胞のために命をなげうった先人たちを供養して下さい。

1906（明治39）年1月14日、乃木大将は日本に帰国、他の将軍たちと明治天皇に謁見、戦勝を報告しました。その時の復命書では、旅順攻略につき「半歳ノ長日月ヲ要シ、多大ノ犠牲ヲ供シ……臣ガ終生ノ遺憾ニシテ恐懼措ク能ワザル所ナリ」と、ただ一人、涙と共に、まるで敗軍の将のような復命書を読み上げています。

明治天皇は乃木大将の心情や思考を深く理解していたので、卿の苦衷は朕も察しうるが、今は死すべき時ではない。どうしても死をこいねがうならば、朕が世を去った後にせよ、と仰せられ、この言葉は、今後を生きる上での戒律となったのでした。

乃木大将自ら、二人の子息を戦争で喪《うしな》っていますが、その葬儀は、多くの将兵を死なせた慙愧《ざんき》の念から、急に日取りを繰り上げ、人々の参列を排した、身内だけのさびしいものとしています。

凱旋後、乃木大将は各地の学校などで講演することが多かったのですが、その度に、「私が乃木であります。皆さんのお父さん、お兄さんを殺した乃木であります」と深々と頭を下げるのが常でした。

将軍たちには明治天皇からの下賜金もありましたが、乃木大将は全てを部下の士官、兵らに分け与えています。尚、第2軍の奥保鞏大将も、終生、下賜金や恩給の全てを部下に分け与えた人でしたし、日本の騎兵を育てた秋山好古《あきやまよしふる》少将（後に大将）も、戦時中に蓄まった給与全額を部下らに与えています。明治の武人・軍人には、このような無私の人物がいたのです。

乃木大将の指揮や事実と異なる評価に対し、福田恒存《ふくだつねあり》は、『乃木将軍と旅順攻略戦』（『歴史と人物』昭和45年11月号）にて、歴史読物の流行の底にある、善悪黒白を一方的に断定することの愚かさを指摘し、後世、結果から見ての判断ではなく、「歴史家は当事者と同じ見えぬ目」をまず持たねばならないと語っています。

【「乃木大将無能説」の大根拠】

「乃木大将無能説」が喧伝されるようになった契機は、大東亜戦争の敗北により、従来まで機密扱いだった陸軍の日露戦争についての史書が公開されたことでした。

『機密日露戦史』が著名なものですが、これは1925（大正14）年、日露戦争20周年として陸軍大学校専攻科第1期生の10人にのみ講述された時のテキストでした。講述したのは谷寿夫大佐（後に中将、中国で処刑死）ですが、大本営参謀、長岡外史と、井口省吾が大本営の稚拙だった作戦立案を糊塗するために、第3軍の乃木大将と伊地知に責任を負わせた資料を多く使った不公正なものとして知られています。

谷自身、「尚、一言スベキハ、戦争ノ裏面ニハ更ニ裏面ノ存スルコト之ナリ」と語っています。また、もう一冊、『明治三十七八年日露戦史』という、参謀本部が編纂した資料がありますが、これは作成を命じられた大佐に、将校らが自分のことをもっとよく書けと、圧力をかけ、事実とかけ離れた内容になったことが証言されている書です。

乃木大将の戦場での指揮については、中央乃木会の桑原嶽《たけし》氏が主張するまでの卓越さがあったというのは、公正に見て過大評価ですが、乃木大将の人徳については、桑原氏同様に高い評価に値します。司馬の『坂の上の雲』は、1968（昭和43）年4月22日から1972（昭和47）年8月4日まで、足かけ5年にわたって『サンケイ新聞』（現在の産経新聞）に連載された後、書籍にもなり、多くの日本人に「乃木大将無能説」という誤った認識を与えましたが、これまで述べてきた諸々の事情があり、事実とは異なるものでした。

その後の乃木大将は宮内省御用掛を経て、明治天皇の命によって現役の大将のまま、学習院院長となりました。明治天皇は山岡鉄舟《やまおかてっしゅう》と共に乃木大将を愛していました。その質実剛健さ、我欲のなさ、率直さ、清廉さという、日本人が持つ本来の美徳を体現したような両人だったからこそ、愛されていたのです。そうして、後に昭和天皇となる、孫の裕仁《ひろひと》親王の教育を任せたのです。院長閣下となった乃木大将の教育方針は、西洋化、文明化に抗うような日本古来のものでした。日露戦争後の日本は「脱亜入欧」が急速に進み、洋風、軽佻浮薄《けいちょうふはく》な風潮が急速に広がっていたのです。西洋化が全て悪いのではなく、自国の伝統と文化を否定してまで西洋化に準ずるという精神の在り方が良くありません。

乃木大将は剣道・柔道・馬術・水泳を奨励し、剣道では自ら稽古をつけてやっていますし、水泳では褌《ふんどし》一丁で贅肉のない「筋肉発達強大にして」(『乃木院長記念録』より)の身体を使っての泳ぎを見せていました。

乃木大将の仕事ぶりにつき、近衛秀麿《このえひでまろ》(文麿《ふみまろ》の弟)は、「一つの目的ある仕事に、これほどの熱意と真剣さをそそいだ人間像を見たことがない(『風雪夜話』より)と述べています。

裕仁親王の教育についても、質実剛健、忍耐、克己を一義として、厳格な教育をしています・冬のある日、親王が寒がっていれば、「殿下、寒ければ運動場を5周ほど走ってきてごらんなさい」

と走らせ、「暖まりましたね」と言うのです。

服についても、破れたなら継を当てることとし、将来の君主たるものは、常に不動の姿勢、痛いなど口にすべきものではないと伝えています。昭和天皇は、生来、生真面目な人で、乃木大将の教えを忠実に守り通しています。

即位の御大礼をすまされた1928（昭和3）年12月14日、東京府の主催で、8万人の在郷軍人、男子学生による行進、女子学生による奉祝歌の合唱が挙行されました。当日は降雨となり、参加者たちは寒風の中で震えて出御を待っていましたが、昭和天皇は自らが立つ場から天幕を外させ、参加者に雨具を使わせるよう命じます。

その後、天幕のない玉座の前に立ち、マントも脱ぎ捨てました。天皇は、そうして、降雨のもと、1時間以上行進する人々に挙手の礼をとったまま、微動だにしませんでした。昭和天皇は、明治天皇と同じく一度御着席、あるいは御起立なさると、石像のように動かないことが普通です。

戦前の皇室は大資産家でしたが、着る物、持ち物も、贅沢どころか倹約に努め、靴下まで継当て、という生活を終生続けています。がんの際も医師から「陛下、痛みますか？」と訊かれて「痛いとはどういうことか」と答えたのをはじめ、その種のエピソードには事欠きません。

世界広しといえども、昭和天皇、上皇、上皇后陛下までの皇室ほど、無私、質素で、国民のことが第一という王室はありませんが、乃木大将から昭和天皇へ、そして、上皇陛下へと受け継がれたのでしょう。

院長時代、給与は事務の者に預けっぱなしで、言われないと引き出すこともなく、引き出したならば、元の部下や使用人に与えることも乃木式でした。

1909(明治42)年11月には、戦没した日露両軍将兵の慰霊のため、表忠塔竣工式に出席するので旅順を訪れています。静子夫人も同行し、二人の息子の没した地を見せてやっていましたが、その胸中は、いかばかりだったでしょうか。

敵味方として戦った相手でさえ、死後は懇《ねんご》ろに葬い、慰霊をするのが日本の伝統・文化でしたが、安倍元総理の逝去と葬儀に対する左派メディア、左派勢力の常軌を逸した醜い行為は日本人を超えて人間のものではありません。左翼思想のなせる業なのでしょうか。乃木大将は留学の間、フランス陸軍省を訪問した折り、パリの新聞記者に社会主義についての所懐を尋ねられています。その際、社会主義が平等を愛するものと聞かされましたが、日本の武士道の方が優れていると答えたのです。

その理由は、武士道は身を殺して仁をなすもの、社会主義は平等を愛するというが、武士道は自分を犠牲にして人を助けるものだから、一段上である、と語ったのでした。自分を犠牲にしてというのが乃木式です。

【明治天皇崩御】

1912(明治45)年7月21日、明治天皇は重態となりました。官報には前日の記載となったので、翌日のこの日、公の知るところとなったのです。乃木大将は連日、皇居に参内して、ご容態の報告を聞き続けました。

明治天皇の崩御は尿毒症による心臓麻痺であり、公式には7月30日午前0時43分ですが、これは嘉仁《よしひと》親王（大正天皇）が即位するためのもので、事実は29日の午後10時40分でした。享年は59歳です。

8月6日に、大葬の礼を9月13日から15日の間に行うことが決まります。それまでの間、乃木大将にとっては家の表札を外し、身辺整理の時間でした。明治天皇は欧米、アジアの国民、メディアが挙《こぞ》って「グレート　エンペラー」、大帝と命名した偉大な君主になっていました。

夏目漱石の『こころ』では、大帝の崩御につき、「其時私は明治の精神が天皇に始まって天皇に終わったやうな気がしました」と記述していますが、それくらい衝撃を与えたものでした。

乃木大将は友人・知人らへの書簡執筆と訪問を重ね、遺言書も認めています。その日以来食事は蕎麦のみで、中将になっていた田中義一が訪ねて来た時も蕎麦と冷酒のみで、田中はあんまりではないか、と愚痴ったほどです。

しかし、これは武家の生まれではなかった田中の無知で、切腹する武士は蕎麦しか食べません。後に田中は己の無知を悔いていました。大葬の前日の9月12日、乃木大将は裕仁皇太子に『中朝事実』の写本を贈って訣別の情を示しています。『中朝事実』は国粋主義と武士の矜持を打ち出した山鹿素行の主著です。日本の優れたところ、美質を謳ったものでした。

帰宅後、乃木大将は静子に明日の弔砲を合図に自裁することを告げ、「そなたはまだ54歳、どうか長生きして三典の奥津城（墓所）を守ってもらいたい」と伝えています。他にも乃木伯爵家断絶、遺品の処理を言い聞かせました。

大葬の礼の当日、乃木将軍は写真師を呼び、陸軍大将の礼装で和装の静子と二人での写真を撮らせています。その後、参内、明治天皇の出棺を拝し、帰宅、遺書を清書しました。親しかった元・軍医総監の石黒忠悳《いしぐろただのり》に、自身の遺体を、医学上何かの御用になれば、と書きのこしています。

部屋に明治天皇の御真影を飾り、勝典、保典の写真を立てかけ、辞世を書きました。その時、橙色の袴、黒染めの麻のうちかけ、という喪装で帯に白鞘の短刀をはさんだ静子が入ってきます。

ならぬ、と止める乃木大将に、「お供いたしとうございます。静が生涯に一度だけ、ご命令にそむくこと、お許し下さいまし」と静子は覚悟のほどを見せます。巷間では乃木が静子夫人を誘ったという風説がありますが、事実は逆です。

乃木大将は夫人の介添えの後、名刀、備前長船兼光《びぜんおさふねかねみつ》で十文字に腹を切り、喉元を一気に貫いて自刃しました。享年62歳でした。

「うつし世を　神さりましし　大君の　みあとしたいて　我はゆくなり」希典

「出《い》てまして　かへります日の　なしときく　けふの御幸に　逢ふそかなしき」妻静子

これが辞世《じせい》でした。

遺書には、西南戦争で連隊旗を失った時、己の進退を伺う待罪《たいざい》書が添えられていました。その責任を負い、自らの胸中を慮って御製まで下賜してくれた明治天皇への忠誠心を貫いたのです。

乃木大将が守ったのは、古来からの武士道を、さらに濃縮して結晶化した規範・倫理でした。己の過失への責任、明治天皇への忠誠心・忠義の精神は、そのまま己への忠誠心・誠の心と同義でもあります。乃木大将という人は、人生前半の放埓《ほうらつ》な人間から、ドイツ留学を境にして別人格と化しましたが、それは己との闘い、克己の連続によって象《かたど》ったものでした。

このストイシズムは、強大な権力を持ちながら、ストア派哲学と自制心、自律心をもって賢帝となったマルクス・アウレリウスも、かくやというほどのものでした。

人格の陶冶《とうや》というより厳格な戒律にのみ生きた生涯は見事でもあり、同時に私には痛々しくも感じます。

大本営のまずい戦術のため膨大な戦死者を出した旅順攻略で、将兵らが黙々と乃木大将に従い、士気を衰えさせなかったのは、ひとえに乃木大将の人徳によるものであり、驍将《ぎょうしょう》ではなかったものの、愚将ではなかったことを知って下さい。

併せて、われわれ日本人の持つ清廉さ、無私の精神も改めて見直して欲しいものでした。乃木希典、人間の工芸品たりえた人生、天晴れ！です。

己を貫いた
見事な生き方をした
《お鯉《こい》》

【端麗で剛直な女性《ひと》、お鯉】

今回、紹介するのは、歴史上の偉人ではありませんが、その人柄、生き方共に芯が通った品性、端麗さを備えた女性として名を残しました。

本名は、安藤照《あんどうてる》、照子と名乗っていますが、花柳界では「お鯉」でした。1880（明治13）年生まれですが、生家と養家の没落で、14歳の春に新橋の近江屋から狭斜《きょうしゃ》の巷にデビューしています。

お鯉は明治後半の花柳界と政界に勇名を馳せましたが、それはある政界の重鎮の愛妾だったからです。現代流の呼び方ならば愛人となります。

その政界の重鎮とは、第三次にわたって総理大臣を務め、安倍元総理登場まで、史上最長の総理在職記録を持っていた桂太郎です。在職日数2886日は、1913（大正2）年2月20日から100年以上も破られることなく続いていました。桂内閣時代では1902（明治35）年の日英同盟、日露戦争勝利、韓国併合、日米新通商航海条約調印で、幕末以来の自主関税を取り戻すなど、日本は世界の一等国として台頭しています。

長州（山口県）出身の陸軍軍人から、大将、公爵、総理大臣と位人臣を極めましたが、その桂が愛した女性が、お鯉でした。お鯉が花柳界にデビューしたのは日清戦争の頃ですが、鯉は出世魚、縁起が良いことから命名され、鯉の滝登りの模様を染め抜いた装束で登場しています。

この当時、花柳界は政界と関係が深く、幕末から明治にかけ、政治家の妻となる芸者も多かったのです。木戸孝允を支え続けた幾松《いくまつ》（維新後は、幾子）、伊藤博文のうめ（同、梅子）、群を抜いた美女で、外国の外交官にも絶大な人気のあった陸奥宗光の亮子《りょうこ》夫人などが有名でした（本当に明治の人かと思えないほどの美人）。

ここで紹介するお鯉は、すっきりした美貌、艶っぽさ、機智、技芸、気風の良さ、心延《こころば》えなど、どれをとっても非凡な女性で、「眼千両《めせんりょう》」と称され、16歳で一人前の芸者になっています。その評判で連日、お座敷がはやり、回りきれないほどでした。お鯉は間もなく兜町の実業家の矢嶋平造を旦那にして、贅を尽くした暮らしをした後、名優の15代目市村羽左衛門《いちむらうざえもん》の妻になります。この時、矢嶋は快く引くだけではなく仕度までしてやりました。こういう男の生き方も見事です。

お鯉は羽左衛門を売り出すために、自らの持ち物を全て売り払いますが、羽左衛門の不貞を知ると、きっぱりと別れています。いくら羽左衛門に請われても復縁しませんでした。

お鯉が独り身となると、すぐに噂となって、再び新橋で芸者を務めることになりました。この時、お鯉は、男の身勝手を看過しない女になっていました。客が仲間の芸者を困らせることをしたなら、見過ごすことはない芸者になっていたのです。

気前と気っ風の良さも天下一品で、7円の祝儀をもらう座敷で、20円のすっぽん料理をふるまうこともありました。大相撲の人気力士の常陸山《ひたちやま》が言い寄った時も、お相撲さんは体が大きくて怖いから嫌いです、とあっさり袖にしています。

そんなお鯉が時の宰相の桂太郎と出会ったのは、日露戦争開戦の前年の１９０３（明治36）年6

月のことでした。この月に、日本と満洲・朝鮮を巡って角逐《かくちく》していたロシアのアレクセイ・クロパトキン陸相が来日し、政府は国を挙げて大歓迎の意を示すことになりました。

政府の二大ボスの伊藤博文と山県有朋が共に親露派で、戦争は避けるべく、ロシアとの妥結点を模索しようとしていたからです。後に山県は戦争すべきと開戦派に転向しますが、当初は避戦派で、これに元老の井上馨、そして明治天皇も避戦の意向でした。

この人たちは幕末の動乱期をくぐり抜けてきたので、当時のロシアの強大さが身に染みていた所以《ゆえん》です。クロパトキンは若くして将軍に出世し、後にロシア陸軍の満洲総司令官となる人物ですが、皇帝のニコライ2世のお気に入りの一人で、ウィッテ蔵相と共に、対日宥和派、戦争を避けよ、のグループでした。

クロパトキンは各地を訪問し、熱狂的な歓迎を受けすっかり気分を良くした他、純銀製花瓶、置物、指輪、かんざし、財布、象牙細工、ビロード生地、絹織物、扇子数百本など、約５０００円（現在の約５０００万円から1億円。何を基準にするかで異なる）も土産を買い込んでいます。日本の陸軍の大演習を視察し、公式には「よく訓練されている」と発表し、自らの側近や本国には、「(日本軍を破るのは）ロシア軍の散歩みたいなもの」と告げていました。

当時の国力を比較すると、今流のＧＤＰではロシア10対日本1、国家予算はロシア約20億７１６６万ルーブル、日本、約２・５億円、ルーブルと円は、等価なので8対1、陸軍の兵員はロシア２００万人、日本は20万人で10対1、予備役まで含めると、ロシア３００万人、日本は25万人、鉄鋼及び銑鉄の生産量も数十対1で、後の大東亜戦争時の日米の差より、大きな懸隔《けんかく》があったのです。

　そんな背景もあり、最後の夜、東京においても、クロパトキンを丁重に「おもてなし」すべく、花柳界から名うての芸妓ばかり50人を集めて、送別の宴を張りました。献立は38品、庭には、かがり火、座敷には御簾《みす》を下げた純日本風とし、50人の美妓《びぎ》は御守殿《ごしゅでん》風の装いとしたのです。御守殿とは、三位《さんみ》以上の大名に嫁いだりする将軍の娘の装束や住居のことでした。

　この時の出席者は伊藤、山県、井上、元老の松方正義の他、政府からは桂首相、小村外相、曽禰《そね》荒助《あらすけ》蔵相、山本権兵衛海相、寺内正毅《てらうちまさたけ》陸相、大山巌参謀総長、伊東祐亨海軍軍令部長ら、錚々たる面々です。

　宴がたけなわとなった時、クロパトキンの希望で一人の美貌の芸妓が呼ばれました。新橋から出席していたお鯉です。文金《ぶんきん》の高髷《たかまげ》を結い、振袖の裾を引き、帯は立矢《たてや》の守《もり》に結んだお鯉が、しずしずと歩くさまは、列席していた顕官《けんかん》たちを瞠目させるほど、艶麗《えんれい》でした。

　桂も目を瞠《みは》った一人で、同郷で後輩の寺内陸相に、誰だ？　と問うたところ、新橋で売り出し中の芸妓です、との返答がありました。寺内はさらに、気位が高いので、クロパトキンが口説いても無理でしょうと加えています。

　クロパトキンは、お鯉の結んでいる帯に執心となり、後ろを向かせるなど、熱心に見入っていたのです。この日のお鯉の装いは、古代紫に縫の総模様の振袖に、帯は唐織錦、鬱金《うこん》地に青海波《せいがいは》の織り出し、その上を五分の糸で梅の折枝を二重重ねに縫いつけた物でした。クロパトキンは、芸術、工芸品と捉えているようで、目を離すことなく、細工の妙を賞賛していました。

寺内は、クロパトキンのために、その帯を土産に持たせるべく、大金でも積んで売ってもらいましょうと提案し、顕官たちも即座に同意したのでした。

数日後、桂が寺内にことの顚末を尋ねたところ、お鯉は頑としてはねつけた、わけもわからない外国人に帯を譲るなど、どんなに金を積まれても御免こうむります、とにべもなかったとのことでした。お鯉はこの一件以来、「クロパトキン」という仇名をつけられています。

寺内は、お鯉につき、強情な女です、と伝えると、桂は「面白そうだ。いつか、会ってみたい」と表情を緩めたそうです。寺内は、お鯉が、言い寄ってくる男たちを寄せつけないことも報告しましたが、桂は余計に会いたくなったと語っています。

【桂との再会】

そのまま、ロシアとの開戦を迎えた頃、桂はボスの山県に浜町の常盤屋に呼ばれました。山県は同郷（長州）の大先輩で、陸軍の中で桂を引き立ててくれた恩人であり、政界でも山県閥のドンとして右腕、番頭の桂をバックアップしてくれる人物です。

これには桂の優秀さもありました。後に互いに反目した時もありますが、それは桂が独り立ちするだけの政治力を持ったことと、「権力の権化」として「絶体に権力は手放してはいかん」という山県の当然の帰結でした。

山県は権力、権勢を保とうとする鬼ですが、史上で言われるほどの腹黒さや狡猾さはなく、本来は優しさ、温かさも持った人物です。ただし、己の権力のために金銭、爵位と勲章の授与を濫用したことは褒められるものではありません。

他方、桂は、「ニコポン（ニコニコしながら、相手の肩をポンと叩く人たらし）」「十六方美人」「サーベルを吊った幇間」などと揶揄、批判されますが、桂自身の実力がなければ、3度も首相となって安倍元総理の登場まで100年以上にわたって総理在職史上最長記録を作ることはなかったでしょう。

ドイツの兵制を調査し、大村益次郎《おおむらますじろう》が温めていた徴兵制をより具体的に山県に上申し、軍制をドイツ式に転換することに大きく貢献しています。

1878（明治11）年12月「陸軍参謀本部条例」という重要な規則の制定も、中佐時代の桂が中心になってやったことです。1891（明治24）年に名古屋師団長となった際、大災害の濃尾地震が起きた折には、住民救助と保護に大活躍していますし、日清戦争では第3師団の師団長として出征し、自ら指揮して満洲攻略を成功させました。

その時、桂は全軍に「戦争の目的を達するを本旨となすといえども、我に抵抗せざる人民に対しては温和の手段を以って、これを愛撫すべし。秋毫《しゅうごう》も犯すことなく、文明国の軍隊に仁義の戦をなすの名に恥ずることなきを要す。万一、略奪あるいは婦女を犯す等のごとき悪業をなすの甚だしき者なれば、これを厳訓に処す。人民の所有する家財は戦利品にあらず。ゆえにこれを分捕ることの厳禁はもとより、むしろ、保護することを要す。もし、これを犯すときは帝国軍隊の面目に関し、野蛮軍隊たるの汚名をこうむるべし。(中略)徴発《ちょうはつ》に関しては、住民に必ず徴発券あるいは現金を与え、人民を悦服《えつぷく》せしめるの方針をとるべし」と訓令を発しましたが、武人としての桂の矜持が示されています。

桂の透徹したバランス感覚、識見は、日清戦争の講和においても発揮されます。遼東半島の割譲につき、現状の日本の国力を思えば高望みであり、外交は適当な範囲にて妥協するのが国際的慣行と述べて、唯一人、反対していたのです。その後の「三国干渉」を見れば、桂の卓見、先見の明は明らかでしょう。

本当に「十六方美人」ならば、政府も軍も含めて国中が遼東半島を獲れ！の大合唱の渦中で、たった一人こんなことは表明しません。凱旋後、勲功で功三級金鵄勲章《きんしくんしょう》(武功抜群の軍人・軍属に与えられ、功一級から七級まで。三級は滅多に与えられない)、年金700円(今の700万円から1400万円、大東亜戦争後まで続いた制度)、勲一等瑞宝章授与、子爵を叙爵《じょしゃく》されました。

しかし、この頃から健康面に影が忍び寄るのです。また、最初と次の夫人共に死別で、3人目の妻、可那子と結婚しています。この後、桂は台湾総督、陸軍大臣を歴任し、政界においても地歩を築き始めました。

1898(明治31)年4月、政治的、学問的に台湾を研究する「台湾協会」が発足した折、会頭に推され、就任しています。台湾産物の日本本土への輸入、台湾留学生招致、台湾での文化的普及活動など、財閥を引き込んで展開したのです。台湾での人材育成のための学校「台湾協会学校」の校長にも就任しています。この学校が改称を重ね、後に拓殖大学になりました。

桂は陸軍大臣を続けた後、1901(明治34)年6月2日に総理大臣となっています。55歳でした。外相は小村寿太郎、陸相は桂自ら若い頃から引き立ててきた、同郷で5歳下の親友の児玉源太郎です。小村と合作で多大な力を日本に与えてくれた「日英同盟」を結び、天下分け目の日露戦争に勝てたのも、小村を自由に活動させた、桂の先を読む目があったからだといえるでしょう。大逆《たいぎゃく》事件を以ってして、桂を非難する学者も多いですが、冤罪で処断された者がいることは事実であっても、日本、日本の国体を危うくする共産主義、社会主義の思潮の瀰漫《びまん》を防ぐために致し方ない面もあり、そのことで桂の功績全体を否定することは、著しく偏向することと言えます。

日本の歴史のみならず、あらゆる場面で実績・行動を虚心に評価せず、単純に白か黒かで判断し、全てをどちらか一色に塗り潰してしまうことは、学問、教養としても一人の人としても正しいことではありません。

明治となり、幕末の勲功で250石という少なくない賞典禄《しょうてんろく》を授与され、それを全て私費留学に費やしてドイツ留学し、ドイツの兵制を学んできた姿勢や、軍令の川上操六と双璧と呼ばれて、明治陸軍の軍制を築いたこと、政治家としての決断やリアリズム、バランス感覚、そして日本を一等国にした手腕は、もっと高く評価されるべきです。

山県の待つ座敷に入ると、山県の隣にはお鯉がいました。愛妻家でもある山県は花柳界でも紳士、温厚な御前として通っていますが、桂がお鯉に関心があることを寺内から聞いて、以前から贔屓にしていたお鯉との席を設けたのでした。

桂は開戦派でもあり、ロシアとの開戦の忙しさと重責のせいで疲れ気味でしたが、お鯉さんとなら元気も出るでしょうと応じ、以後宴席で顔を合わせるようになりました。桂は真面目、堅物なので周囲が何かとお鯉との関係を進めていますが、山県の意向によるものでした。

ある日、長州出身の実業家の別荘に山県ら長州出身の高官が集まる席に、桂とお鯉が呼ばれ、山県の企みを知るところとなります。お鯉は、私を口説かれますか？　と問い、桂は、クロパトキンという仇名があるように手強い相手だからなあ、と返します。お鯉は率直に過去のことを告げ、口説かれるほどの女ではありませんと言いました。

そうして「貴方がたは女を玩具《おもちゃ》になさるからいやでございます、いくら芸者でも一人前の人間ですから。生涯のことを考えて下さるんでなければ御免こうむります」と重ねたのです。

桂は、逆に生涯のことだけか？　自分のことはいやではないか？　と尋ねます。それに対し、お鯉は「お慕い申し上げておりました」と答え、桂は、「わかった。その件はたしかに承知した」と請け合ったのです。桂56歳、お鯉24歳の二人は一同の前で「クロパトキンを生け捕ったぞ」と発表しました。

そうして7000円（今の7000万円〜1億4000万円）という、大金を払って落籍させ、首相官邸に近い赤坂榎坂の家に落ち着いたのです。この時の芸妓の落籍料は500円（今の500万円～1000万円）が相場でしたから、お鯉がいかに高嶺の花だったかわかります。

桂には可那子という妻がいましたが、この頃、蓄妾《ちくしょう》（愛人を持つ）は、各界の成功者には常識ともされていることでした。

また桂は親分の山県や多くの高官と違って、花柳界で遊ぶ習慣がない男でしたので、お鯉と仲睦まじく過ごしています。お鯉にとっても自分だけを大事にしてくれる桂といることは、愛人とはいえ幸福でした。

花柳界では、お鯉の落籍後、「二代目お鯉」「三代目お鯉」も誕生したほど、お鯉は名を残していますが、美しさ以上に、その気性の良さが、男女共に愛されていたのです。

この頃、黒岩涙香《くろいわるいこう》の創刊した『萬朝報《よろずちょうほう》』紙が、各界の成功者たちの妾の名前と住居を紙上に掲載する『蓄妾《ちくしょう》実例』という欄を設けていましたが、宰相桂の愛人のお鯉の名は、つとに有名になっています。黒岩は、『レ・ミゼラブル』『モンテ・クリスト伯』を翻訳し、『噫《ああ》無情』『巌窟王』として日本に紹介した人でもあり、新聞人としてはアイデアマンでした。

お鯉は、すっきりした「美女」というより、婀娜《あだ》っぽい「いい女」です。写真では、いろいろある中、黒岩比佐子《くろいわひさこ》の『日露戦争勝利のあとの誤算』に、若い頃と、晩年の二葉の写真が載っていますが、本書223ページの写真が最も若き日の、お鯉らしさを表しています。すっきりした面立ちに、目の表情が芯の強さを物語っていました。俗に「小股の切れ上がった、いい女」とは、こういうものなのだと痛感するばかりでした。

【尊王の女性《ひと》、お鯉】

明治も30年が過ぎると、国民という意識が定着し始め、国を象徴する皇室、明治天皇への尊崇の念も強くなっています。お鯉と尊皇とは意外な感があるでしょうが、時は1905（明治38）年秋のことです。

お鯉は目白台の山県邸、ここは後に椿山荘になる所でしたが、そこに招かれました。ちなみに山県は庭園マニアで、生涯に9件もの邸宅を持ち、庭園作りに凝った人です。

お鯉の到着後、桂も来ましたが、そこで山県は、明治天皇がお鯉のことを知っていて「どういう女か、非常に美人だとか」というお尋ねを、侍従長の徳大寺実則《さねつね》にされたと伝えました。

これは後述しますが、日露戦争の講和後の日比谷焼き打ち事件の際に、連日、桂の妾として、お鯉の名前が新聞に載ったのを、日々、各紙に目を通され、しっかりと記憶される明治天皇が覚えていたのです。後の昭和天皇も同じでしたが、明治天皇の記憶力も驚異的なもので、日清日露両戦役での左官級の名前ですら把握されていることが珍しくなかったほどでした。

徳大寺は桂と交互に首相となり、「桂園《けいえん》時代」を作った西園寺公望《きんもち》の実兄です。山県は、天皇からのお言葉があるというのは大変な名誉であると言い添えました。実際に明治とは、そういう時代でした。

これを聞いたお鯉の澄んだ双眸《そうぼう》から涙があふれ出したのです。お鯉は、忝《かたじけな》さに涙がこぼれたのでした。

お鯉は「さようなことを承りましては、ただただ、おそれ多いばかりでございまして、もうこのまま死にましても、私は少しもおしいとは思いません」と語ったのです。この時に受けた思いは、生涯、お鯉の胸中に刻まれることになりました。

1879（明治12）年から1914（大正3）年まで、明治天皇と美子《はるこ》皇后（昭憲皇太后《しょうけんこうたいごう》）に命婦《みょうぶ》として仕えた平田三枝は、明治天皇が全国の主な新聞ことごとく目を通し、美子皇后にも読ませた後、保存していたことを述べています。

世間の目をしのんで生きる花柳界から桂の愛妾となり、明治天皇にまで自らの存在を知られたお鯉は、明治の女として生まれてきた甲斐があったと、喜んだことは想像に難くありません。

お鯉の筋の通った見事な生き方に共感する私としては、彼女の喜びを自らの喜びともするところであります。国の運命をかけた戦争に踏み切った桂の心身を支えられたのは女冥利に尽きることだったでしょう。その見事な生き方をしている、お鯉に危難の時が訪れました。

【日比谷焼き打ち事件とお鯉】

１９０５（明治38）年9月5日、日露戦争での「ポーツマス講和条約」の内容に憤激した国民が、日比谷公園を中心に暴動事件を起こします。大臣官邸、新聞社の他、警察署２と交番２１９、待合《まちあい》13、電車15台が焼き払われました。内乱とも言える規模でした。

これは、政府も軍も日本の窮状を伝えず、ただ勝利のみを知らせたからです。本当は日本はこれ以上、戦うことは難しいなどとは、ロシアの手前、言えるはずがありません。

国民は日清戦争勝利で手にした約3億６０００万円の賠償金、国家予算の約4年弱分以上の賠償金を獲れる、というメディア識者の言葉を鵜呑みにし、今回は10億円だ、いや12億円は獲れると皮算用していたのです。

戦争にかかった戦費は15億２３２１万円、25年もかかって払い終えた外債以外に、国民に営業税、所得税、酒税、砂糖消費税、各種輸入税、地租（固定資産税に相当）などの増税と、親族・家族の戦死傷という犠牲を強いての結果でした。真実を知る政府関係者、伊藤は講和交渉に出発する小村寿太郎に、帰国の時は国賊呼ばわりされるだろう、わしは必ず出迎えに来る、と告げ、小村もその通り、と答えています。

彼我《ひが》の状況を鑑みると、親日家のセオドア・ルーズベルト大統領の尽力もあり、決して悪い条件ではないものの、賠償金を一銭も獲れなかったことがメディア、国民の不満に火を点けたのでした。

「小村を弔旗で迎えよ」「国民と軍は桂内閣と小村全権に売られたり」と新聞は連日、報じています。そうして、暴動の鉾先は政府に向かい、宰相の桂が的になりました。

次には「坊主憎けりゃ袈裟まで憎い」で、愛妾のお鯉に向けられたのです。新聞には、「お鯉は傾国の妖婦」とまで書いたものもあり、住所を知られているお鯉のもとに、「殺す」など物騒な脅迫状まで来るようになったのでした。

お鯉邸に警官が派遣されますが、民衆の襲撃もあり一時は避難します。他に行く所といってもお鯉は他人様に迷惑はかけられないと、あっさりと覚悟を決めたのです。

この時、お鯉は使用人たちを避難させ、自邸に戻りました。そして、死装束に薄化粧をし、一振りの短刀を帯びて、座敷に端座したのです。あたかも武士の覚悟、一分《いちぶん》を彷彿させる姿でした。

街の騒乱が静まりかけた頃、桂からの使いの田嶋信夫《たじまのぶお》が訪れました。田嶋は、「自分に尽くしてくれたことに感謝する。この度、このような騒ぎを起こした以上、身を退いて社会を鎮静化させねばならない。そこを察して、そなたも身の振り方を見つけて欲しい」という口上と、1万円（今の1億円～2億円）を渡したのです。

これだけの金額ならば、お鯉が生活に困ることはないであろうというものでした。桂の勝手とはいえ、潔さ、誠実さが窺えますが、お鯉は「身を引けと仰るならその通りにいたしましょう。しかしこれは受け取れません」と大金を突き返しました。そうして桂に書簡を認《したた》めたのです。

「この度の騒動、お国のためとは申しながら、返すがえすも一大事の御事、定めし御苦労多くわたらせられ候御事と、恐《ママ》れながらお察し申し上げ、数ならぬ身も国家の泰平と、御身の安泰とを念じつづけ居《お》り申し候。

さて、けさほど田嶋氏を以って御遣わされ下され候事、御事繁き折柄（忙しい中）、誠に恐れ入り申し候。折柄のお使、嬉しくも又悲しく承り申し候。私事、御存じ置かれの通り、卑しき地位より出で候得共、幼き時より身も心も思い上がりて生い育ち、心までは決して卑しからぬつもりにて之《これ》あり候。

旦那様のお為とあれば、数ならぬ命を召され候とも、否とは申すまじく候を、御使しての御言葉は、聞えざるなされ方と悲しう存じ上げ候。

今日の場合、おひまを下さるとならば、御自身に仰せ下さらず候や。御忙しとならば、その事只ひと筆給わり候わば、得心致し候ものを、それのみならず、商売にてもなし行くようと、金子を給わり候事、余りに卑しめ給わるよう存じ上げ、ひとしおのお恨みに候。

とにもかくにも、このまま都を逐《お》われて、山里になりとも身を潜め、しばらくは世に背き申すべく、この事御承知されたく候。ついては御手紙にてなりとも、私へじかにしかじかと御ひま給わりたく、それを御かたみに都を立出で申すべく候。旦那様。かしこ」（現代かなづかいに直してる）。

なんと健気で意地らしくも、己の矜持を示した手紙でしょうか。出自が卑しかろうと心までは卑しくない、旦那様のためなら命も要らぬが、せめてご自分で暇を告げて欲しい、というお鯉の心延《こころば》えの美しさは、古来の日本女性の柔和さと芯の強さが表れています。

お鯉の立場からすれば、自分のせいで焼き打ち事件になったわけでもなく、一身に桂に献身してきたことを思えば、強い憤りを感じてもいいはずなのに、この引き際の鮮かさ、心の清浄さは心の錦を示すものでした。自らの生活を一顧だにせず、己の心情を貫く姿は凛々しくもあります。

桂は直筆の手紙で一度は別れるものの、お鯉の存在の大きさに愕然とするのです。この時代、妾を物同然に扱うのが普通なのに、桂の真面目さ、誠実さも琴線に触れるものです。

それにしても、女一人、今後のことを考えても、損得ではなく、己の信念、矜持を貫く生き方は、美々しく天晴れ！でした。私は、お鯉の心情を思う度に胸に迫るものを感じます。

ここから桂も、お鯉への思慕、情愛を率直に示します。親しく交際している杉山茂丸《すぎやましげるまる》に苦衷《くちゅう》を打ち明けるのです。杉山は福岡藩士の家の生まれで、玄洋社の一員として、国士、右翼の大立者の頭山満の側近とされたフィクサーでした。日本興業銀行、九州鉄道、台湾銀行の設立にかかわった他、裏社会ともつながりのある男ですが、杉山は桂とお鯉の関係が長く続くためには、夫人の可那子の承認が必要と、万事丸く収めます。杉山は京都の嵯峨野に隠棲していた、お鯉を呼び戻しました。新居は広尾でした。

再び、桂とお鯉の蜜月の日々が始まります。盆と暮れには可那子からお鯉に反物が贈られましたが、対面することはありませんでした。

お鯉の幸せの日々は長く続かず、１９１３（大正２）年6月から桂が療養生活に入ると東京を離れたので、お鯉とは会えずじまいになっています。10月10日、桂は65年の生涯を閉じました。脳血栓による逝去でした。臨終にも葬儀にも出られず、お鯉は日陰の身を痛感します。

桂が亡くなった時、お鯉は数えで33歳、明治の平均寿命42歳からすれば中年から壮年というところでした。桂は律儀な人で、お鯉との約束、「生涯のこと、たしかに承知した」という言葉を守り、直筆でお鯉への遺産相続を書き残しています。桂、見所のある漢《おとこ》です。

桂家とお鯉の仲介に入ったのが、長州出身の元老の井上馨でした。井上は毎月200円（今の200万円～400万円）を支給する代わりに、節操を守れ、みだりに外出するな、などと書いた物を送りつけました。

お鯉は人を侮辱するのもいい加減にしろ、とこの話を蹴っています。年に200円ではなく、月に200円です。これも痛快で、お鯉の俠気《おとこぎ》というか、人間の美しさを表すものでした。

【信念の女性《ひと》、お鯉】

この時代、壮年の女が一人で生きていくことは大変でしたが、お鯉は自らの矜持、生き方を貫いたのです。

この井上は伊藤、山県と同じ長州の人ですが、おそろしく仕事ができる半面、金には汚い御仁で、17人もの妾を作り、各自に銀行口座を持たせ、「妾手帳」という帳簿も用意しているのに、月々のお手当の支払いはなく、みんなを泣かせていました。死後、1600万円（今の1600億円～3

200億円）という、政界一の資産を残したのに、支払いが悪く、明治天皇も「銅臭がする（金に汚い）」と嫌って、侯爵までしかなれませんでした。生き方の醜い人として名を残しています。

お鯉は矜持を捨てることなく、森田悟由《もりたごゆう》禅師の門に入った後、1920（大正9）年、銀座に「カフェ・ナショナル」を開いています。

1938（昭和13）年、頭山の勧めで目黒の羅漢寺《らかんじ》に入り、妙照尼《みょうしょうに》と名乗り、10年後の1948（昭和23）年8月19日に67歳の生涯を終えました。

損得、名誉、権威の何ものにも屈しない女として、自己を貫いて生きたのです。時代を思えば、自己の利益を顧みない姿勢の見事さに感嘆するばかりです。桂は女性に対して不器用でしたが、あの世で愛し合う両人が再会し、幸せにしていることを願って止みません。お鯉の生き方には、己の尊厳、矜持は守り抜くという信念が貫かれていました。

目先の利益や、真実かどうかわからない風説、同調圧力に流されるのが当たり前となった現代に生きる日本人、ここで立ち止まって、お鯉の様に、欲得ではなく、毅然と生きて欲しい、と心から願っています。

【天晴！な日本人】

ただひたすらに
己のなすべきことに力を注いだ、
無私無欲の異能の傑物
《高橋是清《たかはしこれきよ》》

【無欲・異能の人、是清】

俗に困った時の神頼みと言いますが、本章で紹介する高橋是清は、まさに、そんな存在でした。

是清は、総理大臣、農商務大臣、商工大臣、農林大臣の他に、大蔵大臣を7回もやりました。1925（大正15）年4月に一度は政界を引退するものの、金融恐慌が起こると、田中義一首相（1927〈昭和2〉年4月20日から、1929〈昭和4〉年7月2日まで在任）に請われて、4度目の大蔵大臣（蔵相）に就任して当初の目論見通り、たった42日間で終息させています。72歳になっていました。

それ以前には日本銀行（日銀）の総裁も歴任し、1951（昭和26）年から1958（昭和33）年には、日銀総裁として唯一人、50円札の肖像にもなりました。

是清といえば、日本の運命をかけた日露戦争の際、日本の外債販売に絶大な貢献をしたことも、もっと高く評価されるべきです。是清の人を惹きつけるキャラクター、率直さが遺憾なく発揮された結果です。

その特徴ある独特の風貌から「ダルマ」「ダルマ蔵相」とも呼ばれていますが、大正と昭和初期、二・二六事件で暗殺される1936（昭和11）年までの不況、金融危機の度に、「困った時のダルマ頼み」で蔵相として登場し、多くは危機・不況を克服した後、退任する人でした。

その間、図らずして政友会総裁、男爵、子爵の栄誉に浴していますが、本人は世俗的な欲も野心もなく、爵位すらあっさりと抛《なげう》つ人物でした。

日本の金融史上で明治の松方正義《まつかたまさよし》と並び称された是清、日銀総裁、蔵相、首相にも上りつめたとなれば、若い頃からエリート街道を歩いてきたのであろう、と想起されるところ、是清の前半生は小説以上に奇なるもので、波乱万丈のものでした。まずは、そこから是清の軌跡を振り返ってみましょう。

【強運⁉の持ち主か、若かりし是清の青春期】

是清は1854（安政元）年、9月19日（太陽暦）、江戸の芝中門前町で生まれました。父は幕府の絵師の川村庄右衛門守房《かわむらしょうえもんもりふさ》、母は同家の侍女のきんです。是清は和喜次と名付けられ、知人の仙台藩足軽の高橋覚治是忠《たかはしかくじこれただ》家に里子に出されました。2年後川村家から他家の養子に出そうとしたところ、高橋家の祖母の喜代子《きよこ》が、可愛いがっていた是清を出すことに猛反対して、高橋家の実子として届け出たのです。

この時、和喜次は、是忠の一字を貰って是清と名乗りました。生母のきんは、早くに亡くなっています。実母と離れたぶん、祖母の喜代子に可愛がられ、是清は陽気でものおじしない子として育ちました。

実父の庄右衛門との行き来も続き、後年、共に酒を呑むこともありましたが、是清のことは「さん」付けで呼び、自分の子だという態度は出さなかったそうです。実父は几帳面な人で、日記や職務上の記録など、丹念に記帳していましたが、是清はそのようなところや、純情、お人好しという性格を受け継いでいます。

是清が3、4歳の頃、藩主の奥方が、是清の住む長屋がある、中屋敷の稲荷神社に参詣した時、他の子どもたちは人払いされましたが、一人残っていた是清は奥方の衣服を「おばさん、いいべべだ」と手にしたところ、奥方は是清の頭を撫でながら、どこの子か尋ねました。

是忠は何らかの咎めを受けるのではと危惧しますが、その夜、明日、是清を屋敷に連れてくるように、との達しが来たのです。是清が参上すると、奥方は喜んで相手をし、帰る時にはたくさんの土産を持たせ、長屋の人々は是清を幸せ者と称えました。

5歳の時には、駆けてきた馬に踏まれましたが、怪我ひとつなく、運のいい子という評判が起っています。

是清に転機が訪れたのは数え12歳の時でした。1865（元治2）年春、是清は英語・イギリス文化の勉強のため、横浜に派遣される2人のうち1人に選ばれたのです。当時は攘夷の志士たちが、外国人を襲ってたこともあり、祖母の喜代子が同行しています。

英語を学び、その能力を活かすため、横浜にある「チャータード・マーカンタイル・バンク・オブ・インディア・ロンドン・アンド・チャイナ」の支配人、シャンドのハウスボーイとなります。掃除、給仕をするのが務めです。シャンドとは後年、奇妙な縁で再会を果たすことになります。

ここで是清は酒の味を覚え、生活も乱れます。そのせいで、海外留学のチャンスを失いますが、商館主のヴァンリードというアメリカ人と知り合い、勝海舟《かつかいしゅう》の子の小鹿《ころく》のアメリカ留学の船、「コロラド号」に同乗することを許されたのです。1867（慶応3）年、14歳の時でした。この船には、日清戦争時、初の連合艦隊司令長官となる伊東四郎《しろう》（後の祐享）も乗っていました。

アメリカでの是清は多くの書にあるように、ヴァンリードによって3年間の契約で奴隷として50ドルで売られます。期限付きなので、純粋な奴隷ではありませんが、契約書の英文の条項をわからないままサインした結果です。

サンフランシスコの名誉領事キャプテン・ブルークスの仲裁で是清は翌年12月、横浜に戻ることができました。元号は明治元年になっています。

その後の是清の歩みは、一本道ではなく、起伏に富んだものでした。駆け足で紹介しますが、外国官権判事の森有礼《もりありのり》（後の文部大臣）の書生、大学南校の学生、英語の力を認められての大学南校の教官、フルベッキ博士宅での下宿と学習、その時に深みにはまった放蕩生活、辞任、芸妓のヒモ、英語学校教師、その学校の経営、前島密《ひそか》との出会いと大蔵省への出仕と辞職、開成学校への入学、フルベッキ博士の食客《しょっかく》、翻訳アルバイトと英語教師、文部省での通訳など、個々に書くのが大変というくらいに、さまざまなことをしています。

是清は決して品行が良い聖人君子ではありません。日本橋の売れっ子芸妓の東屋《あずまや》桝吉《ますきち》（本名、お君）の家に居候として入り込み、芸妓の身の回りの世話をする箱屋のようなこともしています。今風に言うならヒモです。枡吉とは結婚しようと考えていましたが、両親の意向で流れています。まだ17歳の時です。

英語学校は佐賀県の唐津の時のことであり、この時の教え子に東京駅や日銀を設計した大建築設計家の辰野金吾《たつのきんご》がいました。前島密は日本の郵便事業の父と呼ばれた人物ですが、是清は外国の郵便制度の文献を訳しています。ただ、前島が職員採用につき、是清に食言したので、純粋な是清は怒って喧嘩別れしました。

開成学校入学では、後に伊藤博文の娘婿になる末松謙澄《すえまつけんちょう》と知り合っています。末松と東京日日新聞の翻訳のアルバイトをしていました。文部省への出仕は森有礼の推薦によるもので、是清は人に恵まれているというより、是清の人柄が道を開くのでした。ここで伊藤博文と知り合うきっかけを持ちました。

1876（明治9）年、23歳で西郷柳《さいごうりゅう》と結婚しています。この後、自ら務める英語学校の校長の不祥事を詰問して辞職させたことで、自分も辞め、知人の勧めで乳牛事業に投資して失敗しました。失敗後、大学受験のための予備校経営と翻訳が順調だったので、1880（明治13）年、27歳の時には貯金が5000円（今の5000万円～1億円）になっています。建築費が1坪1円の時でした。ここで知人に唆《そその》かされて、銀相場に手を出し、全額を失います。

是清は度々、知人に騙されて大金を失いますが、それで相手を恨んだり、尾を引きずることはありませんでした。何事もなかったように前に進むだけです。生来の陽気さもあり、気にすることもありません。

【道、固まる是清】

そんな是清が落ち着きだしたのは、1881（明治14）年の春に農商務省が設置され、工務局調査課に勤めるようになってからでした。是清の新しい仕事は、発明専売、商標登録特許に関する法制度の整備です。1884（明治17）年に工務局内に商標登録所が設けられると、是清は初代所長になりました。翌年には初代の専売特許所長を兼務しています。

制度取調局長官の伊藤博文から、欧米諸国への出発を命じられたのも、この時でした。パリでは外務書記官だった原敬と知り合っています。帰国後、各種の特許、意匠、商標条例を制定し、特許局の独立も果たしました。

順風満帆のようだった是清、ここでペルーの銀山への投資を誘われ、特許局長を辞めて、ペルーに行きます。是清は局長辞職の送別会の場で、銀山への投資は「日本人の進取の気象を回復し、外人とならび立って中原《ちゅうげん》に鹿を逐《お》わんがため」と語っていました。結果は詐欺にあったようなもので、手に入れた1500坪あまりの邸宅を売り払い、さらには1万円強（今の1億円〜2億円）の全財産を借金の返済に当てたのです。

この間、2人の男児に恵まれましたが、妻の柳は1884（明治17）年8月に亡くなり、海軍技官の娘の品子《しなこ》と結婚しました。男児の面倒を見ていた祖母の喜代子は、それで安心したのか、1888（明治21）年に他界しています。

帰国後の是清に、さまざまな官吏への誘いが来ますが、日々の暮らしのやり繰りさえままならぬ身では、辞職してまで上司の誤りを正す場合には戸惑うこともあるやもしれず、正しい判断ができぬこともあり、今は就くべきではないと、辞退したのです。

【転機に乗じて竜となる⁉】

2年が過ぎた1892（明治25）年4月、是清は知人から日本銀行の川田《かわだ》総裁と会う場を設けてもらいます。是清がペルーで失敗した「山師」という悪評がついて回った頃です。

川田は是清に日銀の新築工事の事務所の事務部の支配人の仕事を託します。技術部の監督があの教え子の辰野金吾ですが、是清にはこだわりがありません。

是清は持ち前の有能さで、工事の無駄を徹底的に省き、工期と予算を縮小しました。どんな仕事であろうと、是清は熱心に務めます。それが評価されるのです。翌年9月、是清は日銀支配役兼、下関の西部支店長を命じられ、年俸は2000円となります。40歳でした。

ここで無駄な経費を削減し、利息を下げて顧客を増やし、1894（明治27）年8月、川田総裁から横浜正金《しょうきん》銀行（現在の三菱UFJ銀行）への転出を命じられます。正金銀行の生え抜き幹部と、日銀から出向してくる支店長との争いを収拾するためでした。

この問題を解決した頃、１８９６（明治29）年11月、川田が逝去します。翌年、是清は正金銀行副頭取となり、井上馨蔵相の密命で欧米に出張しました。日本政府の外債発行の可否を調べるためでした。

この出張で、少年の頃に世話になった銀行家のシャンドと再会します。バース銀行ロンドン支店の副支配人となっていました。帰国後、実情を報告した是清は、１８９９（明治32）年、いきなり日銀副総裁に任命されます。

これは新しい総裁の山本達雄の基盤が弱いため、新しく就任した松方正義蔵相の提案で、支え役として是清が起用されたのでした。松方は薩摩出身、この時は伯爵になっていました。日本の大蔵大臣・財政家を語る時、松方と是清は双璧としてセットで登場します。

松方は第４代と第６代の総理大臣にもなっていましたが、日銀創立、金本位制度の確立をした人物です。明治天皇、大正天皇が信頼していた一人で、松方が宮中に奏上に行くと、特に時間が長くなりました。また松方は伊藤と並ぶ艶福家《えんぷくか》として必ず名前が出ます。

ある日明治天皇が、「松方、何人の子がおるのか?」と尋ねると、松方は返答に詰まって、「調査の上、後日ご報告いたします」と答えた逸話が有名です。実際のところは、25人とも27人とも言われています。

ここまで是清の人生を駆け足で追ってきましたが、是清は自らその地位を求めて、ということがありません。順風の時も逆風の時も淡然と己のなすべきことに尽くすのみです。本人は後に、「私の半生は多くは自分の不明から無用の波乱を重ねてきたわけであるが、その間、わずかに誇りうるものがあるとすれば、それは、いかなる場合に処しても、絶対に自己本位に行動しなかったという一事である。子どもの時から今まで、一貫して、どんなつまらない仕事をあてがわれた時でも、その仕事を本位として決して自分に重きを置かなかった。だから世間に対し、人に対し、あるいは仕事に対しても、いまだ一度も不平を抱いたことがない。またこれと同様に、あるいは他人から見て羨ましがられるような境遇にいる時でも、自分に重きを置くことをしなかったため、特別に喜ぶ気も起らない。今まで、ひどく困った境遇に陥ったことも一度や二度ならずあるのだが、いかなる場合でも、何か喰うだけの仕事は必ず授かるものである。それが何であろうと、常にそれに満足して一生懸命にやるなら衣食は足りるのだ。ところが多くの人は、現在困っていながら、こんな仕事ではダメだとか、あんな仕事が欲しいとか言っているから、いよいよ困るような目に落ちてゆくのである。仕事を本位とする以上、その仕事の性質がどんなであろうとも、ただ一心になってそれを大切に努むるばかりである」と語っていますが、その通りです。

是清は常に与えられた境遇の中で、悲観せず、己のなすべきことに没入しています。それが一つの処世の極意ではないでしょうか。悲観、落胆しても人生は好転も前進もしません。当たり前のことですが、それを淡々とできる人が少ないのが現代です。

【国家の命運を担った大仕事‼】

政府要人や官界幹部にも、是清の名が知れ渡った頃の１９０４（明治37）年２月12日、是清は元老の井上馨に呼ばれ日露戦争にかかる戦費を調達するため、欧米での外債募集の担当者を命じられました。

日清戦争に勝ったとはいえ、日本は新興国であり、相手は世界最強とされる陸軍を持つロシアです。日本の外債は負ける国の外債とも受け取られ、募集には困難が伴うことが当然とされていました。

日清戦争でかかった戦費は約２億円（今の２兆円〜４兆円）でした。それから10年、物価上昇や相手がロシアということで、政府は４億５０００万円と見積もっています。日清戦争の時は、武器・装備品購入のため、戦費の３分の１が外国に流出しているので、今回も同じ計算をしていました。

当時、日銀保有の正貨（今の外貨準備高）は１億１７００万円、ここから６５００万円が外国銀行の持ち出しと、輸入代金支払いで消えるので、残りはたったの５２００万円しかありません。当座１億円が必要となり、是清に白羽の矢が立ったのです。

戦争には莫大な費用がかかります。万単位の将兵がいる以上、食費も膨大な額になるのです。銃弾、砲弾、艦船の燃料費、傷病兵のための医療費もバカになりません。日本は悲しいほど、列強に比べると貧しい国であり、ファイナンス（金融）の信用も高くありません。それなのに、相手は巨大なロシアなので世界の思潮は「日本敗北」でした。負ける国の外債は完済できないのでは？　という懸念が付きもので、募集しても応募があるかどうかは霧の中です。

そこで政府は緒戦必勝で日本優勢を印象づけ、外債募集にはずみを付けるべく、猛将で戦さ上手、歴戦の兵《つわもの》の黒木為楨《ためもと》大将を第1軍司令官として派兵したのです。この賭けは、きっちり勝ちました。その鮮やかで勇敢な勝ち方は、世界のメディアが賞賛し、是清の任務を力強くバックアップしたのです。

金も銃弾も砲弾も兵員すら大きく不足する「ないない尽くしの日本」が、正義の戦争として必死の思いで向かっていったことを思うと、健気ながら痛々しく、思わず「負けるな日本！」と胸奥で呟いてしまいます。

是清は自分に権限を付与してくれること、自分の関係以外の応募は断ること、自分の関係以外の者を募集に使わないことを約束させて欧米に渡りました。まずは親日随一のアメリカです。

「ロシアの極東侵略を防ぐため、日本が戦うことは当然だが、大敵を相手に苦闘を重ねなければならず、同情に堪えない」「ロシアに向かっていくのは、巨人に向かっていくようなもので、その勇気に感嘆する」などと讃辞が続くものの、外債について興味を示す者はいませんでした。

是清はイギリスに行きます。ここでも当初は手応えがありません。日英同盟があっても、日本の外債を買うことは、中立に反するのでは？　という思惑もあったからです。是清は金融界の重鎮と親しくなることで、このような思考を転換することにしました。武器は明朗な性格と果断な行動力でした。

是清がやっとの思いで、こぎつけたのは、利息が年6分（6％）、発行はポンド、担保は関税収入、期限は7カ年、発行額93ポンド、発行額限度最高５００万（約５０００万円）ポンドという、植民地的条件でした。是清がイギリスに来て3カ月も経った時です。

この時、是清と友人だったアーサー・ヒルが祝いの晩餐会を催してくれました。この席で是清は、アメリカのジェイコブ（ヤコブ）・シフを紹介されます。ニューヨークの「クーン・ローブ商会」の代表で、アメリカユダヤ人協会会長でもある人物でした。

「クーン・ローブ商会」とは、ロンドンのロスチャイルド家のアメリカ支店です。シフは、金融界のドンのロスチャイルドから、アメリカでの業務一切を任されていた投資家でした。鉄道事業への投資で財産を作り、ロスチャイルドからの信用を得た人でもありました。

シフは、是清に日本と日本社会のことをあれこれ尋ね、「今の日本は万世一系の天皇のもと、国民が一丸となって国を守ろうとしている、武士道の国だ」と説くと、大いに得心《とくしん》した様子でうなずいたのです。

翌日、シフは残りの５００万ポンド全額を引き受けようと申し出てきました。是清は驚くばかりですが、シフにはユダヤ人ゆえの動機もあったのでした。それは、アンチロシアだったからです。

ロシアは昔からユダヤ人迫害の多い国で、その反動でアレクサンドル2世は、ユダヤ人らに暗殺され、ロシア政府は一層ユダヤ人を弾圧するようになっていました。シフはロシアで困窮しているユダヤ人たちを支援していましたが、今回の戦争で日本が勝つか、勝たないまでも互角であれば、政府の力も弱まり、ユダヤ人による革命が起こせることを期待していたのです。

歴史は、まさにその通りになりました。1917年に革命を主導したレーニンはユダヤ系でした。革命には日本陸軍が明石元二郎《あかしもとじろう》大佐を使って、革命を望む人々に資金と武器を提供したことも無関係ではありません。明石は、革命や民族の蜂起、騒乱を画策し、レーニンとも面談し、蜂起を誘っています。この人も、もっと高く評価されるべき人物です。

シフは1905（明治38）年1月、明治天皇より勲二等瑞宝章を授与されました。翌年、来日した折には、明治天皇の午餐会に招かれ、勲一等旭日大綬章が授与されています。

外債は5月11日に英米両国で同時に募集されましたが、5月1日に日本軍がロシア軍を圧倒したこともあり、アメリカでは5倍、イギリスでは30倍もの応募があり、以後の募集も条件が緩和されたにもかかわらず、好調に売れたのでした。

是清の活躍は大いに評価されるべきです。日露戦争での臨時軍事費での決算では、収入が17億2121万円、その中で公債収入は13億4939万円あまり、そのうち外債は8億2000万円にもなり、是清の手腕によるものでした。その他に、戦後の1905（明治38）年11月に、「戦後処理外債」を5億円募集し、それら全てを払い終えたのは25年後です。

是清は功績により、帰国した1905（明治38）年1月に、貴族院の勅撰議員に任命、男爵に叙せられています。そして、1911（明治44）年、日銀総裁となったのです。

【政治家となった是清】

1913（大正2）年、是清は山本権兵衛首相に請われて大蔵大臣に就任すると同時に政友会に入党します。入党は是清の意志ではなく、山本と政友会の協議の上でのことでした。

面識のない山本は、「松方公に聞いたんだが、君は国家のためならば己を虚《むな》しうして尽くすということだった。君の手腕を第一ではなく、君の精神を頼りにして頼むのだ」と口説いたのです。山本は2歳年上の伯爵でしたが、日本の海軍の中興の祖であり、日露戦争での海軍の飛躍をもたらした能力あふれる人物でした。ただ、首相になってからは不運続きで退任しています。

翌年4月、山本内閣が倒れ、是清も退任します。次に大蔵大臣の声が掛かったのは1918（大正7）年9月、初の平民宰相と呼ばれた原敬首相に請われてでした。平民宰相とは爵位を持たないということです。歴史家の多くは、爵位を断じて拒否して平民のままでいる原を無欲と評価していますが、実は爵位を貰うと貴族院議員になった際には俸給があたらず、ということがあって辞退していた面もありました。原は「カミソリ陸奥宗光」の愛弟子でもあり、能力はあった人物でした。

この年8月、物価高騰と売り惜しみした商人のせいで、米価の暴騰となり、「米騒動」が起きて、寺内正毅《まさたけ》内閣が総辞職した後の内閣です。この時の社会経済状況を説明すると、第一次世界大戦によって日本はバブル的好況となり、その勢いを終戦後にどのようにコントロールするかが問題でした。

日本は明治の末から貿易が入超（輸入超過）で貿易赤字が高まっていたのです。１９１４（大正３）年は11億円の債務国でもありました。それが大戦が始まると輸出が6億円から20億円にと大きく増えて、１９２０（大正９）年には27億３３００万円もの債権国となったのです。

この間、１９１４（大正３）年の企業数７０５３社が、１９１９（大正８）年に１万３１７４社、資本金は17億７０００万円あまりから、１０７億６０００万円と6倍、職工数も94万８０００人から161万２０００人に激増し、海運収入も４２００万円から5億円に増加し、全国の銀行預金は23億３０００万円から82億３０００万円に増えました。株を売買する人々も急増し、成金が続出したのも、この時です。

終戦となり、すぐにヨーロッパが復興で好況になるわけではなく、日本はアメリカの好況に続くような状態でした。しかし、バブル的景気の中で増設された設備投資が作る過剰な製品が、以前と同じように売れることはなく、やがて不況になることは時間の問題です。

そこで「困った時のダルマ頼み」の是清の登場となりました。この時、是清は低金利維持による産業振興策を採用し、財政上も膨張予算を組みました。バブル的好況は１９２０（大正９）年3月まで続きますが、その月に株式市場の暴落となり、それまでの反動で恐慌気味となります。企業を救済するため、公債も発行されました。

是清の措置につき、むしろ引き締めるべきだったという後世の批判もありました。この件につき、1980年代に発生したバブルと比べると、この時は日銀の三重野《みえの》総裁が「バブル退治の鬼平」とマスコミに持ち上げられ、公定歩合（今の政策金利）をドカンドカンと上げて、ハードランディングでバブルを一気に潰し、その後の「失われた10年ないし20年」の端緒となっています。

本来は、もっとゆっくり金利を上げて引き締めるべきでした。是清は政府の財政出動もして需要を作りましたが、並行して余剰の設備を償却する補助金などを用いて、ソフトに需要を調整したら、最善ではなくても次善だった、というのが私見です。ただ、私たちは後世の人間で、結果を知っているから、このように述べられるということを含めて検証しなければなりません。

1921（大正10）年11月4日、原が東京駅で刺殺され、健康上の理由で大蔵大臣を辞めたがっていた是清が首相と政友会総裁にならざるを得なくなりました。11月13日に組閣、翌年6月12日まで首相の任にあたります。大蔵大臣も兼務です。

是清は総裁なんぞ、私にはできないと断りましたが、強く推されて仕方なく引き受けたのでした。是清、実は人間、政治家・官僚などには一毫《いちごう》も興味がなく、党の議員ですら満足に名前を覚えません。政治家としては失格の御仁でした。結局、党内の暗闘に嫌気がさして総辞職します。

尚、その前年には子爵になっていました。政友会の総裁は他に適任者がいないので、不本意ながらそのまま引き受けていますが、1924（大正13）年3月、護憲運動展開のため、貴族院議員を辞めて衆議院議員に立候補します。

護憲運動とは、長州や薩摩中心の藩閥政治ではなく、選挙で第一党になった党の総裁が首相になるべき、という「憲政の常道」に沿った政治をせよ、ということで、この時は肥後出身の清浦奎吾《きようらけいご》枢密院議長が首相となっていたのが発端でした。清浦は政界のドン、山県の側近の一人で、山県のエージェントみたいなものでした。

是清は憲政会の加藤高明、革新倶楽部の犬養毅の3党首で護憲三派連合を作り、選挙に臨みますが、自分の爵位を捨てているのです。国民は、そんな是清を熱狂的に支持します。是清が演説すると、聴衆には涙を流す者までいました。

政府は権力と金を駆使して妨害しますが、是清は当選し、三派連合も大勝したのです。清浦内閣が総辞職、加藤高明が首相となります。第一党の党首が首相となる「憲政の常道」通りになりました。これこそが議院内閣制の正しい在り方とされていたからです。

しかし是清は初めの話と違う加藤の態度に失望しますが、党員たちのこともあり、農商務大臣で入閣後、翌年4月、田中義一を党の総裁として迎え入れ、辞任しました。引退したかったのです。田中は軍人、陸軍大将からの転身でした。

さあ、これで引退できるぞ、とばかり、是清は表町（港区赤坂7丁目になる）で隠棲の日々を送るようになりました。もともと胃腸病と脚気を患っていたこともあったのです。

【史上最大の危機到来、ダルマ立つ！】

そんな是清が政治の舞台に上がらねばならなくなったのは、維新以来、最大の金融恐慌が発生したからです。発端は1923（大正12）年9月1日の関東大震災後の金融措置による、支払猶予（モラトリアム）による社会不安と、若槻《わかつき》内閣の片岡直温《かたおかなおはる》蔵相の国会での失言でした。

1927（昭和2）年3月14日、片岡は野党議員からの質問への答弁の中で、渡辺銀行が破綻しました、と誤ったことを述べ、これが取り付け騒ぎとなり、他の銀行にも連鎖的に騒動が波及し、取り付け騒ぎを危惧して臨時休行が続出、かえって民衆の不安を煽ることにもなって未曽有の金融恐慌にまで発展してしまったのです。

この時は、金融不安ではなく、完全な恐慌でした。4月1日、2日には株式市場も大暴落しています。4月に入っても取り付け騒ぎと銀行の休業は続き、株式市場も暴落続きで、22日には立会休止にまでなりました。

若槻内閣は4月20日に総辞職し、田中義一が首相となり、是清に収拾を頼みます。是清は日本の国際的信用を失墜させるわけにはいかない、国家の不幸を座視できぬ、30日か40日程度でなんとかできると考えて大蔵大臣を引き受けました。これだけの恐慌に対し、その程度でなんとかなる、というのが是清の面目躍如たるところです。

4月20日には、是清邸には数十台もの車が連なり、千客万来の賑わいとなって出馬を大歓迎しています。是清は日銀からの融資を平生の2億5000万ほどから7倍弱となる16億6060万円とし、紙幣の発行も大きく増やしました。

各銀行には緊急勅令（天皇の命令）で21日間の支払猶予を命じると同時に一斉休業としています。モラトリアムの間、国府県・公共団体の債務支払い、給料支払い、一口500円以下の預金引き出しのみは認めることにしました。市中銀行の店頭には200円の新紙幣を積みますが、急ぐために片面だけの印刷でした。資金ショート（不足）の銀行には日銀から貸し出すことにしましたが、この予算だけで国家予算の約4割という思い切った策です。

これが功を奏して開店後の銀行で取り付け騒ぎの起こった店舗は皆無でした。それを見届けた是清は42日目の6月2日に辞任して隠居生活に戻っています。鮮やかな手際でした。

この千両役者のごとき引き際は、社会の是清への絶大な信頼を喚起することになりました。これで、のんびりできると思いきや、歴史はそうはさせてくれません。

1929（昭和4）年秋、アメリカで大恐慌が発生し、世界にその波が及びました。タイミングの悪いことに、翌年1月11日、日本は欧米に遅れて、「金の解禁」に踏み切ったこともあり、不況に拍車をかけることになったのです。

1930（昭和5）年と翌年、日本は失業者であふれかえりました。農村では娘の身売りが相次いでいます。ここで1931（昭和6）年12月13日、犬養内閣に請われて大蔵大臣を受諾し、是清は即日、金解禁の停止を発令しました。

この後、1932（昭和7）年5月15日に五・一五事件が起こり犬養が暗殺され、政党政治排撃の中で是清は臨時の首相も兼ねますが、恐慌後の不況を収束させると大蔵大臣も辞任しています。

最後の奉公は1934（昭和9）年11月27日、海軍大将で、海軍の重鎮の岡田啓介《おかだけいすけ》首相に請われて大蔵大臣を引き受けました。今度のミッションは強力となった軍部が恫喝に近い形で要求する著しく膨張した予算を縮小することでした。

前任の大蔵大臣は是清の薫陶を受けた藤井真信《ふじいさだのぶ》ですが、五・一五事件の影響で軍部に逆らえず、病気になってしまったため、毅然と対応できる是清にお鉢が回ってきたのです。昭和10年度予算は、軍からの強い予算拡大の要求があり、政府・大蔵省共に大いに困惑していた中、激闘の末、是清は陸海軍の要求に対して、最低限度の予算案を成立させています。

【是清と軍の軋轢】

是清が81歳という、この時代としては異例に老齢の体に鞭打って引き受けたのには、「出所行蔵《しゅっしょこうぞう》（進退）一つに義をもって決す」という信念があったからでした。そして、国家のため、という祖国への思いもあったからです。昭和10年度予算は軍の圧力により総額22億円の巨大予算になっていました。

是清の基本的な財政方針は、赤字公債増発で景気を刺激し、好況にして税収を増やして公債を償却（返却）するという正統なものでした。現在も謳われている緊縮財政や、プライマリーバランス適正化などは景気を悪化、国力を弱くする以外のなにものでもありません。その意味で財務省は国民にとって百害あって一利なしの存在です。

是清は衆議院本会議にて、次の昭和11年度予算は軍事費が行政費の2倍以上という異常さを指摘し、削減する旨を言明します。「国防の充実は必要であるが、国力を無視して行うことはできない。財政破綻、民生の窮乏をきたせば、国防自体が弱体化してゆく」

対して軍部の若手将校（主として少佐、中佐）らは軍が天皇に直属するものとし、政党内閣が軍の方針に容喙《ようかい》するのは、もってのほかと抗弁します。1931（昭和6）年の満洲事変以降、軍事費は急速に膨張し、1933（昭和8）年に8億5000万円だったのが、1935（昭和10）年には10億2000万円に達していました。これは歳出総額の約46％にもなっていたのです。

是清は単純な平和論者ではなく、1934（昭和9）年の国会では、日本を経済的窮地に立たせようという動きを封じるには、外交工作によらねばならず、列国に相当の敬意を持たせるには相当の兵備（軍事力）を持たねばならないと主張しています。是清は徹底したリアリストでした。

そうでありながら、軍事費は、外交、財政とのバランス、調和があって、初めて活かされるとも述べていました。是清は、なぜ軍事費を減らせないのか、これは国民の声なのか、と問うと、国会内からは「イイエ、（軍の）ピストルが怖いからだ」という野次が上がったほど、五・一五事件以後から、余計に軍は恐れられていたのです。

周囲の者たちは心配しますが、是清は、いつ死んでも致し方なしと覚悟を決めていました。是清は陸相・海相の列席する閣議においても、軍事費膨張につき、軍部はアメリカとソ連の両面作戦をするつもりか、国防とは攻め込まれないように守るに足るだけでいい、その常識を欠いた幹部が政治にまで口をはさむのは国家の災いである、とまで語りました。むろん、この言葉はすぐに陸軍内に知れ渡っています。

ほとんどの書では触れていませんが、公平を期すために申し添えておくと、横暴に見える軍部は、大正時代に世間から冷遇され、「宇垣《うがき》軍縮」での師団の削減、軍人への蔑視、中傷もあったことで、鬱屈したものを抱えるようになっていたのです。それが満洲事変で国民とメディアから喝采を浴び、注目されるようになり、さらに農村の窮乏と財閥の強欲を憂いての五・一五事件で民衆人気が高まり、勢いがついていました。

移ろいやすい国民性とメディアにも責任があり、この軽薄な風潮、国民性は今も変わらないのが現実です。大正・昭和の貧富の格差は今のアメリカ・中国とは比べものにならないほどのものであり、財閥や富裕な財界人を攻撃した軍は、一種のヒーロー視もされたのでした。しかし、その後の増長は非難されるべきものです。

そうして、運命の１９３６（昭和11）年2月26日、午前5時過ぎ、是清は決起した陸軍軍人に襲われ、７発の銃弾を浴び、右肩から胸を軍刀で斬られ絶命したのです。享年83歳でした。

是清は群れをなすことを嫌い、他人に興味を持たない半面、他人からは必要とされました。どんな仕事をしても異能の才を発揮する男でした。もとから経済の専門家ではないのに、財政や景気について、現実的で、その時点で最も効果のある手を打ちます。学者や評論家などの「観念だけの人」ではなかったのです。いつ、何があろうと、めげることなく明るく処し、卑屈さ、愚痴もありません。

是清の財政家としての真骨頂は積極財政で、近時の首相でこの意味を理解していたのは安倍元総理だけでした。あとは財務省の言いなりで、経済を殺し、国民を苦境に追いやっています。

岸田首相然《しか》り、この人以外の石破、河野、小泉というガラクタ政治家が首相になっても、しょせんは財務省のポチになるしかなく、「アンチ財務省」の実力のある首相の登場を望むばかりです。

是清の生い立ちから世に出るまでは、エリートコースではなく逆のようなものでした。そこから日本の財政・経済・景気を幾度も立ち直らせた手腕と、それによって助かった国民のことを鑑みれば、これまで以上に評価されるべき人物です。

金も地位もいらず、爵位さえ、あっさり捨てる是清の生き方は痛快であり、清々しくもあります。写真を見ればわかるように、オープンマインドを示す表情で、数多の人の心を惹きつけたことが容易に想像できるでしょう。

高橋是清、見事な人生でした。

【天晴！な日本人】

日本の諜報力の高さを
世界に知らしめた、
諜報の神様

《小《お》野《の》寺《でら》信《まこと》》

【小野寺信とは何者か】

皆さんは、小野寺信という将官の名前を聞いたことがありますか？

小野寺は終戦時、スウェーデン駐在の陸軍の情報将校ですが、英米からは「枢軸側諜報網の機関長」「スパイマスター」として恐れられた軍人でした。

もし参謀本部や外務省が、まともな視座、判断力を持っていたなら、小野寺のもたらした情報は、大東亜戦争において、計り知れない恩恵、成果を発揮したはずです。その内容については後述しますが、日本にとって小野寺の功績が正当に評価されないことは、残念でなりません。

現在の日本は特異な国なので諜報機関はありませんが、大東亜戦争敗戦までは、陸海軍共に諜報機関を持ち、各国から情報を集め日本の国策に役立てていた歴史がありました。

安倍政権発足後、国家安全保障会議（ＮＳＣ）と、司令塔となる国家安全保障局（ＮＳＳ）が創設され、情報収集体制の強化・集約と政策決定が進められています。特定秘密保護法制定により、従来とは比較にならないほど、欧米から機微な情報も入るようになったものの、正式な諜報機関とスパイ防止法の制定は喫緊の課題です。

イギリスには映画の「００７シリーズ」で知られる外務省傘下の「ＭＩ６（エムアイシックス）」と、内務省傘下の「ＭＩ５（エムアイファイブ）」があり、「ＭＩ５」の副長官だったガイ・リデルの日記が秘密解除されましたが、そこに小野寺の名前に加えて、彼の情報（インテリジェンス）は、米英仏の配備、ソ連の暗号表、諸産業の状況など、戦略的かつ戦術的だったと記されていました。

余談ですが、１９４４年6月6日の史上最大の作戦である「ノルマンディー上陸作戦」は、二重スパイの、コードネーム「ガルボ」ことスペイン人のファン・プホル・ガルシアと、「トライシクル（三輪車）」ことセルビア人のドウシャン・ポポフが、上陸地点をカレーに偽装した情報をドイツに流して成功させました。

このポポフ、プレイボーイですが、「００７シリーズ」のジェームス・ボンドのモデルの一人と言われています。この大作戦の成功で連合軍は大攻勢が可能となりましたが、諜報・スパイは用い方で世界の様相すら変えてしまうのです。この点で日本は大きく遅れているのが現実で、国民もメディアもそのことを重視しようとはしていません。

さて、その英米が恐れた小野寺ですが、１８９７（明治30）年9月19日、岩手県の南の胆沢郡《いさわぐん》前沢町（現・奥州市）の町役場の助役、小野寺熊彦の長男として出生しました。小学校時代から成績優秀でしたが、12歳の時に父が逝去したので、本家の養子となり、１９１２（大正元）年に仙台陸軍地方幼年学校に入学、この時に専攻したのはドイツ語でした。

これは日本の軍人の中に、ドイツ陸軍崇拝の思潮があったからです。陸軍幼年学校は、プロイセンの貴族の子弟を軍人に養成するための学校をモデルに設けられ、語学の科目にはロシア語・フランス語・ドイツ語がありました。

陸軍幼年学校を卒業すると陸軍士官学校（陸士）に入学、１９１９（大正8）年に31期生として卒業します。この幼年学校から陸士に進むのは一つのエリートコースで、陸士内でも普通の中学校出身者は軽視されていました。

小野寺少尉は歩兵第29連隊の小隊長として、1921（大正10）年、ソ連のニコライエフスクに出兵します。前年に共産ゲリラに日本人居留民を含む住民が虐殺された「尼港《にこう》事件」が起きたので、事件後の補償と占領としての派兵でした。ここで小野寺はロシア語を学び、1年で会話に不自由なくなったのです。

この時の日本は、ロシア革命で誕生したソ連が、最大の仮想敵国、脅威でした。将来のことを考えてロシア語をマスター、さらには現地のドイツ企業のドイツ人とも親しくなり、生きたドイツ語もマスターしています。

1925（大正14）年、陸軍大学校（陸大）をドイツ語専攻で合格、ロシア語を第1語学として学ぶ乙班の5人にも選ばれました。乙班での3年間の成績は常にトップでした。1928（昭和3）年12月に首席で陸大を卒業し、歩兵学校、陸大、参謀本部に所属しながらソ連軍の研究を続けた後、1933（昭和8）年5月からハルビン駐在となります。

小野寺は成績優秀者に課される海外留学のような形で駐在となったのです。陸大は陸士卒業後、部隊に配属された時、部隊長の推薦があって初めて受験できます。陸軍大学卒業者は陸軍内での出世も超特急で、特に優秀者は大本営参謀本部の参謀や、方面軍、各師団などの参謀に抜擢され、右肩から金モールの参謀飾緒《しょくしょ》を吊って華やかに活躍することになるのです。

特に皇道派でソ連通の小畑敏四郎《おばたとしろう》大佐（後に大将）の薫陶を受け、ソ連戦術の研究をしました。陸軍大学時代に百合子《ゆりこ》夫人と結婚しています。小畑は1921（大正11）年10月、ドイツのバーデンバーデンで、将来の陸軍を背負って立つとされた16期の同期の永田鉄山《ながたてつざん》、それに同じく欧州に駐在していた同期の岡村寧次《おかむらやすじ》（後の志那派遣軍司令官、大将）と3人で、陸軍改革・刷新を目的とした「バーデンバーデンの盟約」を交わしました。

陸軍内の長州閥の解消、統帥を政治から分離、国歌総動員体制の確立の3つが主目的で、1期下の東條英機も加わってのことでした。この東條は、永田に心酔していて、永田の前では直立不動か正座でいました。資料によっては永田は長州閥解消について積極的でなかったと言われています。後に永田と小畑は、方針の違いから袂《たもと》を分かつようになっています。

そのうち小野寺は陸軍随一のソ連の赤軍通になりました。赤軍とは共産主義の国の軍隊として、後にスターリンに暗殺されたトロツキーが組織した軍隊です。ソ連は経済5カ年計画の成功もあり、装備も新式で充実し、精強な軍隊になっていると小野寺は警戒を発し、参考書（赤本）を刊行しています。

これにアメリカ・中国も含めた『隣邦軍事研究』を偕行社から出版、青年将校の間でベストセラーにもなりました。小野寺は学究肌でもあり、軍人でなくとも、学者にもなれる人でした。

【小野寺の軌跡】

1936（昭和11）年11月、小野寺はラトビアの首都リガの駐在武官（大佐）となり、ラトビア軍参謀本部の情報将校と親しくなります。インテリジェンスの世界は「ギブ・アンド・テイク」なので、日本からのソ連情報を提供し、その見返りにラトビアの情報を貰います。

現在、バルト3国のラトビア、エストニア、リトアニアはNATOに加盟し、ロシアに備えていますが、この頃はソ連の脅威の下、生き残りに必死でした。ラトビアは1201年にドイツのブレーメン司教らドイツ人が入植、ドイツ貴族が55％の土地を有する半植民地状態となり、中世はドイツのハンザ同盟の拠点都市として繁栄し、リガはドイツ人によって築かれた美しい街です。

ハンザ同盟とは、北欧を中心とした商業圏内での北ドイツが支配した都市同盟で、1241年頃が最盛の貿易特権を持つ同盟でした。

1795年から第一次世界大戦終了まで帝政ロシアに併合され、1918年に念願の独立を果たしたものの、1940年に再びソ連に併合、1991年のソ連崩壊で独立した歴史を持っています。リガは、対ソ連での各国の諜報武官の拠点でもありました。

白人の武官たちと親しくなるのは容易ではありませんが、小野寺は秀でた語学力と、何よりも人柄の良さで、多くの武官と親しくなっています。人との信頼関係を築いて協力者から秘密情報を得るヒューミント（ヒューマン・インテリジェンス）は、インテリジェンスの王道であり、小野寺は後に「達人」と称されるほどでした。

中でもポーランド武官のフェリックス・ブルジェスクウインスキーとは、生涯を通じての親友となります。駐在中、暗号書を肌身はなさず保管したり、暗号電文・書類を作るのは百合子夫人の務めで、忠実に、補佐していました。

小野寺はラトビアの隣国のエストニアの武官のウィルヘルム・サルセンとも、一生、肝胆相照らす仲となります。エストニアは九州ほどの面積に人口は約135万人の小国で、ロシア、ソ連に支配された苦難の歴史を持つ国ゆえ、ソ連に関する情報収集レベルには高いものがありました。

エストニアは、エストニア族が紀元前500年頃アジアから来て、スラブ人、ノルマン人との混血が進み、10世紀頃、エストニア民族が形成され、ハンザ同盟に加盟して栄えています。1712年にロシア帝国に支配され、1918年独立、1940年、再び支配され、1991年に独立した国です。バルト3国も悲劇の国だったのでした。

その後、小野寺は1938（昭和13）年10月、上海に派遣され、各国の高官、富豪が利用する上海一流の高級ホテル「アスターハウスホテル」に拠点を定めます。前年に中国共産党が日本と蒋介石軍を戦わせるために仕掛けたとも言われる「盧溝橋事件」がありました（『中国共産党大解体』ビジネス社、好著なので一読されたし！）。

この結果、日本は果てのない泥沼のような戦争に突入しています。加えて外見だけで中身のない近衛文麿首相が、同年1月に、蒋介石政権を相手にせず、という誠に愚かな声明を発表し、和平工作も頓挫していたのです。

参謀本部ロシア課はこの進展を危惧していましたが、同支那課の力が大きく、現状変更に心を砕いていました。そこで小野寺に指令が下されます。そのミッションは「和平工作」でした。

この時は支那課長から謀略課長に転出していた影佐禎昭《かげささだあき》も、日本の傀儡政権の汪兆銘《おうちょうめい》との和平を進めようとしていたのです。影佐は、過激な国家改造を目的とした「桜会《さくらかい》」の会員として、拘束されたこともある人でした。しかし、和平の本当の相手は軍を持つ蒋介石だけでした。

小野寺は直接、蒋介石に働きかけを続けていましたが、影佐の政治力のせいで撤退を余儀なくされています。余談ですが、自民党の谷垣禎一氏の母方の祖父が影佐です。どちらが正解だったのかは、歴史がはっきりと証明しています。蒋介石との和平が成就していれば、大東亜戦争でアメリカと戦うことも回避できたか、格段に良い条件で戦えたことは必至でした。

また、小野寺は小畑が中心となった皇道派の軍人ですが、１９３６（昭和11）年の二・二六事件の後始末で皇道派が統制派の風下に立つようになったことも、政治力の差となっています。尚、影佐は東條に「中国に寛大すぎる」として、１９４２（昭和17）年5月、前線の師団長に更迭されました。小野寺の仕事振りにつき、蒋介石は「和平信義」と彫られた金製のカフスボタンを贈っています。

【小野寺、本格的な活動開始】

1941（昭和16）年1月27日、小野寺は駐在武官として、スウェーデンの首都ストックホルムに赴任します。スウェーデンは、第二次世界大戦中、ドイツ、連合国に翻弄されながらも中立を貫いた国です。

時代背景を説明すると、1940（昭和15）年に神武天皇即位から2600年の「皇紀2600年の祝典」、無能の近衛内閣成立、「日米通商航海条約」の失効、ドイツ、イタリアとの三国同盟締結、ドイツがヨーロッパでフランス、オランダ、デンマーク、ノルウェー、ベルギー、ポーランドを屈服させ、「バスに乗り遅れるな」を合言葉に世論は、急速にドイツに傾倒していました。バスはバスでも、ガス欠どころか、谷底に転落する、とんでもないバスでした。

当時、大本営の参謀本部は、ドイツと不可侵条約を結んでいたこともあり、ドイツはこのままイギリス本土に進撃する、と見ていました。小野寺の読みは逆に、装備、イギリスの備えから、それは難しい、です。

その他に重要情報として、ドイツ軍の電撃的ソ連侵攻についての情報がありました。1941（昭和16）年6月22日のことでした。これにつき、小野寺は諸情報を分析して、侵攻ありと参謀本部に報告しましたが、ドイツ駐在武官から大使になった大島浩《おおしまひろし》少将の情報を重視した参謀本部は、侵攻はないとしてしまったのです。大島少将は東條と陸軍大学27期の同期生、父も陸相を務めた熱烈な親ドイツ派で、ヒトラーのファンでもあり、かなりバイアスがかかったことは否定できません。ヒトラーは自分たちが伝える情報を鵜呑みにする大島をフルに活用して、ドイツに都合の良い宣伝に終始していました。ソ連侵攻もヒトラーの指令で偽装していたのです。

参謀本部にも親ドイツ派、親ソ連派、親アメリカ派が入り乱れていて、みな、自分たちに都合の良い解釈をしている面も障害になっていました。イギリス本土上陸もなく、ドイツがソ連に侵攻した時に（バルバロッサ作戦）、日本もソ連に攻めていったならば、ソ連は降伏、日独は負けないか、引き分けの和平の可能性もあったかもしれません。

面白いのは、日ソ中立条約を結んできた松岡外相が、ソ連を攻めよと主張し、軍人が止めていることです。日本は条約破りの常習犯のソ連に対して、条約を守ろうとして後に北方領土を奪われています。誠実でしたが、国際外交では仇になってしまいました。

小野寺はここでポーランドの大物インテリジェンス・オフィサーのミハール・リビコフスキーとも知り合い、生涯の友とします。独ソ開戦は、リビコフスキーからの情報によるものでした。この当時、ポーランドは日独とは敵になりますが、両人は信頼と友情によって情報交換を続けたのです。

このリビコフスキーは、ドイツの悪名高い「秘密国家警察（ゲシュタポ）」のハインリッヒ・ヒムラー長官が恐れていた最も危険な密偵でした。そうしてゲシュタポは命を狙いますが、小野寺が守ります。小野寺に有力な情報をもたらせた中にエストニアの参謀本部次長まで務めたリカルト・マーシングもいました。

マーシングからは「日本は英米と開戦すべきではない。ドイツの勝利を期待してのことだろうが、ドイツは敗れる。その時になって後悔しても遅い」という貴重な情報を受け、大本営に報告していますが、結果は知っての通りでした。大島はソ連降伏は間違いないと報告し、日本は御前会議でドイツ勝利必至として開戦を決めたのです。

マーシングは独ソ戦開始後はドイツの「国防軍情報部（アプヴェール）」のために働きます。ここはドイツの国防軍最高司令部（ＯＫＷ）の諜報機関で、もう一つの「親衛隊情報部（ＳＤ）」とはライバルでした。アプヴェールの歴代長官には、ＩＲＡ（アイルランド共和軍）の対英テロや、スペインのフランコ将軍のクーデター、アラブ民族によるパレスチナ、イラク、エジプトでの反英運動などを支援した、海軍大将のウィルヘルム・カナリス提督がいます。

カナリスは１９３６（昭和11）年に大島大使と「日独防共協定」を成立させた人物です。１９４４年の7月のヒトラー暗殺計画（ワルキューレ）に連座し、処刑されています。

カナリスは後年、アメリカ中央情報局（ＣＩＡ）の母体の戦略情報局（ＯＳＳ）欧州総局のアレン・ダレスとも通じていました。ダレスは、戦後、アメリカの国務長官となったジョン・フォスター・ダレスの弟です。

ドイツには対ソ秘密情報機関の「東方外国軍事課」があり、ラインハルト・ゲーレンが諜報ネットワークを築いています。ゲーレンは、東西冷戦になると「東ドイツ秘密警察（シュタージ）」に対抗するため、ＣＩＡのバックアップで現在のドイツ連邦情報庁（ＢＮＤ）の初代長官となりました。ゲーレン機関で有名な人物です。

マーシングは、アプヴェールを1942年に退職、以後は民間人として小野寺のための協力者となっています。こうした経緯を見ると小野寺自身の人柄の良さが、いかに相手に浸透していたかが窺えます。アメリカは、小野寺がインテリジェンス活動での欧州のリーダーとみなし、徹底的にマークするようになっていました。

戦略情報局（OSS）の報告書では、現在の価値で数十億円の活動資金を持ち、参謀総長の有力候補とも記されています。小野寺自身は戦後、いつでも今の2億円程度の機密費を自由にできたと語っていました。

今の日本が、インテリジェンス、諜報分野で大きく遅れているのには、この活動資金の問題もあるのです。自由に使える、というのが役人の世界ではネックになっています。

小野寺は新聞・雑誌など公開された情報を分析するオシント（オープンソース・インテリジェンス）においても非凡な才を発揮し、参謀本部に絶対に日米開戦は不可なりと、30通もの電報を打っていました。

ヒトラーは生存圏（レーベンスラウム）を求め、広大なソ連の地に眠る地下資源を得て、スラブ人を排除し、ゲルマン人を入れる「東方ゲルマン大帝国構想」を実現すべく侵攻したものの、日本が開戦する時には劣勢になりつつあったのです。

小野寺は持ち前の人間性と語学力で、カナリスとも親しくなり、国防軍最高司令部（OKW）作成の報告書まで送ってもらっています。これはマーシングとカナリスの信頼関係も後押ししてくれた結果でした。

加えて、ドイツ諜報界の大物のカール・ハインツ・クレーマーと親しくなり、一層、精度の高い重要情報を得られるようになりました。戦後、クレーマー自身も小野寺が最も重要なニュースソースだったと語っています。戦後のクレーマーは海運業で成功しました。

ナチスドイツは、大島大使や他の日本人を見て、諜報では全く信用もあてにもしませんでしたが、小野寺だけは別格で、クレーマーは小野寺情報で大きく評価を高めたのです。もちろん小野寺に渡す情報も一級のものでした。

1944年5月には、連合国の「ノルマンディー上陸作戦」、別名「オーバーロード作戦」の情報も得ています。フランスのノルマンディーに一挙に300万人もの兵士を上陸させる史上空前のプロジェクトで、成功すれば戦局は圧倒的に連合軍の優勢、ドイツ敗戦は必至となるものでした。

300万人というのは、壮大なスケールの作戦です。ドイツでは、成功する前提で、徹底抗戦を叫ぶヒトラーを暗殺して講和を結ぶ「黒いオーケストラ活動」が活発になりました。その一環としてヒトラー暗殺を企図した「ワルキューレ作戦」が7月20日に発生したのです。

小野寺は参謀本部に報告していますが、大本営も政府も動きはありません。ドイツが負ければ、連合軍は総力を日本に向けてくるというのに無策のままです。愚かというしかありません。こうした情報は、ヒューミント・オシント以外に、電信、無線を傍受して情報を得るシギント（シグナル・インテリジェンス）からも得られます。シギントの大敵は各国の暗号でした。

【日本の暗号の実態】

戦史では、日本は早くから外交・陸海軍の暗号を解読されていた、とありますが事実でした。最も早く解読されたのは外務省の外交暗号で１９４０（昭和15）年、開戦の1年前から筒抜けでした。それなのに改善することなく、「解読されていないであろう」という、願望にも等しい思想で使用継続となっています。

海軍も開戦時から解読されていて、ミッドウェー海戦では大敗を喫し、戦局が大転換しました。１９４３（昭和18）年4月18日には、解読された結果、山本五十六《やまもといそろく》連合艦隊司令長官が、航空機で前線将兵激励の途上、待ち伏せされ殺されています。海軍は、外務省と同じ願望で変更していません。

この点は、日本人特有の自分に都合の悪いことは、なかったこと、有り得ないこととして棚上げしてしまうという「伝統」のせいです。陸軍は１９４４（昭和19）年にニューギニアで玉砕した部隊が残した暗号表を連合軍が入手したことで解読されています。ただし、それまでは解読されていなかったのです。

日本軍の暗号の歴史をたどると、１９２３（大正12）年にポーランドの暗号解読の中心だったヤン・コワレフスキー少佐を東京に招いて学んだことに始まります。ポーランドは、ソ連を敵とすることで、日本と共通の目的を持った国でした。

日本の将校を１９２５（大正14）年からポーランドに派遣して技術の習得もするようになりました。この時の駐在武官は、次章で紹介する樋口季一郎《ひぐちきいちろう》でした。樋口は日本とポーランドの親善にも大きく寄与しています。

ポーランドの解読技術のレベルは高く、世界最高とされたドイツの暗号の「エニグマ」の初期型の解読にも成功しました。この解読技術をイギリスとフランスに供与、イギリスの天才、アラン・チューリングがより強固になった「エニグマ」解読に成功したのです。

この解読が、連合軍の勝利に多大な貢献をしたので、イギリスはブレッチリーパーク（政府暗号学校）敷地内にポーランドを称える顕彰碑を立てています。

チューリングは、ゲイが発覚し、不遇のうちに他界していますが、現代とは隔世の感がありました。当時はこれだけの功績のある人でも、性的多様性は唾棄《だき》すべきものとされていたのです。

日本の陸軍中央特殊情報部は、アメリカの高度なストリップ暗号を解読していますが、その成功を支えたのは、小野寺が入手したクリプトテクニク（今のクリプト）の機械でした。

日本の暗号解読は、１９２１（大正10）年に陸海軍、外務省、逓信省の合同暗号研究会が発足、参謀本部18班として活動後、１９４３（昭和18）年８月、陸軍中央情報部に名称変更されています。１９４２（昭和17）年までにアメリカ国務省の外交暗号、武官暗号の解読に成功していました。アメリカは暗号を変更、その後は解読できていません。
1943（昭和18）年、東京帝国大学の数学科名誉教授の高木貞治《たかぎていじ》氏の協力で、優れた学者を集めて、アメリカの暗号の一部を解読し始めています。終戦直前の5月末に初めて乙暗号の完全解読に成功しました。民間人主体で総勢512人が従事しています。

陸軍情報部は、原爆投下実験の暗号を解読しようとしましたが、核兵器とわかったのは8月11日でした。戦後、暗号少佐だった釜賀一夫《かまがかずお》は、あと2年早く、数学者を起用していたら簡単には負けなかっただろう、と述懐しています。

小野寺は、ソ連の暗号表もエストニアの情報将校から買い入れ、ドイツに提供しました。フランス、イギリスにも売っています。しかし、肝心の暗号が解読されたとしても、自分の保身、利害を超えて、最善の策を実行するだけの素養に欠けているのが日本でしたし、今も変わっていません。

安倍元総理が創設した国家安全保障会議は、将来の諜報機関の設置をも視野に入れたものでしたが、後に続く政治家に、相応の先見の明と国防への責任感がなければ、ことなかれ主義の日本は亡国へと向かうしかないでしょう。

【小野寺の重要なミッション】

欧州で絶大な信頼を得た小野寺は、1945（昭和20）年3月28日、ドイツのリッペントロップ外相からソ連との和平を図るために、ソ連のモロトフ外相との会談の斡旋を依頼されます。

リッベントロップは、もともと洋酒販売業者でしたが、ナチスに入党、ヒトラーに気に入られ外相になった人物で、戦後のニュルンベルク裁判で死刑となりました。外務省を通さない準公式の外交をバックチャンネル（裏ルート）と呼びますが、インテリジェンスにかかわる軍人の務めの一つにもなっています。しかし、この件はヒトラーの独断で中止されました。

このバックチャンネルでは、安倍元総理が拉致問題を解決するため、無為無能の外務省とは異なるルートを使っていたことが、死後、断片的に出るオシントから伝わってきます。

本当に安倍元総理は、解決のために、あらゆる策を駆使しましたが、公にできないことも多く、左派とメディアはひたすら批判に終始しました。もとは左派メディアが、拉致などない、北朝鮮との国交回復の邪魔だとまで報じたのにです。

小野寺の下には、日本の商社マンも軍属としていましたが、彼らは各種機械や資源の買い付けから分析し、アメリカが原爆を開発しているであろうと結論を出しました。アメリカが、核粒子加速装置のサイクロトロンを輸入したという新聞記事からの分析でした。

小野寺自身、１９４４（昭和19）年10月以後、原爆開発が行われていることを知り、参謀本部に報告しています。しかし、これも握り潰されたのです。自分の見たくないものは見ない、認めない、の他に自己保身や自分の部署の利益を至上、唯一とするセクショナリズムのためでした。

この件につき、後年、大本営の情報参謀だった堀栄三《ほりえいぞう》氏は、「大本営には一握りの奥の院があって、情報部に見せもせず握り潰していたことは確実」と述べています。当時、原爆がどのような兵器であるか、大本営の参謀は知っていました。日本の陸海軍も別々に研究開発をしていたからです。それなのに、何の手立ても防御策も施していません。

【運命のヤルタ会談情報】

国家のために懸命に献身してきた小野寺ですが、そうして得た情報の中でも最重要だったのは、1945（昭和20）年2月4日から11日まで開催された「ヤルタ会談」情報です。

これはソ連の保養地クリミアのヤルタで、米英ソの三巨頭による会談で、終戦後の世界の統治について協議されました。アメリカはルーズベルト大統領、イギリスはチャーチル首相、ソ連はスターリン書記長というメンバーです。この会談につき2005年5月7日、ブッシュ大統領はラトビアのリガにて、史上最大の過ちの一つと演説していますが、欧州分断の原因だったからでした。

ルーズベルトは動脈硬化による、微細な脳梗塞の多発というアルヴァレス病を患っての出席で、スターリンの独壇場となりました。ここでスターリンは、ドイツ降伏後、3カ月以内に日本に宣戦布告して参戦すると約束し、見返りに、日露戦争で日本に割譲した樺太の奪還、千島列島引き渡しの密約が交わされたのです。

密約である以上、メディアには発表しません。小野寺がこの情報を入手したのは、2月半ばですが、すぐに参謀本部に報告しています。ソ連が参戦となれば、ただでさえ劣勢の日本は、ひとたまりもありません。

しかも、日本は政府と軍共に、和平の仲介をソ連に頼もうとしていたのです。外交オンチもここに極まれり、のモデルケースでした。そしてこの重大な情報も握り潰されたのです。結局、無知な日本はソ連に仲介を頼むことになり、仲介の代わりに宣戦布告を告げられたのでした。

日ソ中立条約を同年4月に破棄されたというのに、まだ条約の有効期限が1年あるから、まさか攻めてこないであろうという日本のお家芸となった、見たくないものは見ない、そうなって欲しくないことは、ならないだろう、という無為無策と怠惰によるものでした。

加えて軍には上下を問わず、親ソ派、親共産主義信奉者が少なくなかったことが、後年明らかにされています。この勢力にとって、仲介を頼るソ連にとって都合の悪い情報は無用でした。

5月には参謀本部から小野寺に「ソ連と友好を深めるように」との指示が出され、愚昧ぶりが示されています。6月8日、御前会議にてソ連を仲介者とすることが、正式に決定したのです。

握り潰したと推測される人物として大本営参謀だった瀬島龍三《せじまりゅうぞう》がいました。陸軍大学を首席で卒業した超エリートで、満洲で武装解除した日本兵がシベリアに抑留された際、ソ連側と交渉した将校でもありました。

彼はソ連で懲役刑を科された後、昭和30年代に帰国し、伊藤忠に入社、会長にまでなっていますが、奥の院でのことと抑留については生涯黙したまま鬼籍に入りました。一説にはソ連のエージェントでもあったと言われているのですが、親ソ派としてそうであってもおかしくない人でした。

小野寺の情報は、政府、外務省も知らないまま敗戦となりました。もし知られていれば、ソ連参戦前に降伏し、原爆はともかくとして、北方領土は奪われていなかったでしょう。小野寺は止むに止まれず、日本の皇室を慮るスウェーデン王室や、5月からはアメリカの戦略情報局（OSS）欧州総局長のアレン・ダレスのチャンネルを使っての和平工作をしています。その間に、戦後の世界にスターリンの野望の「世界の共産主義化」が進むことも予言していました。

また、小野寺は日本の降伏について、皇室の温存を期して、スウェーデン王室、ダレスに働きかけていたのです。知られていませんが、天皇が終戦の詔勅《しょうちょく》をラジオで語った8月15日の前日に、イギリス王室から、皇室存続の親書が届いたという報告もありました（『郷友』昭和57年8月号）。これは中立国の在日スウェーデン大使館経由ではないか、とされています。

戦争中においての小野寺の功績は筆舌に尽くし難いほどのものでした。この情報を活かすだけの人材がいれば、日本は別の道もあったでしょうし、明治の世の政治家と軍人であれば、緒戦で連勝したところで講和も有り得たかもしれません。

昭和天皇は、和平につき、バチカンルートも探っていました。

あの戦争は、あんな無様な負け方をするものではありませんでした。このことは、いずれ書くつもりですが、日本は戦略によっては十分に勝てましたし、悪くても引き分けにできたのです。工業力でも、ある条件下なら負けなかったのでした。

そういうことを知る身としては、小野寺の無念さが偲ばれます。戦後も他界するまで各国の情報将校たちと交友が続きました。一にも二にも信義を重んじた、武士の魂を持っていたからでしょう。

日本人には、こんな立派な人物がいたことを誇りにしなければなりません。情報とはどれほど重要なものなのか改めて銘記すると共に、１９８７（昭和62）年に冥界に旅立った小野寺の業績と名前も胸に刻んで欲しいものです。

【天晴!な日本人】

大慈と大悲、
敢為《かんい》の気性に富む人
《樋口季一郎《ひぐちきいちろう》》と、
至誠至純の
《東條英機《とうじょうひでき》》の真実

【樋口とは、何者か!?】

現代、世界の金融・経済をはじめとするグローバリズムの潮流を止めることはできませんが、この流れを提唱し、推進してきたのが、米英の社会の中枢にいるユダヤ人たちです。

今や、政治も含めてユダヤ人が欠くことのできないキープレーヤーとなりましたが、第二次世界大戦中、ヒトラー率いるドイツのナチスによるユダヤ人絶滅計画「ホロコースト」によって600万人ものユダヤ人が虐殺された歴史がありました。

1939(昭和14)年9月1日、それ以前からユダヤ人を迫害していたヒトラーの指令でドイツ軍は突如としてポーランドに侵攻、瞬く間に占領していますが、その時、国内にいたユダヤ人は決死の思いで安住の場を求めて近隣国に脱出したのです。

ユダヤ人の多くがビザも持てずに立往生していた1940(昭和15)年7月、自身の判断で6000人ものビザを発給して救った、リトアニアのカウナスの日本領事館領事代理の杉原《すぎはら》千畝《ちうね》(前章の小野寺の部下の時もあった人)の逸話は広く人口に膾炙していますが、日本には、その2年前に同盟国ドイツからの抗議をものともせず、苦境のユダヤ人たちを救った陸軍軍人がいました。

それが今回紹介する樋口季一郎です。樋口季一郎、実は小野寺の上司にあたります。樋口季一郎の功績はそればかりではなく、与えられたポジションにおいて、常に公正と勇気と仁慈を持った人として行動していました。本章ではそれについて叙述することにします。

樋口季一郎は1888（明治21）年、兵庫県淡路島で、奥浜久八《おくはまきゅうはち》、まつ、の長男として出生しています。実家は廻船《かいせん》問屋でしたが零落して両親が離婚し、母に連れられて家を出ました。

成績は優秀でしたが、学費がないため、定員50名の狭き門で、学費がかからない大阪の陸軍地方幼年学校に入学、3年の年限を経て次席で卒業、さらに2年を東京の陸軍中央幼年学校で学んだ後、卒業して連隊に所属しながら、陸軍士官学校に進み、1909（明治42）年に21期生、歩兵335人中、17番の成績で卒業しています。同期には親友となった石原莞爾《いしはらかんじ》がいました。

ドイツ語が特によくできたので、陸軍大学校では、第2外国語にロシア語を割り当てられました。陸大は、ここに落ちたものが東大に行くと言われた難関機関でした。ここでは後に陸相となる阿南《あなみ》惟幾《これちか》と親友になっていますが、陸大在学中、ロシア革命が起きて、ソ連が誕生します。ウラジオストック特務機関員、ハバロフスク特務機関長、参謀本部部員、朝鮮軍参謀を経て、陸大卒業時の成績が良かったのでポーランド駐在武官となり、情報将校として、インテリジェンスに携わります。ここで樋口季一郎がヨーロッパの情報網の整備をやって、小野寺に引き継ぐ形となっています。

ポーランドは小野寺の章で説明したように、世界トップレベルの暗号解読技術の他、インテリジェンスのノウハウがあり、樋口季一郎は着実に身に付けています。ダンスや音楽にも関心を示し、日本人が苦手とされる社交界にも交友の輪を広げていました。

親交を結んだソ連駐在武官の骨折りで、外国人として初めてコーカサスの視察旅行もしています。ここでユダヤの老人から、ユダヤ人であるがゆえの苦境を聞かされました。

世界を見聞きしたことと、この出来事が、軍人としての出世や栄達よりも、「日本人としてどう生きるべきか」、「人間とはどうあるべきか」という樋口季一郎の処世観を形成することになったのです。もともと樋口季一郎には、俗世間の出世や物質欲より、精神的成長や内省傾向、哲学的な素養があったのでしょう。

日中戦争が勃発した1937（昭和12）年、樋口季一郎は陸軍随一のソ連通として満洲国ハルビン特務機関長に就任します。ここは、主としてソ連についてのインテリジェンスの最前線で、情報収集の他、統帥範囲外の軍事外交、各種反乱工作、宣撫《せんぶ》工作などの活動拠点でした。この時の関東軍司令官は植田謙吉《うえだけんきち》大将、参謀長は東條英機中将、参謀副長が今村均《いまむらひとし》少将と錚々たる軍人たちでした。植田司令官は温厚な人ということもあり、実質上の司令官は東條という状態です。

満洲帝国は1932（昭和7）年に清朝最後の皇帝の溥儀《ふぎ》を執政（後に皇帝）に迎え、満洲国として建国、2年後に満洲帝国となっています。関東軍というのは、関東と呼ばれる中国の東北地方一帯を管轄とする日本の陸軍の呼称でした。満洲国建国後は満洲全域を管轄としています。

樋口季一郎が着任した時は、満洲帝国は1936（昭和11）年に立案された「満洲産業開発5カ年計画」が進行していた時です。重工業化促進のために日本本土資本を誘致していました。

当時の満洲国総務長官は星野直樹《ほしのなおき》、産業部次長は岸信介《きしのぶすけ》、満洲鉄道、いわゆる満鉄総裁は松岡洋右、本土からの中心的資本として入ってきたのが日産コンツェルンの鮎川義介《あゆかわよしすけ》で、東條を含めて「二キ三スケ」として有名です。

満洲国は日本人、漢族（一般的な中国人）、蒙古族（モンゴル人）、満洲族（清を建国したヌルハチたち女真《じょしん》族）、朝鮮族（朝鮮半島出身者、併合後は日本人とされた）の「五族協和」をスローガンとした国でした。

しかし樋口季一郎の目の当たりにした満洲国は日系官憲が権威と権力を持っていた他、利権を求めてやってきた一旗組（一旗揚げてやろうという山師）が跋扈《ばっこ》していたのです。

正義感あふれる樋口季一郎は「満洲と満洲国人民の主権を尊重し、満人の庇護に努めよ」と指示し、悪徳日本人をどんどん摘発しています。このような軍人でしたから、立場の弱い人々や、困窮している人々からは頼りにされるようになりました。

【オトポール事件での毅然とした対応】

1937（昭和12）年12月、吹雪の夜に樋口季一郎のもとに訪ねてきた客がいました。ユダヤ人の内科医のアブラハム・カウフマンでした。カウフマンは「ハルビンユダヤ人協会」のユダヤ解放運動のリーダーとしても知られていました。

カウフマンはナチスのユダヤ人迫害の非道を訴える大会開催の許可を求めて来訪したのでした。日本は二年前にドイツと防共協定を結んでいたので、反ドイツの行事を許可することへの反対の声もあった中、樋口季一郎は許可したのです。

1935（昭和10）年、ドイツではナチスが、両親か祖父母のうち一人でもユダヤ教徒であればユダヤ人とみなして、公民権を剝奪される「ニュルンベルク法」が制定され、ユダヤ人迫害が強まり、ユダヤ人の国外脱出が続いていました。

1938（昭和13）年1月15日、ハルビン商工クラブホールで第一回極東ユダヤ人大会が開かれ、1000人以上のユダヤ人が集まっています。樋口季一郎は来賓として最後に「ユダヤ人の迫害を見ることは、人類の一員として、人道主義の名においても、心から悲しむもの、追放を心から憎む、ユダヤ人に土地、祖国を与えよ」と演説して大喝采を浴びました。

この件でドイツから抗議がありましたが、樋口季一郎は新聞記者に対して、「日独同盟はコミンテルン（共産主義政党による国際組織）との戦いであり、ユダヤ人問題とは別である。祖国のないユダヤ民族に同情的なのは、日本人古来の精神であり，義をもって弱きを助ける気質を持っている。先進国がユダヤ民族の幸福を真剣に考えない限り、問題は解決しない」と決然と語っています。

その2カ月後の3月10日、カウフマンが樋口季一郎のもとに駆け込んできました。ソ連と満洲国境で多数のユダヤ人が飢餓と凍死の危機に瀕しているので、助けて欲しいということでした。

ポーランドから避難してきたユダヤ人たちに、ドイツとの関係を慮った満洲国が入国を拒否し、零下20度のシベリア鉄道のオトポール駅（今のサバイカリスク駅）で進退窮《きわ》まっていたのです。ユダヤ人たちは満洲国からビザのいらない上海を経由して、アメリカに行くつもりでした。

満洲国外交部はドイツとの関係があるので頑として許可せず、関東軍が容喙《ようかい》すべきことではないと主張します。ユダヤ人たちは、シベリアの原野にテントを張っていますが、飢餓と酷寒のため凍死者も出ていました。

樋口季一郎は東條の許可も得ず、自らの責任で外交部と交渉して「人道上の問題」として5日間だけのビザ発給を指示し、難民の受け入れ先や食料・衣類の手配をしたのです。そのまま、満鉄の松岡総裁と交渉して、オトポールからハルビンまで列車を運行してもらいます。松岡は即決で承諾しました。

2日後、医師と看護婦を用意して、ユダヤ人たちを乗せた列車を待ち、ユダヤ人たちを救護したのです。誰彼問わず抱き合い、喜びと涙にくれるユダヤ人たちに、樋口季一郎も安堵しました。収容先では温かい食事も出しています。結果として凍死者を10数人に留めたのでした。

樋口季一郎は総計で約2万人ものユダヤ人を救ったと言われていましたが、ドイツは憤激してリッベントロップ外相からオットー駐日ドイツ大使のルートで、日本の外務省に猛抗議しています。そうして、樋口季一郎の独断につき、外務省、陸軍内部でも処分止むなしの声が出たのです。

この流れで関東軍内でも処分せよ、の声が出始める中、樋口季一郎は植田司令官に自らの信条を綴った書簡を送り、司令部で東條と面会しました。

樋口季一郎は「日本はドイツの属国ではなく、満洲国も日本の属国ではない。日本も満洲国もドイツの非人道的国策に屈すべきではない」と正当性を主張します。そうして、東條に、ヒトラーのお先棒を担いで、弱い者をいじめるのが正しいとお思いですかと尋ねたのです。

東條は陸軍士官学校の4期先輩になり、「カミソリ」と仇名を持つ能吏《のうり》でしたが、筋が通っていると、樋口季一郎を不問にし、「ドンドンやれ」と激励する半面、ドイツからの再三の抗議には、「人道上の配慮によるもの」と一蹴しています。東條のこの態度でオトポール事件への批判はピタッと止んだのでした。

樋口季一郎は戦後、この件につき、旧約聖書に見るエジプトからのユダヤ民族東漸《とうぜん》（エクソダス）の昭和版とした上で、「五族協和」をモットーとする満洲国の態度は、不可思議千万だったと語っていました。軍人の世界は厳正な階級社会であり、独断専行に対して許容度の極めて低い世界です。その中にあって、ことの責任を負って果断に救援を決断した樋口季一郎は、自らを顧みない無私の精神で対処しています。人として見事な在り方でした。他方、その樋口季一郎の意を聞き、ドイツの執拗な抗議を一蹴した東條の処断も鮮やかなものと言えます。

【カミソリ東條の正当な評価とは】

巷間、東條は批判・非難されることの方が多い人物です。

批判の中心、最たるものは開戦となった1941（昭和16）年10月18日に首相となるや、内務相と陸相も兼任、権力を一手に握って、人事を自らの望むままにし、反抗する者は徹底して排除、弾圧、戦争指導も未熟、開戦に持ち込み、日本を敗北に導いた元凶というものが主流になっています。

東條は陸士17期ですが、父の英教《ひでのり》は陸軍大学校1期生を首席で卒業した秀才でした。しかし出身が岩手県で薩長閥でなかったこと、日露戦争時、旅団長としての指揮に不備があったこと、陸軍のドンの山県に意見をして嫌われたことなどで、早くに予備役にされ、除隊の日にやっと中将にしてもらった人でした。

東條は父のことを考え、徹底して長州閥を憎み、1期上の永田鉄山らと長州閥排除を目的の一つとした「バーデンバーデンの盟約」に連なり、陸軍の至宝、永田を崇めて軍人生活を送っていました。皇道派と統制派の争いで永田が斬殺された後、統制派の中心として台頭します。

努力の人であり、メモ魔として有名でした。また軍人というより、細かいところまで目が届く官僚タイプです。ただし、幼少の頃から「喧嘩屋東條」の異称のように、上には阿《おもね》らず、徹底して筋を通す硬骨漢でした。また他の者なら憶えない陸軍の法規、条例、慣行、内規など細かいことを文言化した、厚さ20センチもある「成規類聚《せいきるいじゅう》」さえ丸暗記して、その通りに務めます。

1936（昭和11）年2月26日に二・二六事件が起こった後、陸軍内で皇道派の粛清が行われると、東條の存在は俄然大きくなっていったのです。翌年の盧溝橋事件後の内蒙古独立運動の折、東條自ら軍を指揮し、その見事さは賞賛され、石原でさえ感心した逸話があります。関東軍の参謀長の後は中央に戻って、陸軍次官、ただし、この時の陸相は陸軍士官学校で1期上の板垣征四郎《いたがきせいしろう》だったので、東條の方が大臣のようなものでした。

『東京日日新聞』は1938（昭和13）年5月31日付夕刊で「かねてより今日あるを期待されてい

た英才で、梅津（前・次官）の後任としては東條を置いてなしとまで言われた人」「永田鉄山をして、東條こそは将来の陸軍を背負う人物であると讃嘆せしめたほどである」と称えていました。

1940（昭和15）年7月17日、第二次近衛内閣で陸相となり、場合によってはアメリカとの戦争も辞さない陸軍の強硬派の親玉として君臨します。ところが、翌年、天皇の思惑で首相になるのです。その思惑とは、陸軍の強硬派を抑えるには東條が最適であろう、毒を以て毒を制す、というものでした。

東條は突出した天皇崇拝者でしたから、天皇から「戦争を避けよ」というお言葉を賜ると、迷わず、避戦派になり、周りにもそれを説いて回りました。東條にとっては天皇の言葉は絶対でした。

1944（昭和19）年になり、戦局が著しく悪化すると参謀総長まで兼任し、いよいよもって独裁者と非難され、倒閣運動も起こり最後は退任しています。首相在任中は自分の息のかかった者だけを重用し、反抗的・批判的な者はことごとく排除し、作戦の天才とされた石原莞爾を早々と予備役にしたというのも批判の一つにもなっていました。

敗戦後はA級戦犯として東京裁判に臨み、変わり身の早い、というよりも節操のないメディア、国民の酷評、憎悪の的にも祭り上げられています。

歴史家の多くは、あたかも戦争突入と、敗戦が東條の責任であったとしていますが、あまりにも一元的な見方でしかありません。まず、東條が首相・陸相、警察を傘下とする内務相まで兼任したのは、内相（宮内大臣、天皇の側近で強大な発言権を持っていた）の木戸《きど》幸一《こういち》（明治の木戸孝允の孫。後にA級戦犯）の進言によるものでした。これは首相への大命降下《たいめいこうか》前日の10月17日の重臣会議（首相経験者らの会議）での言葉であり、天皇の意向を木戸が代弁したものです。

陸軍の開戦派を抑えるために陸相を、国民間の不穏な動きを知る他、過激な活動を抑えるために内務相を兼務すべきという考えからでした。このことも木戸は会議で述べています。この会議で東條以外に推されたのは陸軍出身の宇垣一成《うがきかずしげ》でしたが、この人は陸軍内で全く人望がなく問題外だったのです。

また、昭和天皇ご自身、宇垣のことは信用していないこともありました。東條は宮中に呼ばれ天皇から大命降下を告げられると、明治神宮、東郷神社、靖国神社を参拝し、それまでの開戦論を避戦論に転換しています。木戸は１９７６（昭和51）年に「宇垣は私欲が多い上、陸軍をまとめることなどできない、東條はお上（天皇）への忠節ではいかなる軍人よりも抜きんでているし、聖意を実行する偉材であることに変わりなかった」と語っていました。

天皇は二・二六事件以外でも過激な言動が多くなった陸軍を信用してなかった半面、東條の正直さ、誠実さ、律儀さ、忠誠心を深く信頼していたのです。

東條内閣は国民とメディアの間で大歓迎されますが、それは皮肉にも、これで開戦だ！　という民衆の期待からでした。この時の民衆はアメリカからの度重なる経済制裁と、無理な要求に憤っていたのです。メディアも今と同じく節義も定見もなく煽っていました。

東條は内閣発足時、閣議で、日米交渉の促進と共に治安維持に全力投入と語っています。外交交渉に尽力すれば、軟弱外交という批判と、何らかの策動があるであろうからそれを防止する、という目的でした。

しかし、国民、メディア、国会まで、「早くやれ（戦争を）」の一色で、首相官邸には、開戦せよ、の血書、連判状、右翼や在郷軍人会からの激励、督促が殺到していました。国会では、11月16日に「陸海軍に感謝する決議」を全会一致で可決し、軍部を激励していたほどです。中には、尚も外交交渉を続けようとする東條に、腰抜け、国賊と罵る手紙まで届く始末でした。

この時、誰が首相をやっても開戦は止められなかったのです。それは、メディアと日本人の持つ悪い方の一面が膨張した結果でした。開戦緒戦の連戦連勝となると、東條は不世出の大英雄と、メディア、国民から賞賛されまくります。

「ヒトラー、ムッソリーニより偉大な英傑、わが東条英機閣下」「元寇を破ったのは北条時宗、東方からの脅威、米英を撃滅するのは東條英機」「今世紀の大英雄」と、こんな調子でした。こうしたメディア、国民の一元的な傾向は現在に至っても変わっていません。

戦局が悪化すると、東條は途端に悪者になります。ミッドウェーの大敗戦と甚大な被害の他、戦争の戦果、作戦を東條に知らせなかった大本営参謀部の在り方に疑問を抱いた東條は１９４４（昭和19）年2月21日、参謀総長も兼務、反東條派は独裁者と非難しましたが、非難されるべきは、虚偽の戦果ばかり報告した参謀部と、それを報じ続けたメディアであって、東條は被害者でもありました。

また、首相在任中、民衆の暮らし、配給が行き届いているかを自分の目で確かめるために、町のゴミ箱の中を視察していたことも、首相のやることではないと批判されていますが、東條は役人の自己保身の習性を知っていたので、己の目で確かめたのです。東條は配給の衣服、食料が正しく行き渡っているのか、国民の暮らしは成り立っているのかなどと、常に国民の生活に気を配っていましたし、自身も厳しく戒め、質素な生活のままでした。

収賄とは無縁で、首相在任中に自宅を新築するときでさえ、「特別なことをしてはいかん」と業者に申し渡したので、1年近くかかり、進駐してきた米軍将校らが、あまりの質素さに驚いた、という小さな家に住んでいたのです。

中には三菱重工業の郷古潔《ごうこきよし》から家をもらった、巨額の献金を受けていたという話もありますが、アメリカ側の調査で悪質なデマと明らかになっています。総辞職の時、機密費が約100万円（現在の数千万円程度）残り、通常は自分のものにするところ、東條は詳細な明細書をつけて、一銭も手にすることなく全額返して来い、と赤松貞雄《あかまつさだお》秘書官に命じているほどの潔癖家でした。

女性関係も真面目一本で、妻の勝子《かつこ》一筋、古い噂ではドイツ駐在時代に、下宿先の未亡人と男女の仲になったことがありましたが、勝子夫人に事後承諾を図り、帰国後は夫人公認で余ったマルクをなくなるまで毎月送金しています。3年の滞在中に夫人から159通、東條から144通もの手紙をやりとりしていた愛妻家でした。身内の軍人でも特に引き立てるどころか、厳しく扱っています。

ただし、人としての器が小さく、自分に反抗的、批判的な者や意見は徹底して弾圧排除し、人事を独裁化して自分に傾倒する者を重用したのは小さくはない欠点でした。陸相時代、作戦の達人とされた石原莞爾（陸士21期）を、１９４１（昭和16）年2月に予備役にしてしまったのは軍にとっても大きな損失であり、これも東條批判の要因になっています。

もし石原が参謀本部にいれば、日本の作戦は違ったであろうとも言われているのですが、そうだとしても、上官であり、先輩の東條に対して、「一等兵」「東條伍長」と、外部の人や、訪問客の前であからさまに呼び、嘲罵《ちょうば》し続ける石原の態度は暴慢であり、不遜以外のなにものでもありません。

この国には石原ファンが多いので、そんな石原の言動には触れず、東條の狭量さだけを一方的に責めますが、フェアな視座とは言えないでしょう。軍隊である以上、上下の格式は重要であり、石原は礼儀を以って自己の主張をすべきでした。

この人が、もっと賢ければ、器量があったなら、東條の狭量さ、視野の狭さを前提とし、国や軍のために上手に対処していたでしょう。その点では東條だけが非難されることは誤りです。

東條の長所は、部隊時代から首相在任中まで、常に弱者に優しい、温かいという点です。市井のおかみさんたちとも親しく話せるのは天性と、運転手の柄澤好三郎《からさわこうさぶろう》は回想しています（『朝日新聞』１９８１（昭和56）年12月8日夕刊）。

貧しい農村出身の兵と、その家族のことを我がことのように心配し、生活の面倒、除隊後の就職の世話まで熱心にやっていました。猛暑下の演習でも一人の落伍者もなく、健康に留意させ、「日本一の連隊長」と真崎甚三郎《まざきじんざぶろう》大将が絶賛したほどでした。首相になっても、各町村の困窮者を視察し、親身になって対応しない役人を叱責することが珍しくありません。

東條の最大の功績は東京裁判で天皇に戦争責任がない、全ては自分にあり、と守り通したことです。連合国では、アメリカのみ、戦後の日本統治のために天皇を温存したく、天皇に責任はないと、早くから決めていましたが、英国・ソ連・中国・オーストラリアなど他の国々は軒並み、「天皇を裁け」という状況でしたから、茶番の中であっても、東條の証言は重責を果たしたのでした。

逮捕時の自決の失敗もあり、日本中が非難罵倒する中、キーナン検事との答弁では、「カミソリ東條」の本領発揮でやり込め「東條は人気を取り戻したね」（『朝日新聞』１９４８（昭和23）年１月７日付の『天声人語』にて）と、移り気なメディアも久々に評価したほどです。東條は答弁にて、日本の自存自衛を説きましたが、アメリカの経済制裁は、アメリカ議会自体が先制攻撃と認めています。

さらに「カミソリ東條」らしさを示したのは、戦後の共産化の危険性について警鐘を鳴らしていた点です。東條は遺書の中で、自分の責任は重大であるとし、赤化（共産主義化）を防がねばならない、とアメリカの指導者たちに訴えています。

「日本の統治を行っている米国の指導者たちよ。願わくは日本の国民性を知り民心を失ってはならない。赤化を防がねばならない。（中略）日本が赤化の温床になれば危険この上ない。（中略）顧みるに赤化の防壁となる満洲を捨てて、これを赤化の拠点とし、朝鮮を二分して争いの基を作ってしまった。日本が米国の指導の下に戦争を放棄したことは賢明であるが、他の諸国もまた日本と同様にこれをやらねば駄目である。そもそも戦争を止めるのは人間から欲心を棄てさせねばならない。それには信仰（宗教心）が必要であろう」

「自分の刑死を契機として遺族抑留者の家族を援護願いたい」などと書き遺していますが、共産主義化を危惧したところは、怜悧《れいり》な東條を彷彿させます。

残念ながら、日本は共産主義、左翼思想によって、自国の歴史も歪曲され、多大な功績のあった宰相の葬儀さえまともにできない、人情と理性のない国に堕ちてしまいました。東條のことは紙数の都合もあり、詳述できませんが、非のある面はあっても、全面的悪とされる所以はありません。

共産主義化は天皇も大いに心配していたことでした。首相としては無能だった近衛文麿も１９４５（昭和20）年2月に参内して、天皇に戦後日本の共産主義化の危険性を奏上しています。

【東條は軽薄な日本のマスコミ、大衆の犠牲者だった】

共産主義の危険性と戦後の世界について、敗戦直後の8月27日、訪問した高級副官の美山要蔵《みやまようぞう》大佐に、「共産主義の瀰漫《びまん》を極力防止しなければならぬ。すなわち戦争過程においては日ソ結合にて米英に対抗せんとしたこともあるが、降伏せるゆえにここに転換することが必要である。ソ連に媚態を呈す不可。米英と組みソ連と対抗すべきである。自由主義は共産主義よりも可なりである。敗れたりといえども、本戦争が国際道義に立った戦争なりとの印象だけは、後世に残さねばならぬ」
「将来の観察をすれば、米国は日本の静謐を維持するであろう。その真意は米は将来、ソ連と戦うことになると考えており、米は大陸に手をつけんとしている」
「戦争責任者はあっても戦争犯罪者はない。しかしてそれは陛下ではない。（中略）東條一人というのならば、これは世界的にも明らかでよし」（『廃墟の昭和から』（光人社）より）と透徹した先見の明を見せていました。

東條の行為として批判される『戦陣訓』も、その内容をまともに精査すれば、「皇軍の本表に鑑み、仁恕の心能《よ》く無辜《むこ》の住民を愛護すべき」「常に大国民たるの襟度を持し、正を践《ふ》み、義を貫きて皇国の威風を世界宣揚すべし。国際の儀礼また軽んずべからず」など適正な訓戒でした。

同書出版の意義につき、東京日日新聞社の高田元三郎《たかたもとさぶろう》主幹は、「戦陣訓の大文章は、帝国軍人の守るべき大則を明示したものであるのみならず、一般国民にとっても行くべき大道を示した国民訓であると思います」と序文にて述べています。

憲兵隊を用いた「反戦派・反戦言論」の取り締まりは、戦争という非常時で挙国一致が求められる中、致し方ありません。開戦に反対しても、いざ始まれば日本人として参加、自国を支えることは日本人の務めです。国民の戦う意志の統一が重要なことは、ウクライナが十二分に証明しています。東條が、その時々で至当と思われる道を選んだ結果でした。

昭和天皇は１９９０（平成２）年12月号の『文藝春秋』誌上で、東條につき、陸軍の人心を把握していたので任せた、東條は話せばよくわかると理解と好意を示したと掲載されました。

首相官邸の守衛として45年間も務めた小平竹雄《こだいらたけお》は、「東條さんは思いやりのある人でした」とし、度々、何か食事でもするようにと、赤松秘書官を通して現金の入った封筒を渡されたそうですが、東條の優しさと、下の者への配慮が表れています。

以上、叙述したように、実際の東條は人としての器こそ小さいものの、至誠一途、真面目過ぎるくらいの人物でした。

【正道に生きた将軍、樋口季一郎】

樋口季一郎は、ユダヤ人救出の功績によって、「ユダヤ民族基金（JNF）」に献金した者が登録される『ゴールデンブック』にも記載されていますが、これはハルビンのユダヤ人協会が樋口季一郎の名を使って献金したものでした。

日本に帰国後、陸軍随一の「ソ連通」というので、陸軍将校の集う「桜会」にも所属しましたが、過激思想には賛同せず距離を置いています。この頃、陸軍内では、「統制派」と「皇道派」が対立していたのですが、天皇機関説を軸として、軍部が合法的に権力を握り、列強並みの総力戦体制を確立しようとするのが「統制派」で、天皇親政での世直しを目論んでいたのが「皇道派」でした。「皇道派」は観念的かつ過激で非合法も辞さないというグループです。

樋口季一郎のユダヤ人救出後、1938（昭和13）年12月には、「猶太人《ユダヤ》対策要綱」が策定され、日本の国益のためにユダヤ人を遇しようという動きも出ています。これは、あまり、うまくはいっていませんでした。

帰国後、樋口季一郎は参謀本部第2部長に任命されましたが、東條の推薦とされています。第2部とは情報を取り扱う部署でした。この時の樋口季一郎は後に成立した中国の汪兆銘《おうちょうめい》政府樹立の布石を打っています。翌1939（昭和14）年10月、樋口季一郎は中将に昇進、金沢の第9師団長となり、満洲への派兵も経験しています。

そうして、1942（昭和17）年8月1日、樋口季一郎は札幌の北部軍司令官（後に北方軍司令官と改称）として着任します。ここで樋口季一郎は歴史に名高い、「アッツ島玉砕」「キスカ島撤退」「占守（シュムシュ）島の戦い」という場面に立ち会うことになりました。少し歴史を遡ると、1942（昭和17）年6月7日、日本軍が初めてアメリカ領土のキスカ島に日の丸を掲げた地でした。カムチャツカ半島からアラスカまで続くアリューシャン列島ニア諸島の小島がキスカ島、その300キロほど西側にある小島がアッツ島です。もとは、ミッドウェー作戦の陽動作戦、囮《おとり》としての作戦によるものでした。他にもソ連とアメリカの連携を遮断する狙いがあったのです。

このアッツ島で1943（昭和18）年5月29日に起こった悲運の戦闘が「アッツ島玉砕」でした。指揮官は陸軍北海守備隊を統括する山崎保代《やまざきやすよ》大佐でした。山崎大佐が着任したのは同年4月18日です。樋口季一郎は大本営にアッツ島、キスカ島からの早期撤退を具申していたのに、大本営は増強せよとの指令を出し、山崎大佐の派遣となりました。

送り出す時、樋口季一郎はアッツ島に兵員兵備の増強を約束しています。山崎大佐は陸士25期で、同期には軍務局長、フィリピンでの山下奉文《やましたともゆき》大将の参謀長を歴任した勇猛な武藤章《むとうあきら》（後、A級戦犯で死刑）、参謀本部で作戦部長の後、東條を殴って左遷された元気者の田中新一《たなかしんいち》がいました。

山崎は出世は遅く、この時、54歳でした。アッツ島には飛行場建設に従事していた2650名の歩兵隊がいましたが、部隊は飢餓と寒さに苛《さいな》まされていたのです。山崎が到着した後、補給路が断たれ、栄養失調者が続出します。合わせて連日、米軍による空襲が続いていました。

米軍は緒戦から日本軍に押され放しでしたが、前年6月のミッドウェー海戦勝利以後、着々と攻勢に転じ、この時、奪還は目前だったのです。

米軍は当初、キスカ島から攻略する計画でしたが、飛行場建設の遅れているアッツ島を先にすることにしました。米軍の第51任務部隊は、戦艦3、重巡洋艦3、軽巡洋艦3、空母1、駆逐艦19、給油艦、掃海艇からなり、猛将で知られるトーマス・C・キンケイド海軍少将が指揮官です。

総勢2万名による攻撃は5月12日から始まり、札幌の樋口も応援部隊を送ったことを電文で知らせます。ところが、部隊を乗せた海軍の船は、アッツ島まであと170キロの地点で40隻以上もの米海軍艦隊を発見して、即座に戻ってしまったのです。ミッドウェーでの完敗のショックと、これ以上艦船を失いたくないという海軍の思惑からでした。

大本営は18日にアッツ島放棄を決定してしまいます。海軍の臆病風のためでした。樋口は山崎への約束もあり、大本営に翻意を促しますが、決定は変わりません。樋口は無念さに苦しみながら、率直に山崎に打電しました。

それに対して山崎は、「重要拠点たるこの島を力及ばずして敵手に委ねるにいたるとすれば、罪は万死に値すべし。今後、戦闘方針を持久より決戦に転換し、なし得る限りの損害を敵に与え、九牛の一毛ながら戦争遂行に寄与せんとす。なお爾後《じご》、報告は、戦況より敵の戦法及びこれが対策に重点を置く。もし将来、この種の戦闘の教訓として、いささかでもお役に立てば、望外の幸せである。その期いたらば、将兵一丸となって死地につき、霊魂は長く祖国を守ることを信ず」と返電してきたのです。

恨みがましいことは一切ない電文は、司令部将校の嗚咽を誘いました。21日、大本営から参謀次長の秦彦三郎《はたひこさぶろう》中将が樋口のもとに説明に来ます。秦は陸士24期の後輩ですが、以前、後任の特務機関長として、樋口に強く推されたほどの軍人で、樋口を「兄貴」と呼んで私淑《ししゅく》していた人でした。

樋口はアッツ島放棄の代わりに、5200名ほどいるキスカ島撤収に海軍が全面協力せよ、という条件を呑ませます。その場で東京に電話させて、海軍の承諾を取り付けました。山崎を見殺しにするのは忍びないが、最善がダメなら次善、少しでも多くの部下を救いたいという、樋口の大慈のなせる業でした。

海軍は駆逐艦の他に潜水艦も使えば成功の算あり、と答え、「ケ号作戦」と命名しました。樋口は救援に行けない山崎に電文を送信します。

「敵兵員の尽滅を図り、最後に至らば潔く玉砕し、皇国軍人の精華を発揮するの覚悟あらんことを望む」、この時、初めて玉砕の語が使われました。玉砕とは、唐の史書『北斉書』にある「大丈夫寧可玉砕何能瓦全」（男は瓦になって終わるより、むしろ玉となって砕けた方がよい）が由来です。

山崎は「最後まで善戦奮闘し、国家永遠の生命を信じ、武士道に殉じるであろう」と返電しています。私たちは、このような尊い魂を持った先人たちの犠牲によって、今があることを忘れてはなりません。

5月29日、山崎率いる部隊は玉砕しました。戦死2638名、意識を失って捕虜となった者27名、その中には気がついた後、自決を試みる者が続出しています。米軍の被害も大きく、上陸した1万1000名のうち、戦死約600名、負傷約1200名でした。

30日に玉砕の報告を受けられた天皇は「最後までよくやった。このことを伝えよ」と命じられました。奏上した杉山参謀総長が無線機が壊れていると告げると、それでもよいから電波を出してやれと命じたのでした。

樋口も戦後、戦争に負けた時よりつらかった、と語っていますが、自責の念から食事も喉を通らなくなり、20キロ近くも痩せてしまったのです。樋口の慈愛の深さが表れています。

そうしてキスカ島の撤退になりますが、米軍の艦隊が迫る中、至難の業となったのです。そこで、地域特有の霧の濃くなる日を待って決行することになりましたが、適した日はなく、いたずらに時を過ごすことになります。撤退の縁の下の力持ちは、海軍第1水雷戦隊司令官の木村昌福《きむらまさとみ》少将でした。明治の軍人ばりの見事な髭の軍人で「髭のショーフク」という仇名を持っています。

木村少将は、海軍兵学校第41期で、同期にはガダルカナル島で米軍艦隊を撃破した田中頼三《たなからいぞう》、連合艦隊参謀長の草鹿龍之介《くさかりゅうのすけ》、沖縄の海軍根拠地隊司令官だった大田実《おおたみのる》がいました。7月初めから、濃霧を待ちますが、なかなか適した日が来ることなく、救援を待つ将兵らに焦燥感が漂います。

そうして、7月も終わるという29日、ついに決行、5183名をわずか50分以内に収容して撤退に成功、無人となった島には3頭の犬だけが残ったのです。その後、米軍は60トンもの砲弾を撃ち込み、3万4402人を動員して、犬3頭を「捕虜」として呆然とした逸話を残しました。

戦後、樋口に米軍の中佐が、どうやってこのような巧妙な作戦が実行できたのかを問うたところ、海軍の友軍愛と、アッツ島の英霊の加護と答えています。

樋口の最後の奉公は終戦直後の1945（昭和20）年8月17日でした。突如、ソ連軍が北千島の北端の占守島《シュムシュ》に攻めてきたものです。大本営からの指示は8月18日午後4時が、自衛目的の戦闘の最終期限でしたが、樋口は「宿敵ソ連軍、我に向かって立つ。怒髪天を衝く。断乎、反撃に転じ、上陸軍を粉砕せよ」と打電し、日本軍はソ連軍を圧倒しました。この指示がなければ、北海道も侵攻され、ソ連領になっていた可能性もあります。

樋口は迷いなく果敢に決断しましたが、それによってソ連のスターリンの「北海道二分論」を見事に阻止したのです。スターリンは留萌と釧路を結んだ線の北側をソ連領、南をアメリカ領にする計画でした。樋口のこの功績は甚大なものです。

戦後の樋口は、戦犯の容疑がかかりそうなところを、ユダヤ人協会の助言で嫌疑なし、となっています。さらにアメリカ軍から「特別顧問」になってくれないか、と頼まれていますが、断っていました。生活が困窮していた時に、巨額の20万円（現在の数千万円）という報酬ですが、一言のもとに拒否しています。

この他に敗戦直前、大本営から樋口のもとに密使が来て、ヤルタ会談でのソ連参戦について話し合ったのではと推測されているのです。

２０２１（令和３）年7月には樋口の偉業を顕彰する銅像を建立しようとなり、シンポジウムが開かれ、安倍元総理が祝辞を伝えています。「樋口中将を顕彰し、後世の日本に伝えていくことは、今を生きる我々の使命だと考えています」という趣旨でした。

世界的に戦略家として著名なE・ルトワック氏は、「英雄とは、なされるべきことをなす指令を下すことに躊躇することを知らない人たちです。（中略）皆様とご一緒に樋口季一郎を記憶し続けることは、高い名誉に預かるにほかなりません」とスピーチしていました。同氏は、樋口の占守島でのソ連軍進攻阻止は、北海道の分断を防ぎ、現在の「自由で開かれたインド・太平洋」につながるものと評価しています。

振り返れば、スターリンは不凍港として北海道を欲しかったのですが、よくぞ撃退してくれたと、感謝の念が募るばかりです。

戦後の樋口は、宮崎県、神奈川県、大阪府、東京都と移転して、１９７０（昭和45）年10月11日、老衰により、不帰《ふき》の客となりました。享年82歳でした。法号は「真如院殿伯堂日季居士」です。

晩年、樋口の部屋には、小さな水彩画が飾られていました。樋口は毎朝、この絵に頭を垂れていたのですが、アッツ島の風景を描いた絵で、止むに止まれず救出できなかった樋口の無念さ、犠牲者を終生悼んだ仁慈、誠実さが窺えるものでした。

樋口も東條と同じく、上に阿《おもね》ることのない潔癖な軍人として生きてきました。富も栄誉も求めず、己のなすべきことに最善を尽くした人と言えます。戦後も世に出ることなく、声を出すこともなく、謙虚に誠実に生きました。もし、樋口がよくある上の顔色を窺う人物だったならば、ユダヤ人の救出も、ソ連の北海道侵攻阻止もなく、歴史は変わっていたでしょう。

特に日本、北海道という枠で鑑みると、その功績は今までの認識より、はるかに大きなものでなければなりません。ヨーロッパに諜報網を巡らせた土台を築いたことも然りです。後続の小野寺の活躍の場を整備したと言えるのですから。

常に有事に際会して、凛然たる態度で臨んだ、大慈と敢為の人、樋口季一郎誠に見事な生涯でした。

あとがき

最後までお読みいただき、ありがとうございます。

最初にお伝えしたように、歴史上の偉人、軍人、政治家たちについて、巷間、流布されている説とは大きく異なる人物もいたことでしょう。

これは、歴史学者、当時のジャーナリスト、評論家たちが、特定のイデオロギーを持って、事実よりも、自己の確証バイアスをもってして、自分の思潮に合っているものへと、恣意的に歪めてしまったことに加え、日本人の一つの特性である、「一定の評価が大勢・世論に受けるものならば、それを修正することなく確定してしまうこと、さらに学者間の師弟関係が強固であり、師の主張は誤りであると判明していても、自己の保身や出世のため、糺《ただ》すことなく継承、同調するのが慣例となっている」からでした。

まさか、と驚かれるでしょうが、日本の学界、大学の場では、これがセオリーであり、左翼学者ほど、その傾向が強くなっています。率直に書くならば、良識と真実を歴史に求める学者は出世しないようになっているのが、日本の学界なのです。

また、これも日本社会、メディアに蔓延する悪弊ですが、何かの出来事、それが負の結果をもたらすならば、その責任を曖昧にするか、誰かをスケープゴートにして、その他の者を免責してしまう面も否定できません。このようなことも、真実が歪められる一因となっています。

人間である以上、それまで触れた知見、情報によって、その人物に対して、一定の所懐や好き嫌いが形成されることは否めません。

結果として、自分の所懐・主張に合致した説のみを真実とし、本当にあった事実と乖離することも、正しい認識を持つことを妨げてしまっています。

人物に対しての好き嫌いは致し方ないとしても、事実は公正公平に見なければなりません。歴史上の人物については、数多の資料を検討し、必要以上に偏向し、偏っているものは捨象し、あくまでも事実関係、起こったことへの正しい解釈を探らねば、公正な評価はできません。

私は子どもの頃から「狂」のつくビブリオマニアで、大量の書を読んできた経験から、歴史を評価するには、まずはフェアな書き手を探すこと、と認識してきました。

偏向した、偏った著者たちの書など、山のように読了したところで、何の真実も得られないからです。そして、何よりも私の「知りたい」という欲求を貫いているのは「真実、本当のことが知りたい」ということでした。

そのため、それが可能であった時には、そのテーマについて、資料や本を読みまくります。そうしているうちに、バイアスがかかっていることに気付き、では実際はどうなっているのか、となるわけです。

少なくない読み手は、わずかに自分が読んだ書をベースに歴史や出来事の評価を決めますが、危険なことです。自分の主張と一致する、しないではなく、真実のみを探求することが基本となります。

近来やっと大久保がいくらか見直されてきましたが、西郷に対して陰謀をもって葬ったということはありませんし、政治家としての功績は偉大であり、もっと評価されるべきです。

昨今ならば安倍元総理がいます。この不世出の大政治家の死に対して、海外からあれほどの弔意が示されたことを、日本の左派、または左派メディアは、そのイデオロギーによって黙殺するどころか、今も批判を展開しているのは、日本人の持つ倫理や情緒とは異質のものです。

暗殺した、寄生虫のような男がヒーローとされ、大学教授まで、公然と暗殺を喜び、メディアはそれに触れない、というのは狂気でしかありません。

日本人の倫理、惻隠《そくいん》の情《じょう》も地に堕ちたと慨嘆するばかりです。自分たちの思潮のためなら、いくらでも虚偽をでっちあげ、嘘を報じる在りようは異常であり、ジャーナリズムの欠片もない愚劣な行為です。

まえがきにも叙述したように、イデオロギーは各人の自由であり、それ自体を批判する気はありませんが、その為に事実を歪曲し、個人の名誉や業績を毀損《きそん》、貶めることは許されることではありません。

本書が、その醜い行状で歪められた安倍元総理の真の姿、偉勲を少しでも正しく伝えられていたら幸甚の至りです。

日本人の道徳・倫理は衰退していると喧伝されて久しいですが、他国と相対的に比べれば、まだまだ善良な国民です。そうした日本人が自国の歴史、出来事、人物について、正しく知ることに、わずかでも益すればいいな、と今回の刊行になりましたが、読者の方には是非、公正な視点を意識してもらいたいです。

合わせて、日本人が持っていた清廉、無私、公への奉仕の精神を再発見してもらえたら望外の喜びです。先人たちが、どのような思いで、この国のために尽くしてきたのか、今後のこの国の未来を明るくするためにも知っておいて欲しいです。

そうして、読者の方が、こんな日本人がいたのかと、共鳴し、善き部分を自己のうちに再現し、善き国、善き社会になってくれることを願っています。

私は著者紹介にあるようにインターネットの世界にて、歴史、歴史人物、書評、その時々のトピックス、健康などにつき、情報・知見を提供していますが、こちらの方も覗いて頂ければ幸いです。政治、経済、投資に関心のある方にも参考にしてもらえればと、提供しています。

歴史、歴史上の人物の正しい姿につき、まだまだ書くことが数多あります。また、どこかで再会できることを願ってペンを置きます。

お付き合い下さり、本当にありがとうございました。

令和5年12月

美達大和

【画像出典】
17ページ・首相官邸ホームページ／85、145、181、243、289（東條英機）ページ・「近代日本人の肖像」国会図書館／223ページ・「箕面滝道こぼればなし」

美達大和（みたつ・やまと）
1959年生まれ。無期懲役囚。刑期10年以上かつ犯罪傾向の進んだ者のみが収容されるLB級刑務所で服役しながら執筆活動を行う。ノンフィクション作品に『人を殺すとはどういうことか』『死刑絶対肯定論』（新潮社）、『刑務所で死ぬということ』（中央公論新社）、『塀の中の残念なおとな図鑑』（主婦の友社）、『あなたが未来に選択肢を残すための「よりよい」生き方』（WAVE出版）、『罪を償うということ』（小学館新書）、『女子高生サヤカが学んだ「1万人に1人」の勉強法』（小学館文庫プレジデントセレクト・共著）など。小説作品に『マッド・ドッグ』（河出書房新社）、『塀の中の運動会』（バジリコ）などがある。現在、livedoorとnoteの「無期懲役囚　美達大和のブックレビュー」で歴史、偉人伝、日本人の精神性、投資、政治、その時々のトピックス、仕事についてなど各種の企画も公開中。「参考になること必至、一度閲読されたし」（著者）。

天晴！な日本人
正当に評価されていない偉人たち

2024年3月5日　初版発行

著者　美達大和
発行者　佐藤俊彦
発行所　株式会社ワニ・プラス
〒150-8482　東京都渋谷区恵比寿4-4-9 えびす大黒ビル7F

発売元　株式会社ワニブックス
〒150-8482　東京都渋谷区恵比寿4-4-9 えびす大黒ビル
ワニブックスHP　https://www.wani.co.jp
（お問い合わせはメールで受け付けております。HPから「お問い合わせ」にお進みください。）※内容によりましてはお答えできない場合がございます。

装丁　新 昭彦（TwoFish）
DTP　株式会社ビュロー平林
印刷・製本所　中央精版印刷株式会社

Printed in Japan　ISBN 978-4-8470-7386-1